總策畫　林慶彰　劉楚華

主　編　翟志成

新亞書院二十周年
新亞研究所十六周年
紀念論文集　上冊

景印香港
新亞研究所

新亞學報

第一至三十卷

第十七冊・第九卷・第一期

景印香港新亞研究所《新亞學報》（第一至三十卷）

景印香港新亞研究所《新亞學報》第十七冊

第九卷・第一期　目　次

新亞學報

第九卷 第一期

新亞研究所

本學報由美國哈佛燕京學社贈資印行特此誌謝

新亞研究所

新亞書院二十周年新亞研究所十六周年紀念論文集 上冊

目錄

新亞學報編輯畧例

（一）本刊宗旨專重研究中國學術，以登載有關中國歷史、文學、哲學、教育、社會、民族、藝術、宗教、禮俗等各項研究性的論文爲限。

（二）本刊由新亞研究所主持編纂，外稿亦所歡迎。

（三）本刊年出兩期，以每年二月八月爲發行期。

（四）本刊文稿每篇以五萬字爲限；其篇幅過長者，當另出專刊。

（五）本刊所載各稿，其版權及翻譯權，均歸本研究所。

陽明學與朱陸異同重辨(二)

唐君毅

——下篇：陽明學與朱子學之關係——

一　總述陽明與朱陸之異，與其同于朱而異于陸，及兼尊朱陸之諸端

陽明之學，世皆謂其承陸學，本文上篇，亦嘗就陸王同處諸大端，一一舉出。然自細處看，則陽明之學，雖歸宗近象山，其學之問題，則皆承朱子而來；其立義精處，正多由朱子義，轉進一層而致。朱陸之學，自其原而觀，吾于朱陸異同探原，謂有程朱之傳，亦有程陸之傳。今言朱子與陸王之異同，則將重在言陽明學足爲朱陸之通郵之處。斯可見程朱與陸王之學，正有如一菱形四角之互相關聯，非只可視如對壘之二派而已。茲先粗述陽明之言，其兼異朱陸，同朱異陸、及兼尊朱陸之諸端；然後再細察陽明之問題，與所立義，其承于朱而進至于陸之處。

一、吾人在本文之中篇之末，嘗謂朱子與象山之工夫，皆有知行二面。朱子分知行爲二，而知先行後，當使二者並進之言，隨處皆是。朱子語類卷九論知行一部，可見其要。象山謂爲學有講明、有踐履，以分知行爲二之言，則詳見其與趙詠道書(卷十二)。其言曰：「爲學有講明、有踐履，大學致知格物、中庸博學、審問、謹思明辨、孟子始條理者智之事：此講明也。大學修身、正心，中庸篤行之事，孟子終條理聖之事：此踐履

也。……未嘗學問思辨，而曰吾篤行之而已，是冥行者也。講明之未至，而徒恃其力行，是猶射者不習于教法之巧，而徒恃其有力，謂吾能至于百步之外，而不計其未嘗中也。」又與彭子壽書言：「講明與存養，自是兩節，存養即踐履也。」再其答劉淳叟書謂：「中庸固言力行，而在學問思辨之後，……仁、智、信、直、勇、剛，皆可以力行，皆可以自得，然好之而不好學，則各有所蔽，倚于一說一行而玩之；孰無其味？不攷諸正，則人各以其私說，而傳于近似之言者，豈有窮已哉？」（卷四）此學問思辨爲先，即以講明與致知爲先也。象山所謂講明，自非所謂口耳之學，而要在實明其義理。故嘗謂：「一意實學，不事空談，然後可以謂之講明，若謂口耳之學爲講明，則又非聖人之徒矣。」然要之「講明」之明義理，乃知之事，與行之事固不同也。由象山之言學有講明爲知、踐履爲行，以分知行爲二，故陽明之主知行合一，即不特與朱子之言異，亦明與象山異。陽明全書卷六，答友人問：「聞先生嘗稱象山于學問頭腦處，見得分明，今觀象山論學，卻謂學者有講明、有踐履，及以致知格物爲講明之事，乃與晦菴之學無異；而與先生知行合一之說不同。陽明曰：君子之學，豈有心于同異。吾于象山之學有同者，非是苟同；其異者，自不掩其爲異也。吾于晦菴之學有異者，非是求異；于同者，自不害其同也。」又陽明全書卷五與席元山亦曰：「象山之學，簡易直截，孟子之後一人，其學問思辨，致知格物之說，雖未免沿襲之累，然其大本大原，非餘子可及也。」此皆見陽明雖推尊象山，然亦謂其學與象山有同有異，正如其與朱子之有同亦有異也。陽明之言知行合一，則固與朱子象山皆不同者也。

二、象山所謂講明之學，固即其所謂致知格物之事，然其所言致知格物之義，則不同于朱子，亦不同于陽明若。朱子所謂即一一之物而致其知，以一一得其理之事，與陽明所謂于事事物物一一致其良知之事，皆非象山言講明之主旨所存。此講明，如孟子與聖並言之智之事。智之事如射之事，要在先知所欲中之「的」。此即人之心志之所向。此一心志之所向，必先自知，此即待乎人之直下開拓其心量，以求居廣居、立正位、行大道，是謂明于道，而志于道，以先乎其大者。至于即一一之物，而窮其理，與即一一之意念，而是是非非，以致吾人之良知，在象山之學，即皆落在第二義以下，乃必待明于道、志于道而後可言者。象山之謂朱子泰山喬嶽而不見道，蓋即指朱子之工夫徒在此第二義上用，而未能直下開拓心量，以立其大、而明于道言之。故其與郭邦逸書謂：「是故君子戒謹乎其所不睹，恐懼乎其所不聞，學者必已聞道，然後知其不可須臾離；知其不可須臾離，然後能戒謹不覩，恐懼不聞。元晦好理會文義，「是故」二字，也不曾理會得，不知指何爲聖賢地位？」（全書卷十三與郭邦逸）象山又言：「此心炯然，此理坦然，物各付物，會其有極矣。所過者化，所存者神，上下與天地同流，豈曰小補之哉！……不然則作好作惡之私，偏黨反側之患，雖賢者智者有所未免，中固未易執，和固未易致也。」（全集卷一與趙覽）依此所言，則見象山，乃以明于道，而「此心炯然，此理坦然，過化存神」，爲第一義。而以在一一意念上戒謹恐懼、致中和之工夫爲第二義以下之事。象山又言：「良心固有，更不待言，但人之見理不明，自爲蒙蔽，自爲艱難，亦蒙蔽他人，艱難他人。善端不得通暢，人心不亨，人材不得自達，阻礙隔塞處多，但增尤怨。」此則明是以見理、去蒙蔽、打開阻礙隔塞，爲亨通人心之本，然後良心之用，可得而見。象山又言：「古書有明理之言，有教人用工之言，如中庸首章惟戒謹不睹、恐懼不聞，及謹其獨，是用工處；次章惟致中和是用工處，他辭皆明理之言。」（卷十二與黃循中）此亦是謂中庸乃以明理之言爲主，而不以戒謹恐懼、致中和之言爲主；而此明理之自身，即象山之工夫之要也。則朱子之由格物致知，而知當然之理，以自誠其意、自愼其獨之工夫，固爲第二義；而陽明之言致良知，即其一一意念，以是是非非，而正其不正以歸于正，而重良知之自爲戒愼恐懼之義者，亦爲象山之學之第二義也。此中和戒懼之問題，其義甚深，朱子陽明，固于此皆自有其精切之見。然象山之言，亦自有其高明透闢之旨在，不可加以輕忽，或遽混同朱王之言而論者。本篇後節更當申說。此又一象山之兼異于朱子陽明之義也。

三、對天理人欲之一問題，亦宋明儒學之重要問題。程朱皆言存天理去人欲，亦皆有其切實之義。而象山則雖亦時言及去私欲以明天理，然殊不喜以天理人欲對言。嘗謂「人心，人欲也；道心，天理也，非是。人心是說大凡人之心……謂人慾天理非是。人亦有善有惡，天亦有善有惡，（日月蝕，惡星之類）豈可以善皆歸諸天，惡皆歸諸人？」「天理人欲之言，亦自不是至論，若天是理、人是欲，則是天人不同矣。此其原蓋出于老氏，樂記之言，亦根于老氏。」（全集三十五語錄）。蓋在象山，人能直下自拔于其私欲意見之蔽障，以滿心而發，則充塞宇宙，無非此理。此理爲人之極，亦天地之極，是爲皇極；則此中更不可分天人爲二。然在朱子，則天理固原即人心之性理，然以人之氣質之偏，物欲之雜，聞見之滯，天理恆不得流行，以自大本而形爲達道。故人之工夫，要在辨其意念之孰爲天理之公，孰爲人欲之私，而存天理、去人欲。此天理人欲之分，初非自人心之大本大原上看出，而是自人心之流之末上看出。然不在此流上末上分辨二者，更存天理而去人欲，則人亦不能充達得此本原。象山之由人能直下超拔于其意見私欲之外，而謂此中無天理人欲之分、與朱子自人之實未能有此超拔，而言此中實有此二者之分，亦不必衝突。然由此而言工夫，朱陸却又有不同。陽明之言致良知，則又正是重此天理人欲之辨。陽明之言良知之是是非非，即初表現于其存天理、去人欲之事之中。陽明之重此二者之辨，即又明近朱子，而與象山不同者也。

四、陽明之立義，此外尚有顯而易見，不同于朱子與象山者，即陽明對佛道之評論是也。象山以公私義利嚴辨儒佛，而斥佛，朱子以心理虛實之義，嚴辨儒佛而亦斥佛。陽明則謂儒佛只有毫厘之別，亦時引禪宗如「不思善、不思惡」「無所住而生其心」之言以講學，而更無忌諱；又有廳堂三間之喻，以謂儒家原有佛家之「無」、道家之「虛」之義。此亦異于朱陸之嚴斥二氏之學者。其中之故何在，則關連于心與理之虛實之核心問題，其義亦實深邃，後文再細論之。

五、由上所述，是見陽明與朱陸三賢間，實互有異同。陽明固有不同于朱子者，亦有兼不同于朱陸、與異于陸而同于朱者。觀陽明對朱陸之評論，則吾人又可見陽明雖極推尊象山，而亦未嘗以其學至極。又陽明言雖似多議朱子之失，然又未嘗不力求與朱子能相契會。玆稍詳舉文句為證。如陽明固嘗言「濂溪明道之後，還是象山。」（傳習錄上）更言「象山之學，簡易直截，孟子之後一人，其于大本大原，非餘子所及」，如上所引及。然其答徐成之書，實又以朱陸並稱為聖人之徒。（全書卷五與席元山）唯以「朱子之學，天下之人童而習之，既已入人之深，有不容于論辯者」，「獨惟象山之學，以其嘗與晦菴之有言，遂擯放廢斥，若碔砆之與美玉，則豈不過甚矣乎？」「晦菴之學，既已如日星之章，而象山獨蒙無實之誣」（指被誣為禪學，見全書卷二十一答徐成之書），然後陽明乃為象山「一暴其說」。此固非陽明自謂其學之全同象山也。陽明亦嘗言象山之言「細看有粗處」（傳習錄下）又嘗謂「象山于致知格物，……沿襲舊說，亦是象山見得未精一處，不可掩也」。（卷六答友人書）至于象山之言之其他粗處何在，陽明固未多及。此蓋唯由自昔儒者，不喜輕議前賢之故。然就其所已言者觀之，固已可見陽明之學，明有不同于象山者。故有上文所引「其同于象山非苟同，其異自不掩也。」之言也。

陽明固謂象山直接孟子之傳，正如象山之所自許。陽明亦未嘗不尊重孟子，其嘗言「孔孟既歿，此學失傳幾千百年，而自謂賴天之靈，偶有所見……」（全書卷八書魏師孟卷）即以孔孟並稱也。然陽明嘗謂：「顏子歿而聖學亡」。（全書卷七別湛甘泉序）其所最推尊者，明爲顏子。故又謂「孔子無不知而作，顏子有不善未嘗不知，此是聖學眞血脈路。」（全書卷三十一頁）易傳之謂「顏子有不善未嘗不知，知之未嘗復行」，正陽明即知即行之功也。傳習錄上載陽明曰：「顏子在心地上用功，……顏子不遷怒、不貳過，亦是有未發之中始能」，又載：「問顏子歿而聖學亡，此語不能無疑。」先生曰：「見聖道之全者，唯顏子，觀顏子之喟然一嘆可見。……道之全體，聖人亦難以語人，須是學者自修自悟，顏子雖欲從之，末由也已，即文王望道未見意。望道未見，乃是眞見。顏子歿而聖學之正脈，遂不盡傳矣。」又作見齋記，亦稱「顏子之見而未嘗見，是爲眞見」。（全書卷七）然象山于孔門學者，則于孟子外，唯大稱仲弓、子思、曾子，（全集卷一與姪孫濬書）而尤稱曾子之「江漢以濯之，秋陽以暴之，皜皜乎不可尙」之心胸，（卷三十五語錄）而于仲弓則嘗言：「想見其人，冲靜寡思，日用之間，自然合道」。（卷三十四語錄）以顏子比仲弓，則象山嘗謂：「顏子爲人，甚有精神，然用力最難；仲弓精神不及顏子，用力却易。」（卷三十四語錄）又謂：「顏淵喟然之嘆，當在問仁之前；爲邦之問，當在問仁之後；請事斯語之時，乃其知之始至，善之始明時也。」（全集卷一與明孝隨）復謂：「顏淵問仁之後，夫子許多事業，皆分付顏子，顏子歿，夫子哭之……夫子之事業，自是無傳……夫子之道，至孟子而一光，然夫子所分付顏子事業，亦竟不復傳矣。」（同上）蓋在象山之意，顏子之「喟然一嘆」，只是「知之始至，善之始明」，其地位尚低。顏子歿而夫子之事業無傳，非其道之無傳也。夫子之道，則「自曾子傳之子思，子思傳之孟子，乃得其傳，外此則不可以言道。」（全集卷一與李省幹）故夫子之道：「至孟子而一光」，又曰：「夫子以仁發明斯道，孟子十字打開，更無隱遁」也。（卷三十四）

按上述象山稱仲弓過于顏子，朱子亦嘗論及其言之不是（語類卷四十二）。朱子自是推尊顏子之克己復禮之心地工夫，與象山之只以顏子爲傳夫子之事業者不同；正如象山之以顏淵之喟然一嘆，不過其知始至、善始明之時，與陽明之以此而謂顏子之「眞見聖道之全，而其不見爲眞見」不同。誠然，朱子推尊顏子，在其克己復禮，陽明推尊顏子，在其「眞見」，其旨亦不全同。然在心地工夫上尊顏子，朱子與陽明固同；而皆不同于象山之特推尊仲弓，曾子，子思與孟子，而只視顏子爲傳夫子之事業者也。吾嘗欲就乎宋明諸儒于孔門弟子之所推尊，以還觀諸儒之學。蓋千百世之上之下，人心之所契，皆決無偶然，而若合符節。上述陽明與朱陸，對顏子與孔門弟子所推尊者之不同，其故正有待于吾人之措思。朱子與陽明，同在心地工夫上推顏子，皆承周程之上希孔顏之旨而來。象山之尊孟，反爲別一傳承。今陽明謂象山能傳孟子之學，而終未嘗言其能傳其所推尊之顏子之學，又正見于陽明之亦未嘗以象山之學爲至極也。茲按陽明之象山文集序又有曰：「周程追尋孔顏之學，象山陸氏，雖其純粹和平，不逮乎二子；簡易直截，有以接乎孟子之傳；其議論開闔，時有異者，乃其氣質竟見之殊，而其學之必求諸心，則一而已。故吾嘗斷之曰：孟氏之學也。」(全書卷七)此中，陽明先言周程追尋孔顏之學，即見孔顏之學，亦陽明所宗。而于象山，則唯言其接孟氏之傳，而又謂純粹和平，不逮周程，則其議論之殊，陽明亦固未必謂然也。

至陽明之于朱子，則固對朱子言心與理、致知格物與主敬、已發未發、存養省察之論，多有所議；而其不滿于朱子言主敬，亦正與象山之反對朱子持敬之說正相類。象山以持敬爲杜撰，（象山全集卷三與邵叔誼）陽明亦以朱子之主敬，乃一牽合之工夫，（傳習錄上答蔡希淵問）其言固相類也。然陽明此外之疑于朱子之義，則又正皆承朱子之問題而來；唯于朱子以條目加以分別並列者，皆欲貫通之以爲說，而自謂此正本諸朱子之言貫通之旨。故其紫陽書院序謂「朱子白鹿之規，首之以五教之目，次之以爲學之方，又次之以處事接物之要，各各爲一事，而不相蒙者，斯殆朱子平日之意，所謂隨事精察而力行之，庶幾一旦貫通之妙也。」陽明早年固治朱子之學（全書卷三十六年譜），亦嘗本程朱「一草一木之理須是察」之言，以從事格竹子而致病。故其學既成，答門人時仍謂其「與朱子之心未嘗不同，只入門下手處，有毫厘千里之分。」（傳習錄上）于此毫厘差處，陽明亦恆欲加以融通。故有朱子晚年定論之著。其時羅整菴謂其所舉以定爲朱子晚年之著，實非出于朱子晚年。陽明答書則曰：「平生于朱子之學，如神明蓍龜，一旦與之背馳，心誠有所未忍，故不得已而爲此。蓋不忍牴牾朱子者，其本心也；……不得已而與之朱子者，道固如是，不直則道不見也。……知我者，謂我心憂；不知我者，謂我何求。」此即陽明自道其學受朱子影響之深，與其惓惓不忘于會通其說與朱說之情。其與徐成之書（卷二十一），固爲朱子辯誣，亦爲朱子辨其未嘗不尊德性，其學亦未嘗支離；唯謂朱子之言未盡瑩耳。此書全文，兼推尊朱陸，顯而易見；故後文更言其于朱子有「罔極之恩」。試思此「罔極之恩」四字，原所以對昊天與父母，豈能輕易用之于人。此言豈非自道其學，由朱子之「所生」？則吾人今欲知陽明之學，固不當只就其歸趣之同于象山者言之，更當就其與朱子之學之關係，其問題與所言之義，本于朱子而更進者，以言之，方能知其兼承朱陸，而與朱陸亦兼有同異之故也。

二　陽明之攝格物誠意等工夫，所成之致良知義，與知行合一義

陽明之論承朱子之問題而來者，以義理之線索言，當以格物致知之問題爲先。對此一問題，陽明首將朱子所謂物，與吾人對一般所謂「對物之知」、或意念、或行事相連結，而合以名之曰「物」。此亦即將吾人通常所謂客觀外在，而爲吾人之心知所對之物，與吾人對之之心知與意念或行事，合稱之爲一物。故孝親之親非物，而孝親之一整個之意念或事，是物。敬兄之兄非物，而敬兄之整個之意念或事，是物。由此而「物」之名與「意念」或「事」之名，其義即無別。此乃陽明之用名，異于今一般所謂物，亦異于朱子與象山者。陽明所以有此用名之異，固由其有見于吾人德性工夫之所對，實唯是此意念或事，而非其他。然亦可視爲由朱子之言引申而致。蓋朱子言人之心知，原必與物接，方有即物窮理以格物之事。此心知既往「即物」，則心知與物，即結爲一事，以內在于吾人之心。此亦爲朱子所原具之義。則陽明固即可緣此而說一般所謂物，只是此事或此事之意念中之一面；如親即孝親之事中之一面，而孝爲此事之他一面，兄即是敬兄之事之一面，而此敬則爲此事之他一面，兩面實不可分以合爲一事矣。由此類推，「色」即見色之事中之一面，而「見」爲其另一面；「聲」即聞聲之事之一面，「聞」爲其另一面；吾人對天地萬物有種種「見聞感應」爲一面，吾人之心對此「見聞感應」之「是非」，又爲另一面，以合爲吾人之心，對天地萬物之感應之是非之事矣。此中吾人之耳

目五官之感覺與心知，皆不能離其所感所知而說，而當視為與此所感所知，結為一事，亦結為一體者。故曰：「目無體，以萬物之色為體；耳無體，以萬物之聲為體；……鼻無體，以萬物之臭為體；口無體，以萬物之味為體；心無體，以天地萬物感應之是非為體。」（傳習錄下）此亦正類朱子言屬物之理，以心為用（參考本文中篇。）故陽明謂耳目與心無體。實亦非眞無體，乃耳目與心之有此感知之用，即與所感所知者，合為一體，以成一事、一意念之謂。此意念，固在心中，故可更為心體之自發之用，所是所非也（見後文）。此中一般所謂物，既在此事、此意念中，而此事、此意念、即在心中，更為此心體所發之用之所是所非，故心外無事，心外亦無物。此謂心外無事無物，乃剋就吾人之意念或事，原包涵吾人所感所知之一般所謂客觀所對之物；而此意念或事，復更為吾人之心所發之是非之所對而言。亦唯以其更為此心之是非之所對，乃與吾人之德性工夫相干，亦直屬于吾人之生命，而與吾人生命相干者。故陽明言格物，只須格此為意念或事之「物」也。吾人今固可謂在為吾人所感所知、或在吾人之意念或事中之物之外，尚有其他種種一般所謂客觀外在之物。然此客觀外在之物，次第與吾人相接，以為吾人之所感所知，即亦次第成為「吾人之意念與事」之一面，以與吾人生命相干，亦與吾人之德性工夫相干，則吾人亦不能只對之作客觀外在之想。如只視為客觀外在，則與吾人之生命、德性上格物工夫不相干，非此所論。由此而一切吾人生命中之德性上之格物工夫之問題，即皆唯連于此「意念」、此「事」之物，而不能溢乎其外者矣。

由陽明之緣朱子之言物與心知之必相接，進而以意念或事，攝一般所謂物，以為此事此一意念之一面；而朱子所謂即物窮理以格物，而知其理以致知之事，亦即成為吾人自格其心中之「意念」與「事」之事。在朱子所謂「知理」之事中，此知屬于心，此理則兼屬于外在之物、與內在之心，而亦爲此心之性。故人之往知物理，即所以內知其心之性。然其中之心與理或性之義，又有所不同，因心可只須是在內，性理則兼屬內與外故。然尅就此理爲心所知，即此心之性之顯于知而言，此心與性理，固合爲一體。陽明即緣此以說，吾人之心由即物窮理而知理時，此「知理」乃整個之一事；而此所知之理，則爲此所知之一面，或即此知之內容。于是所謂即物窮理以知理之事，即唯是「此心之自呈現其性理于其知」，以成此整個之「知理」之事，而別無其他矣。此亦由朱子之義，一轉而可得者也。

朱子言人之即物窮理以格物致知，雖初可是只知一般所謂客觀事物之實然之理，然要必歸于知吾人所以應物之當然之理，方爲窮理之極致。此于本文中篇已論之。在吾人知此應事物之當然之理之時，吾人所知之當然之理，乃對事物之實然或實然之理，而爲當然。故此當然之理之知之全體中，亦即必然包涵有對事物之實然之理之知。如知侍父疾以盡孝，爲知當然之理之孝，而此知孝之中，即固包含有「對父之疾之實然之狀」之知是也。人之視父爲物，而于此用即物窮理之工夫，亦必不止于知父之疾之實然之狀，必兼知侍父疾以盡孝，方爲窮孝之理之極致。而此窮理之極致中，即包涵有見「理」之爲「所當然而不容已」與「所以然而理不可易」之義。此亦朱子所屢言。（如語類卷十八所記）固非只抽象的理解此理，或只以虛靈明覺心觀照此理，便爲窮理之極致也。人有此窮理之極致時，人「知理之所當然而不容已，與其不可易」之知中，固早已先包括有對事物之實然之理之知在，而後方能進至此「不容已」「不可易」之實感之知。故朱子于此，亦不分二理也。

吾人格物窮理，而知應物之當然而不容已之理之後，其下一步工夫，在朱子即爲據此理之知，以自衡其意念之是非善惡，而是是非非，好善惡惡，以有其去非成是，爲善去惡之行；而使其意念皆合于此理，亦合于此「知理」之心知。此即朱子所謂誠意之行的工夫，與格物致知之知的工夫，分屬二層者。在朱子，此二工夫雖不同，然其義未嘗不相貫。人既知當然之理，亦必當更本之以知意念之是非善惡。是即由致知，以使此所知之理，貫徹于其是是非非，好善惡惡以下之行之中，使知徹于行也。陽明即由此「知」必當澈于行，進以言此「知」原亦自知求徹于其行，以成其知行合一之說。唯陽明之知行合一之要旨，尚非只說知後當有行，此亦朱子之旨；亦尚不在說眞知者之必能行，此在象山之言中亦有之，如象山言「自謂知非而不能去非，是不知非也；自謂知過不能改過，是不知過也。眞知非無不能去，眞知過無不能改。」是也（象山全集十四與羅章夫）陽明之言知行合一之說，亦復不是泛說一切人之知與行皆已合一。故亦嘗謂：「世間有一種人，……全不解思維省察，也只是個冥行妄作……，又有一種人，茫茫蕩蕩，懸空思索，全不肯去着實躬行。」（傳習錄上）此即謂人之知與行，固原有不合一者也。陽明言知行合一之要旨，乃在言人自有一種對善惡是非之價值之感知，此知中同時原有一對善者是者之好，對惡者非者之惡。故謂「是非只是個好惡」。（全書卷十五）而人所最當自省者，即知此中之好惡，已是一「知中之行」，而即順此好惡以更好善惡惡，而是是非非，進至爲善去惡，成是去非之行。此中之好惡之重要，則正如朱子言誠意工夫時之所重。陽明所異于朱子者，唯是將朱子分爲致知與誠意二事以說之者，合之爲一事，以說之。至其所以可合二事爲一事以說者，則在人之致知固是知，然人之致知而知誠意，知「求此知徹于行」，亦是知也。故致知之知，即理當連于知誠意之知，而可舉此致知之事，以攝此誠意之事，即以此誠意之事，爲致知之事之實際內容也。此陽明之說，正不外將朱子所言之致知之前事，原當有誠意之事為其後繼者，而舉前以攝後，以為前者之實際內容耳。陽明嘗于論朱子之言大學之義後，謂「以誠意為主，去用格物致知工夫，工夫始有下落」云云，（傳習錄上）即「以誠意為致知格物之實際內容」之旨也。

關于以上所謂將格物、致知、誠意三者相貫而說之旨，陽明于其大學古本序嘗曰：「至善也者，心之本體也。動而有不善，本體之知，未嘗不知也。意者，其動也；物者，其事也。致其本體之知，乃動無不善，然非即其善而格之，則亦無以致其知。故致知者，誠意之本也；格物者，致知之實也。物格而後知致，知致而後意誠；而有以復其本體，是之謂止至善……不務于誠意，而徒以格物者謂之支；不事于格物，而徒以誠意者謂之虛；不本于致知，而徒以格物誠意者謂之妄。」此段語中之至善，即心之本體，即「知理之良知」之本性。此至善而知理之良知，即能知吾人之意念之動（即事或物）之不善或善，以知善知惡者。良知致其知善知惡之知，而好善惡惡，即誠意。由好善惡惡，而為善去惡，以正其意念（即事或物）之不正者，以歸于正，即格物也。格物乃本于良知之至善，以為善去惡之事，故格物即致此知之實事。然必致知，而後有好善惡惡之誠意之事，故曰致知為誠意之本，而格物為致知之實。是見三者之不可相離。離則或支、或虛、或妄之弊生。人欲去此三者之弊，即當知此三者之不可相離而說矣。

由陽明之將朱子之致知之事攝誠意之事，而有其知行合一之致良知之說，一方將朱陸所分為知與行者，打併歸一；一方亦即將朱子所謂存天理、去人欲之事，攝在致良知之事中。蓋所謂存天理，即存其所知之理，以為是非好惡之準則；並就其意念或事，為合乎此理者，而好之是之，以正面的積極的存天理之謂。所謂去人欲，則就其意念或事爲，悖乎此理者，而惡之非之，使更無違此理之意念或事爲之存在，以反面的消極的存此天理之謂。此中有正反兩面之相輔爲用，方合爲人之自致其良知之事，則不得如象山之謂此中有將天人相對爲二之嫌。由此而朱子所言存養與省察克治之工夫，亦即皆可統于一致良知之工夫之下，不必分說爲二，而打併歸一矣。此即陽明之義之不只進于朱子，亦更進于象山者。而此義又初不由象山之論天理人欲之言，引申以出，唯是由朱子之言誠意工夫，原有好善惡惡，是是非非之義，而陽明更以朱子之致知之義，攝朱子誠意之義，方有此將朱子所視爲二者打併歸一之說。則謂陽明之說歸于合朱子所視爲相對成二者，以爲一，有類于象山之合天理人欲之二爲一之旨，固可說；然陽明之所以能合此諸相對爲二者以爲一，則又正皆啓自朱子，而非啓自象山者也。

由陽明之以朱子之致知之義，攝朱子之誠意之義，乃以致知爲誠意之本，格物爲致知之實；而此致知之義即由其攝誠意之義，而上提，以更連朱子所謂居誠意之後之正心工夫。由是此「知」之義，既涵朱子所謂「意」，即當直連于朱子所謂「心」，而同于朱子所謂心之本體之明。按朱子易簀前猶改大學誠意章注。其注曰：「自欺云者，知爲善以去惡，而心之所發，有未實也」。語類十八僩錄曰：「知得不當爲而不爲，雖是不爲，然心中也有些便爲也不妨底意思，此便是自欺」。又蓋卿錄：「意雖已誠，而此心持守之不固，是以有動」。此朱子所言之心之有動，所發不實，乃是由已知自誠之意之外，更深一層說心之不自覺的動發之不當有者。此即除當以誠意之工夫，加以「禁止」，以實其心之罅漏，使之不發之外；更當以正心之工夫，以存其心，而盡其「心體之明」，方得「實用其力」于「其所發」。此朱子注大學文，其分別誠意與正心之工夫之節次，其用意實亦甚精。然依陽明說，則知得不當爲而不爲，固是良知之即知即行之知；心之有不實之動發，而禁止之，亦是良知之即知即行之知，而此二者同不外所以存其心體之明。存此心體之明，亦即是存此知也。由此而誠意之工夫，即直貫至正心之工夫，而可合爲一致良知之工夫矣。今吾人亦只須將朱子誠意章注，所言之「知爲善去惡」之「知」，「實其心之所發」之「意」，及正心工夫中所存得之「心體之明」，先合爲一義，即見其正同于陽明所謂心體之良知；亦即可見朱子分爲正心誠意二工夫者，實爲致良知工夫之二面。此則由于誠意之工夫中，原自始有「知」在。人之由知誠意，而知正心固是知；而知「大學所謂心之不正，在有所好樂，有所忿懥，有所恐懼，而勿以此情之不正，而失其心之正」，亦是知也。此人之知其情之不正者，求免于不正，與存其好善惡惡之情之正，兼正其不正，以歸于正，固皆是人之是是非非、好善惡惡之致良知之事也。則致良知之事，即可兼攝朱子所論之大學中之誠意與正心之事。總上文言之，則大學之格物知致與誠意正心之事，皆一致良知之事，而更無二事矣。陽明答徐成之書言：朱子之學必「先之以格致而無不明，然後有以實之以誠正而無所謬」，（全書卷二十一）今陽明之所爲，則正不外將朱子所謂「使人無不明」之格物與致知之功，先合爲一致良知之功，更以之攝「使人無所謬」之誠正之功，以歸于一而已。

緣此致良知工夫之攝正心之工夫，更前進一步以觀，則大學所謂由正心而修身之事，亦不外正其身之不正者，以歸于正。大學所謂齊家、治國、平天下之事，亦不外正家國天下之不正者，以歸于正。此一切使不正之事歸于正之事，皆同不外致吾心之良知之知其非者，而更去其非、非其非者，以歸于是，而存此是、是此是者之事也。則大學之修身齊家治國平天下之八條目，皆攝于一致良知之教之中矣。此則又初不外將朱子所言之格物窮理以致知之義，合爲一致良知之事，更層層轉進，以攝朱子所言之誠意正心後，更攝修身以下之事所成者也。

三　良知天理之卽體卽用義

陽明之言其顯然承朱子之問題，而非承象山之問題而來者，爲其關于中和與已發未發之論。此乃關于整個之工夫論之問題，乃牽涉于此心之發爲意知物，與其未發之自體者。象山以人若未明道，使此心炯然，則未足言致中和。朱子之學，則正初由中和之問題上用心而致。朱子言中和，而及于心之未發已發、體用、動靜。陽明言中和，亦及于心之未發已發、體用、動靜。此固顯然承朱子之問題，而非承象山之問題而來者也。此中朱子與陽明之不同，乃在朱子于心之體用、動靜、已發未發，恆分別說，而致中與致和之工夫，亦分別說。依朱子義，存養主敬之工夫，爲致中之工夫，乃所以正心之未發工夫；省察與致知格物，則爲致和之工夫，皆心之已發工夫。存養主敬，所以使原具于心之超越而內在之性理得呈現之幾；而致知格物，則爲求知彼外之物理，以明此內之性理。既知理而更以此所知之理，爲省察之所據，而省察即所以誠意。故致知格物只是省察之前事。言省察，則先有致知格物之工夫在，更不待說。以省察與存養主敬相對，則省察之爲已發工夫，乃意在本已呈現于心之性理，以是是非非，好善惡惡，而歸在非非惡惡之克治上。今陽明既以存天理之存養、與省察克治之兼在克人欲者，爲致良知之工夫之兩面；故未發之致中工夫，與已發之致和工夫，即打併歸一，于心之中與和、未發與已發、體與用、動與靜，亦當相貫而說。其所以得相貫而說，則以此良知之好善惡惡，或是是非非，而正不正以歸正之兩面，原相輔爲用，爲其核心之義。此下當先發揮此義，以次第說明此中之良知天理之體用、未發已發工夫，所以得合一而說，以及其相連之「心」「理」之所以得合一而說之義如下：

象山之言心即理，乃就本心之發用之具理者，而教人于此直下加以自覺，故人于此所知之理，初乃此心所已顯之純正面之理。由此而自立自信，以定其志向，開拓其心量，以奮迅振拔，則是此本心之自欲充量發用、欲充量流行之事。然此中却並不必有此心之一方自覺的正面的求其自己所內具之理如何由隱而顯，一方自覺的據其所知之一一之理，以反面的一一「反彼爲其反面者」之工夫。至在朱子，則其致知格物與主敬之工夫，皆意在使其所內具之理，一一由隱而顯。當其既顯，而知其爲當然之理，初亦只爲一正面的當然之理。此理原內具于心，即原在心體，其顯而爲此心所知，即此心體之自顯于此心之用、或心之知也。此心所具所顯之性理，雖無所不備，然初皆爲正面之天理。而在此理既顯于心之知後，人更緣此所知之理，以爲其誠意正心修身以下之事時，朱子亦明言此理必顯爲一是是非非、好善惡惡、爲善去惡之理，即「一方正面的去肯定成就：一切合理之意念與事爲，一方面反面的去否定去除：一切由氣稟物欲之雜而來之不合理之意念與事爲」之理。此中之知理之知，亦當爲一知是知非、知善知惡，而「兼知正反兩面，而又知反反以顯正」之知。此知之心，亦應爲「能自正其自己之不正，以歸于正」之心。亦唯在此理之實顯爲一是是非非，好善惡惡，爲善去惡，反反而成正之處，乃實見此理之用之自立于吾人心知之工夫之中。若此理之用未嘗實顯爲反反以成正，則此理亦實未嘗自立于吾人之此心知之中。蓋不非非之是，不惡惡之善，即非能自立之是，自立之善也。由此以觀吾人之自然的善德之表現，雖純爲正面之善德，即亦非眞能自立之善德，而人亦不能徒慕此自然之善德以爲學。而以朱子觀象山，則象山唯喜就人之自然的善德之表現于心之發用之中，如見父自然能孝，見兄自然能弟，當惻隱時自惻隱，當羞惡時自羞惡，即便教人于此識得其心之理，以自立自信；而未教人重視此心之理之必表現其反反以成正之用，于此之心之中，如孝之必顯爲知孝之是、不孝之非，好孝而惡不孝等，以實見其自立于此心之中者；朱子固必以爲未足也。

誠然，象山除于教人正面的自覺其心之發用所已顯之理者之外，亦言超拔物欲意見之障蔽，自疑自克等，則吾人固可謂象山亦實際上有一反反以歸正之工夫。然象山終未言此「反此障蔽等本身，爲此心之理之所以爲此理」之一用，而扣緊在：「此心之理之一方反面的去除此障蔽等不合理者，一方正面的成就一切合理者，而好善惡惡，是是非非」處，說此「理之用」之全，或依此理而有之心之發用之全，則仍與朱子之言不同也。

然在陽明，到一方變象山之言「見父自然能孝，見兄自然能弟……」，爲「見父自然知孝，見兄自然知弟……」一語，以正面的指證人本心之良知或本心。而在另一面，正承朱子言誠意工夫時，所重之此理必顯爲好善惡惡、是是非非之用，以言此良知爲「天理之昭明靈覺」，與其知善知惡、知是知非，必然同時表現爲是是非非、好善惡惡，以貫徹于爲善去惡之事。（註）是即見此良知天理之用，自始爲一正反兩面，同時並見，如雙管齊下之出于一手者。在此點上，陽明之異于朱子，而亦可說進于朱子者，則在朱子之言人之好善惡惡、

註：陽明之是非即善惡，故下文或只舉是非，或只舉善惡，義皆無別。陽明言知善知惡、好善惡惡、及爲善去惡，三者之相貫，乃陽明學之根本義，頗具精切篤實之旨，其與良知之至善及無善無惡之關係，在拙著中國哲學原論中原性篇第十四章。所論較備，可補下文之偏在從陽明言良知之高明義說去者。讀者宜加以參考。

是是非非之誠意之事，乃後于致知，而知性理或知天理者。依朱子之意，尅就人對天理之知而言。此仍純是一正面之知，如前所說。唯以人不無緣其物欲氣稟之雜，而起之不善之意念，方有爲此正面者之反面者。更在此反面者爲此心之所知，此心繼顯其對此天理之知之時，而後此心之天理，方顯其「一面反其反面者，一面自歸于正」之一「反反以成正，而好善惡惡之用」。則此天理如未嘗遇此緣氣稟物欲之雜，而起之不善意念，此天理亦即可無此反反以成正之用或表現。由是而此用或表現，即爲自天理之體上看來，乃可有可無者。此用或此表現，對此天理之體之自身，亦即可說爲一「偶然有」之事，非一「必然有」之事，亦即此在天理之體上無有，而只在其用上有者矣。然在陽明，則其良知天理之表現爲是是非非、好善惡惡之用時，良知天理之體，既已表現其用；今若謂此體上原無此用，則此用何以有？豈非此用在體上無根？若果在體上無根，則人亦可只求見此體，而不求此體之表現其用，以成吾人之是是非非、好善惡惡之工夫矣。今若只謂唯因吾人之有氣稟物欲之雜，而生之不善之意念之反面者，爲所對治，而後此非非或惡惡或反反之用乃見，固是可說。然此能非非、或能惡惡、能反反之對治之用，畢竟由此體而來，而其根當在此體；則不能說此體上原無此用也。亦不可因此用乃緣有反面者爲所對治而後見，遂謂此用初不在此體之中也。然朱子之分體用爲二，正可使人作此解。陽明則由此朱子所謂用，原當根于天理之體，以更謂此用即未顯，此天理之體上，亦原具此用。則此理即在未顯爲一般所謂是是非非之用時，此理亦爲一自是其自己，而非非其自己之理，即亦具是是非非之用之理。由此而不僅在其已顯之一般是是非非之用中，可見此理之自立于其用之中；即在其未顯爲一般之是是非非之用，此理未嘗實有一反面者，爲其所反所非時，亦仍爲一具「是是、非非之用」之天理，而亦爲原自立于其自己之用之中者矣。

此中所謂良知天理于體上之「原有一是是非非之用，雖未顯爲一般之是是非非之用而亦自在」之一義，誠有難于了解之處。然實亦不難。此中關鍵，唯在知此是是非非之用，儘可無是之可是，亦無非之可非，而唯是一「能是是非非」之義理之呈顯；並知此呈顯，便是此義理之用；而此義理之呈顯，亦復即呈顯于「是是而終無是可是，非非而終無非可非」之中；便一切皆不難解。欲知上之所說，唯待吾人之試自反省其對自己之意念或事爲，自用是是非非之工夫時，所得者是何物；便可知得此中最後可得者，亦唯有此所說之義理之呈顯于「是是而終無是可是，非非而終無非可非」之中。蓋人在知自己之某一意念（或事爲）之非，而眞自非非之時，此意念即終當化除而成無有。即見非非之事成，此心之非非之理呈顯于心，便無非可非也。在另一面看，則人如有一意念爲是時，人初固可知其是，而是此是。然人在既知此是者之合于其心中之理而爲是後，亦即同時將所是之是，攝入于其心中，而更不自以爲是。因人若于此更自以爲是，而自是自滿，則又爲人所共知之不是而非者矣。故人在自知其是者之是之後，理當忘此是者之爲是。則又見此是是之事成，此心之是是之理既呈顯，即無是可是也。依此非非必歸于無非可非，是是必歸無是可是；則無是可是，無非可非，非「無此理之呈顯」，正所以呈顯此理之爲一是是非非之理者也。是是非非之理，必須呈顯爲無是可是，無非可非；則無是可是、無非可非，固非此理不在之證，亦非此理不具是是非非之用之謂矣。由此推之，則人即在自始無是可是、自始無非可非之時，或自始未嘗爲是是非非之事之時，或無所謂吾人一般所謂良知天理之發用時，此良知天理之自體或自身，亦仍當是一具是是非非之用之天理良知，而自立于其自己之用之中者，其義即不難解矣。

四　朱子與陽明言戒懼義

此上所言之能是是非非而亦可無是可是、無非可非之天理良知，即陽明所謂未發之天理良知，或未發之心體或未發之中，而自具能發之能、或能發之用者。此中謂此未發之心體上原有此用，初不容人在想像上去了解，只容人在義理上去了解。此義理上之了解，可透過上段之所言者去看。然此義理上了解，應有進一步之實證。此即吾人未發時之工夫。此一工夫，即中庸所謂戒愼乎其所不睹、恐懼乎其所不聞之工夫。由此工夫，便見未發之心體之原具此用。按此一工夫，上節已言在象山爲第二義之工夫。然在朱子，則已以爲此當是一心地上之根本工夫。一切致知格物之工夫，亦必歸至此工夫，乃鞭辟近裡。陽明之重此工夫，亦正顯然承朱子而來。在朱子之意，人之由格物致知而知理後，與據理以省察其意念情欲行爲之是非，而克治其非者之誠意正心修身之工夫，皆屬已發邊。人若欲求意無不誠心無不正，只在已發邊用工夫，斷然不足。因不合理而爲非之意念等，旋生旋克，旋克旋生，人亦終不能入聖賢之境也。此必待于使此不善之意念根本不發，然後可。而欲使其根本不發，則要在于其未發之際下工夫，此即戒愼恐懼于意念未動之前之工夫。此中之戒愼恐懼，唯是此心之不願自陷于「非的意念之生起」之工夫。故此中初可無「已爲非之意念」，爲所戒愼、所恐懼，只有一無「所恐懼、所戒愼」之一「能戒愼、能恐懼」之心靈之一純粹之自持，以防其自陷于非或不善。此即曾子所謂「戰戰兢兢，如臨深淵、如履薄冰」之感。由此心靈之自持，乃更能于不善之意念方起，即立加以克治。故朱子之此工夫，乃「防不善于未萌之先，克之于方萌之際」之工夫也。由此工夫之能「妨不善于未萌之先」，使

「非」不起，而此心之天理即可由此「非」者之不起，而昭顯，而流行，以顯爲意念之是者。朱子所言之致知格物之功，所以能收其實效，亦全在人之內心有此工夫。否則雖致知格物，亦將無眞實義理之可見，而格物致知終無功。蓋凡人所知之眞實義理，皆其心之天理，自內而昭顯。無此戒懼之工夫，則將無此天理之自內而昭顯，而由格物致知所知之理，即可只視爲在外之理，而不知其即此天理之自內而昭顯，則格物致知，即終無功也。此戒愼恐懼之工夫，在其只是妨不善于未萌之際，而初無所戒愼所恐懼時，此心之自持，即此心之自己保任其自己，自凝聚其心之事。此保任、此凝聚，亦可無一事一物之可見，而只是一虛靈明覺之當下凝聚在此，保任在此。此即與朱子所謂主敬或涵養之工夫，實際上爲一事。唯說其爲戒懼之工夫，似偏在妨其自陷于「非」上說；說其爲主敬之工夫，則偏在心之凝聚保任上說；而說其爲涵養之工夫，則偏在自「此心由此工夫以養其虛靈明覺，以使天理得呈顯于：爲是的意念中」說，亦偏自「使用此工夫者，自涵泳于此工夫中，以此工夫保養其自身之進行上」說耳。在重此戒懼之工夫之一點上，陽明與朱子固同，亦共異于象山之以此工夫爲第二義者也。

象山之以戒愼恐懼爲第二義工夫，乃由其以明道、先立乎其大者，爲第一義工夫。此非不可說。但依朱王，則言學者吃緊工夫，必步步轉入深密，而在內心隱微處更下工夫。故在朱子之工夫中，致知格物乃最外表之一層，實最粗。由知理而據之以誠意省察克治，則漸入于內在之工夫，較細。朱子言涵養主敬，以保任其心之虛靈明覺，以開其天理之昭顯或呈現之幾，而成格物致知之功，則其工夫更爲內在之一層，其義最爲深密。朱子之言戒愼恐懼于未發，即所以成此涵養主敬之功，亦即所以表狀此涵養主敬之功之道德之意義，而非只是一虛說此心之虛靈明覺之事者。故其義最深密。陽明亦能知朱子之言此未發之功「非苟」，（全書卷四答汪石潭書）象山則于正多忽視。陽明謂象山有粗處，此蓋亦爲其一端也。朱子與陽明，同能正視此戒愼恐懼之義，而又有毫厘之差。此就陽明之意而說，即在朱子于此戒愼恐懼之工夫，又分爲：未發時意念未動之先、不知有意念之動時之戒愼恐懼工夫、所謂「己所不知」之戒愼恐懼工夫，與意念由未發而方發，而「己所獨知」時之謹獨工夫。其詳，可看朱子中庸注，及朱子語類講中庸戒愼恐懼與謹獨處。此則密中更分細。此亦非不能說。因意念未動，純是未發，意念由未發而方發，則半屬已發，亦可稱爲已發。意念之未發與方發已發，總有不同，則工夫總有一差別也。依此朱子說，則未發時之戒愼恐懼，純屬存養邊；而謹獨則是承存養之功，以謹己所獨知，則爲省察之始，亦第一義之省察之功。此乃在意念之方發之幾之動上，用工夫，即遠較一般之省察，乃在意念已形成後、或行爲已形成後，方加以反省者，更能及于隱微之地。此處工夫得力，如一夫當關，則萬夫莫開，正是澄治本原之功，自然省事。然在陽明，則更求此「己所不知」與「己所獨知」之二工夫，打併歸一。此處能打併歸一，則一切已發未發之工夫之打併歸一，更不待言。依陽明言，此所謂己所不知，唯指意念之未起或未發而言。然人于此必自知其意念之未發，以用戒懼工夫，則不能言全屬未知。故謂「己所不知，是誰戒懼？」（傳習錄上）則朱子之謂己所不知之工夫中，自亦有此一知在，亦即有陽明所謂良知之知在。則此良知之知，便爲通朱子所謂「己所不知」與「己所獨知」者；而此朱子之二工夫，即皆當統于一致良知之工夫矣。

此中朱子與陽明之異，乃在朱子分己所不知與己所獨知爲二，是自意念之未發與方發上分。此意念之有未發與方發之分，陽明亦不能加以否認。陽明之進于此者，乃在言此意念之未發與方發，同爲此良知之所知。此能知之良知，乃在此所知之意念未發或方發之上一層。在下一層之所知上看爲二者，在上一層之能知此所知者上看，則統于一。而朱子則未進至此一義。故陽明與朱子于此只有毫厘之別。朱子如不否認其「知用所謂己所不知」之戒懼工夫，亦即不能否認意念未發時，有一自知其未發之「知」、或陽明所謂良知在。故陽明常言良知即未發之中也。

陽明將朱子所謂未發之己所不知之戒懼工夫，與由未發入已發或方發時之謹獨工夫，皆統之于一「知」之下，亦即統之于一致良知之工夫、一獨知之工夫中。此亦無異將朱子所謂獨知之名，提昇其義，以攝朱子所謂「己所不知」；同時亦將朱子所謂獨知之名，原是就所知之意念而言之爲獨知者，轉變其義，而只就其爲「能知」而言。故陽明以此獨知爲良知。此良知或獨知，無論有無意念爲所知，而自常在，亦即無論意念之未發或方發已發，而自常在。吾人于意念未發時，純用涵養或存養工夫，與在其方發之時，用朱子所謂謹獨工夫，以爲已發之省察之始，皆同只是一致良知之工夫。然後由未發至已發之工夫，方能一貫，而無間斷。故陽明謂朱子之分此中之工夫爲二，未免過于剖析。其言曰：「朱子未發之說，亦非苟矣。獨其所謂自戒懼而約之，以至于至靜之中；自謹獨而精之，以至于應物之處；亦若過于剖析。……不知常存戒愼恐懼之心，則其工夫未始有一息之間，非必自不睹不聞而存養也。」又曰：「無事時固是獨知，有事時亦是獨知，戒懼爲己所不知，工夫便有支離，亦有間斷。既戒懼，即是知。己所不知，是誰戒懼？」此外傳習錄卷中答陸原靜書，更詳論此戒懼之工夫，通已發與未發、及動與靜之旨，皆不復贅，讀者可自行參閱。

陽明之謂朱子所謂「己所不知」與「己所獨知」之工夫中，同有一知在。此固是陽明之所以能通朱子之工夫爲一之關鍵。蓋由同有一知在，即同有一致此知之事在；而無論在純未發時之涵養，與方發已發時之省察，皆是一致此知之工夫。然人亦可謂：此中自意念之已發未發言，畢竟不同，則說其中之工夫爲二，又何不可？則于此更當知：此中之意念之已發未發雖不同，而可說爲二，然未發時之工夫與已發時之工夫，則不只爲先後之二工夫，而實亦相貫爲一工夫。其所以得相貫，要在一切已發時之工夫，其自身乃原由未發而發，既發而還歸未發；正如吾人上所謂良知天理之是是非非之用，恆還歸于無是無非。故已發時之工夫，即亦可謂爲原自未發、又還歸于未發之工夫。又此未發之工夫，自其爲工夫言，亦未發而未嘗不發。此未發之工夫，不外此良知之體之自存養，亦即不外此體之自存而自用，而人即可由此以見此體上之原有此用。已發之工夫則爲此良知之體之更顯此用于省察，而于此省察中自見其體者。人即可由此以見此用中之即具此體。合此二者即陽明言：「即體而言用在體，即用而言體在用」之旨。由此而良知之已發即在其未發中，未發亦在已發中。未發如鐘之未扣時，原是驚天動地；已發如鐘之已扣時，未嘗不寂天寞地。則致良知之事，固無分于已發未發，其未發時無事，亦有事，寂而恆感；已發時有事，亦「行無所事」，感而恆寂，其義皆不難解矣。

此上所說者，唯是就陽明之言戒懼之一功，並自謂其異于朱子分爲二功者，而說其本于陽明之通已發未發，體用，以合良知天理之旨。然依吾意，則以爲即在朱子之言此心此理之未發處，其旨亦似與陽明有一極深細之不同。此則非陽明之所自覺及者。蓋朱子之言未發時之戒懼工夫，似仍是由對治氣稟物欲之雜，而得其意義。而陽明之言戒懼，則可無此所對治，仍有其意義。此蓋即朱子之言戒懼或主敬涵養工夫，多帶嚴肅之意義，而與陽明之言戒懼，恆兼與洒落言者，二者不同之關鍵。按朱子之言此具性理或天理之心，其表現于其省察克治時之好善惡惡、是是非非之用，皆有所對治。此中之惡惡或非非，明是必待有所對治之「非」「惡」，而後有之用。若此中無所對治之「非」「惡」，則此心之理，依朱子義，只是心之體之理，而不可言其中已原有此用。依此以觀，則朱子之言未發時之戒懼工夫，即當亦有所對治，否則不能成爲工夫。然此工夫，既屬心之未發邊，此所對治者，又爲何物？似有一問題。但吾人可能答曰：此所對治者，即未發而可能發出之不合理而爲非爲惡之意念等，如佛家所謂存于賴耶識中之染污種子，今之心理學家所謂存于下意識中之不合理之慾望之類。依朱子言，則人之氣禀物欲之雜未全去時，此不合理之意念等，即有緣之而生之「可能」，而此未發時之戒懼，即可以此「可能」，爲其所對治。若然，則朱子之戒懼之爲未發工夫，其意義，即仍是由對治氣禀物欲之雜而取得。朱子註中庸愼獨言「所以遏人欲于將萌，而不使其潛滋暗長于隱微之地」，固明見此愼獨工夫之有此一所對治也。由此工夫有其所對治，而與之成相對，即有一嚴肅之意義。如謂此工夫即主敬，則此主敬即意在有對治不敬，而恆易有拘緊之弊。如謂此即是涵養，則此涵養之意趣，亦恆不免偏在靜守此心之虛靈知覺，以對治彼爲非、爲不善之意念之潛滋暗長。在陽明之教，嘗言搜尋病根，亦重此對治義。但在其教之二變三變以後，則其言良知之戒懼，恒是自良知天理之自身一體上，原有一是是非非之用上說。此良知天理之自體，原是能是是非非的，即原是戒懼的。此戒懼，乃其是是非非之自然表現。故當有爲非或不善之意念之起，既致良知，而加以化除時，此中便無非之可非。是對治已畢，即不見所對治。至當其無意念之發時，亦即在當下無非可非，亦無所對治。人亦可不須以未發而可能發出之不合理者，爲其所對治，而當直下認取此可能發出之不合理者，既未發出，即非眞實有，而不堪爲此心之「所對治」。此心即可絕對當體獨立，全不與所對治者成相對。由是而此心之戒懼，即爲一由良知天理之天機不息，而自然生起之活潑潑地意念。故曰：「戒懼亦是念，是活活潑潑地，此是天機不息處，亦是惟天之命，於穆不已。」（傳習錄下）；而人之此戒懼工夫，亦不礙其洒落自得，亦「非洒落之累。」（全書卷五答舒國用）故陽明詩有「點也雖狂得我情」之句。此即上契于二程與濂溪同游時「吟風弄月以歸」之「吾與點也」之意。此固不同于朱子之嘗不滿于曾點之狂，其言戒懼之偏具嚴肅的意義，而謂此爲主敬，亦可致拘緊病者矣。此陽明所言之未發之戒懼，以其同時有洒落自得，故亦非如朱子所言涵養之意趣，偏在靜守此心之虛靈明覺者。以其既無所對治，則亦即不須靜守也。此中陽明與朱子之毫厘之差，讀者可細思之。若言其優劣，則陽明之義，自是高明，然人亦不易湊泊。即義理湊泊得上，工夫亦非易用。由洒落至放肆，亦只差一間。蓋人之氣稟物欲之雜未去，則言洒落者，仍可能有放肆之病。此亦後來之王學之發展，所必然遭遇之問題，爲陽明所未能先知，而于其施教時，自戒懼之于先者。此亦可謂由陽明于朱子言戒懼爲對治之切實義，尙有所忽之故。然天下之義理無窮，陽明亦未能一口說盡。學術之流弊未見，即可不說救弊之言，如未病不須先設藥；亦如陽明之言未發之戒愼工夫，原不須以可能發而尙未發之不合理之意念，爲所對治也。

五　良知即心體、即天理之昭明靈覺義

上所言之心之體用動靜，乃關連于心與理之問題者。此理與心之問題，乃人類思想之一根本問題。在一般

之觀感，皆以心爲變動不居，而理則定而有常。世人亦皆知其心之變動不居，苦恆難如理而合理。由心之不合理，而人有不合理之行，天下于以遂大亂。故人恆欲求其心之合理。欲求此心之合理，而自此心所生之行爲上制裁，以制此心之道，如以法治，以習俗之禮治，此世間一般之教也。以利害動此心，使其知不合理者之害及于後日與來生，而勉其心以爲合理之行，此世間功利、宗教禍福之說也。以聖賢爲範，祖訓與聖賢之經書爲教，以道之大原在天，以王承天，更使天下尊王而重道，此漢唐儒者之言也。然凡此等使心合于道、合于理之教，皆是外制其心，外用其心，以求心之合理。然孔孟至宋明儒者之傳，則要在言心之變動不居，乃由于其與物感通；而此心之對一一之物之感通，又原皆有其所以應之之理之道，如對父爲孝，對兄爲弟等。此理此道，皆原爲人心所有，而由內以達外者。是見此心原自能合理合道，而人之合理合道，即所以自盡其心性。若其不然，人之言行亦無必求合道合理之內在的理由，亦無「使其心之變動不居，與物感通之事，皆一一合理合道」之內在的眞實可能矣。宋儒自周濂溪起，即已以仁義禮智信之五性，皆與生俱生。聖人除盡其性，使其生命成一眞實無妄之生命外，亦無其他。邵康節言「性者道之形體」，其言亦爲朱子所屢及。二程更言道之出于心之性，而人性即天理。象山則教人就心之發用之合理處，以自覺其心之具理，而更充此心之靈，即所以更顯其理之明。朱子則由格物窮理，以物皆有理，又以天下萬物之理，皆吾人心中所原具之萬理，以爲其性理者，而更言此天下萬物之理與此心之理之粲然者，當心之未發，即存于一性之渾然之中；然後心之應物，乃能于一一之物，各循其理以應之，使之各當于理，而不相爲礙。此在根本精神上，仍是承其前諸儒以人所當知當行之道、其本原在吾人之心性，而有之思想也。

此朱子之學所留之一問題，乃心與理畢竟爲一爲二之問題。自理之有一定內容上看，即明似與心有所不同。蓋心之與物感通，旣變動不居，此心之自身，即如只爲一能覺，而無一定內容者。此能覺之感物，旣感此，而又能捨此，以更感他，即見其虛靈而不昧，而心之自身，便唯是一虛靈之明覺，而無一定之內容；其內容，皆當是此心之與物感通，而有所發用時，所表現之性理上言者。然若心與理果爲二，則人心亦即未嘗不可只守其虛靈明覺，而不求合理而盡理；則人之求其心之合理而盡理之事，亦可視爲此心之本身之虛靈明覺之礙。故此心與理，又終不可視爲二。此在象山，因其自始至終，重在自心之對物之感通發用上見理，則可無此問題。以心之對物之感通發用中，必有此心之感通發用，所當循之道，即終有理可說也。然在朱子，更見得此心之本身，只是一虛靈明覺；則此虛靈明覺，何以必須有此萬理之粲然于中，以爲其內容？又此心旣有此萬理粲然于中，以爲其內容，何以當心之未發，又只渾然爲一性；必當心之已發或感物格物時，而後此一一之性理，乃得次第而見？又何以不說此虛靈明覺之心之即理，或此理即此心？則象山之只由心之發用見理者，實尙不足答此諸問。蓋此心之虛靈明覺之本身，明似可不發用，仍是一虛靈明覺，而人亦可只守此虛靈明覺，如朱子所謂禪宗之所爲；則此心是否即是理，或只是超越地內具理，又其具理或即理，是如何具法？如何即法？即成一大問題矣。

對此問題，循上述陽明之言心之未發已發，即可有原則上之解決。後東林學派與劉蕺山，于此雖尙有補充，然在根本義上，仍不能違陽明所說。此解決，在于知此理之見于心之發用上，雖定而有常、似實，然亦與心同變動不居，而未嘗不虛。因自此心之良知之依理而是是非非上看，此心之良知乃時時是是非非，而亦時時是是而無所是，非非而無所非者。此心能依理以往是是非非，故實；歸于無所是無所非，故虛。實故能思能慮，虛故曰「何思何慮」。然「何思何慮」中，亦有此理在。故謂之何思何慮，亦非即無思無慮，而亦可謂爲實時時思慮一天理也。（全書卷十四啓問道通書、及傳習錄、皆嘗辨何思何慮，與無思無慮之別。）往是是非非，即此心之良知之發散；歸于無所是無所非，即此心之良知之收歛。此心之良知，乃即其發散以爲收歛，亦即其實以爲其虛。時時虛、時時實，故靈，而人常有一不昧之明覺。其時時實，即時時有此理流行于此明覺之中；其時時虛，即此流行之理既顯，而若自隱，以退藏于密。由此而即在此虛靈明覺對事物，無所發用，如鏡之無物可照時；此虛靈明覺，亦通體全是理。人若果能知其實之未嘗不虛，即能知其虛之未嘗不實。知其發散時，未嘗不收歛，即知其收歛時，未嘗非發散。由此而吾人可說此虛靈明覺之具理，非只是以此理爲其內容，而是此虛靈明覺之發散或收歛、虛或實上，即和盤托出此理。此中其發散、其收歛，或其虛、其實之本身，即是理。非發散而放出理，收歛而更收回此理；而是其放其收，均是此理之表現也。其「放」，是此理以一般所謂實之姿態表現，而其實未嘗不虛；其「收」，是此理以一般所謂虛之姿態表現，而其虛未嘗不實。而此虛靈之明覺即通體是此理。由此而不能說此心在未嘗與物感通而未發之際，此心之自存養其虛靈明覺，其心即空而無理；亦不能謂此自存養，只所以去氣稟物欲之雜，打開此理之由此心而昭顯呈現之門，如朱子之說也。而當說此心當下之虛之靈之明而能覺，即攝其所可能覺者，以爲此心之理，而皆現成在此。如鏡之能照，與其可能照者，皆在此鏡之能照之理之中；而鏡在無物可照時，鏡之能照，現成在此，其理亦現成在此也。

陽明之通心與理與知之言甚多，其旨亦歸于尅在此心之虛靈明覺上，言無論此中有無所知所覺，亦無論此虛靈明覺之顯于吾人一般所謂心，或只顯于吾人之耳目之知覺中，皆當是同一之虛靈明覺；而尅就此耳目五官之知覺，亦爲心之知覺上言，此知覺之本身，即亦皆爲天理之表現。唯人當由耳目之知覺，更知其本原在此心、此天理，更用致此知之工夫耳。茲畧引陽明之數言，以證上文所說通心理知爲一之義。

傳習錄卷二與顧東橋書：「精察此心之天理，以致其本然之良知。心之虛靈明覺，即所謂本然之良知也。」此乃陽明以「心」與「天理」與「知」爲一之明言也。

問「中」之義曰：「此須自心體認出來，非言語所能喻。中是天理」。曰何者爲天理？曰「去得人欲，便識天理」。天理何以謂之中？曰「無所偏倚」。無所偏倚，是何等氣象？曰「如明鏡然，全體瑩澈，畧無纖塵染着。」又曰「自家心體，常要鑑空衡平，便是未發之中。」（傳習錄下）

此上皆言未發之中，即天理，即心體，而此心體、天理只是全體瑩澈，如鑑空衡平，而自無偏倚之一能照之「知」，而更不自其所知所照上說者也。

陽明又曰：「無知無不知，本體原是如此，譬如日未嘗有心照物，而自無所不照。無照無不照，原是日之本體。良知本無知，今却要有知；本無不知，今却疑有不知。只是信不及耳。」（卷三）此言良知之無知無不知爲一事，故其無不知與無知，原爲一事。言其無知，乃言可無所知，亦不待所知，以自成爲知。此即只自其爲一虛靈明覺，而即視爲天理之昭臨在此之言也。

又曰：「所謂汝心，卻是那能視聽言動的，這個便是性，便是天理。有這個性才能生。這性之生理，便謂之仁。這性之生理，發在目便會視，發在耳便會聽，發在口便會言，發在四肢便會動。都只是那天理發生，以其主宰一身，故謂之心。這心之本體，原只是箇天理。」（傳習錄上）此則教人自知其耳目之知覺，皆原爲一心之靈覺，而皆爲天理之表現之言也。

又曰：「知是理之靈處，就其主宰處說，便謂之心，就其稟賦處說，便謂之性。」（傳習錄上）此即通「知之靈」與「心」與「天理」之言也。

對上文陽明之通「天理」「良知」與「心」之語，皆可總攝在陽明所謂「心之本體，即天理也；天理之昭明靈覺，即良知也」一語之中。陽明或以昭明靈覺代虛靈明覺，此蓋意在顯此明覺中有理之昭顯。然陽明多只用虛靈明覺之言，則二者實無大分別。此上引陽明之二語中，上語之心之本體，即心之性。謂此心之本體爲性即天理，朱子亦有此義。所謂心之虛靈明覺中一性渾然，道義全具，而萬理粲然是也。象山則只偏自心之發用上看其中之具理，則未有此心體之虛靈明覺，具萬理爲性之義。（註）然陽明言「心之本體，性也」，則此體即在未有一般之發用時，此體上亦原有用，如本篇第三節之辨。此心之虛靈明覺之自存養而自相續，即其用。在此用中，無任何所覺，亦表現理、表現性。如上文所已說。此皆自心之明覺上說理也。

自另一面看，則此理之本身，亦原是虛靈明覺的或昭明靈覺的，此則是在理上說心。依一般之想法，理總有一定之內容，如忠孝等之有一定之內容，而理之表現，即只可言昭明，似不可言虛靈。又心覺理，理不能自覺，亦不能言覺。然實則只自理之內容之爲如何上看，不能盡理之義。理之內容自是要表現的、或能表現的。

註：自此處看吾人可說朱子之言心具性理，近佛家之天台言性具；象山自心之發用見理，則近華嚴之性起。然此中亦有異同，非今之所及也。

此要表現、能表現，乃理之義中之所涵，否則此理不能稱爲生生之理。然理之表現，乃一面表現，一面退藏，一面發散，一面收歛，如上所說。此一面表現發散，一面退藏收歛，豈非正是理之靈？則不只心是活物，而變動不居，理亦是活物，而變動不居也。又理表現，而「能覺」與之相俱。心無能覺之理，則心不能覺；心即依能覺之理，以有所覺。則由心有此所覺，而謂「心之理」有此所覺，又何嘗不可？心有所覺時，心稱爲能覺，則「心之理」有所覺，此「心之理」應亦可稱爲能覺，固不可如朱子之只以理爲所覺矣。是見在理上說理爲虛靈明覺的，固亦同可說。此即理上說心也。綜上所謂于心上可說理，于理上亦可說心，則心理眞合一矣。陽明之此二語中其言心之本體即天理，即自心上說理，而言天理之虛靈明覺即良知，即自理上說心也。

上文既依此理上可說心、心上可說理之二義，以成心與理之一之義。今再回頭來看朱子所謂心之未發，乃以其虛靈明覺，具萬理之粲然，以爲渾然之一性之說，即不難解。此心之所具萬理之粲然，必化爲一性之渾然，即見此心所具之萬理，其在心中，並非能分列爲一一定常之理，以並在于心者。若其然也，則人當反觀其心，即當見此萬理。然人在其心未發時，反觀其心，並不見此萬理，唯見一性之渾然，即證此心所具之萬理，非可並列爲一一定常之理之和，此萬理之在心，乃皆相互渾融爲一性者。而欲說其所以渾融爲一性之故，則唯有謂理在心中時，此心之「虛靈」，即將此一一之理虛靈化之故。因虛則不相礙，靈則相通貫，故可渾化萬理爲一性也。然謂此理在心，爲心所虛靈化，即心之虛靈之用徹于理，而此理即不只具于心，以爲心之體，亦爲心體自身之虛靈之用之所徹，並爲此用之所攝者，則此理即亦心之理，或心上所說之理矣。若謂此理在心，即原自爲虛靈的，此自亦可說。然此即又無異謂此虛靈爲理之相，即無異于理上說心矣。無論心上說理，理上說心，固皆必歸于心理合一之義也。眞知此心理爲一之義，則吾人要如朱子之說，在心之未發時，謂心乃具理以爲性，自亦仍可說。然此具，必是此所具之理，同時爲此心所「虛靈化」的「具」。否則朱子所言此心之具萬理之粲然，何以只顯爲一性之渾然者，即先不得其解。而說此理爲心所虛靈化，即必在心上說理，或理上說心，而必須將此理之定常義，銷融于心之虛靈義之中。然當心之未發時，理之定常，雖銷融于心之虛靈義中，而當心之已發，則此理之定常，又隨心之一定之發用而俱見；則當心之由發用，再還歸未發時，吾人即可說此心乃是將此定常之理，再向上卷起，而藏之于密，而虛靈化之，以再成此理之銷融。由是而吾人即又未嘗不可說此心之「具」此「所卷而懷之，或以其虛靈加以銷融之定常之理」，則朱子之心具理之義，又未嘗不可說。而陽明之合心與理之言，亦正所以成就朱子之說者矣。讀者細思之。

六　良知與儒之通二氏義

由陽明之有此心上說理，理上說心，以眞合心與理爲一，以良知爲天理之昭明靈覺，而以心之昭明靈覺或虛靈明覺之本身即理之表現等義；則于佛家之只保任其虛靈明覺者，即不能說之爲全無理。儒者之用涵養工夫，以自保任其虛靈明覺者，亦非只是呈現其內具之性理之一方便工夫；而當說此涵養工夫之本身，即是理之表現，此心之虛靈明覺之保任，其本身即已是一天理之流行，而對此一工夫，亦不可輕忽。故陽明初亦以默坐澄心教學者。由此以觀二氏之觀空證寂、致虛守靜，亦不能直下即加以非議。如朱子之謂禪佛只見得養得其心之虛靈明覺，其心即空而無理，于此即不可說。因此虛靈明覺之保任，便是理、其如此如此的虛而靈，或相續的虛而靈，即有此理之流行也。同時象山之謂佛家爲自私，亦不可說。因佛家之存其虛靈明覺，而自執着把握之，固是自私。然若不執着把握，則其養此虛靈明覺，亦明是不自軀殼起念，方能做得，不能說是自私也。若謂佛家自解脫生死發心，便爲自私，亦不必盡然。因佛家之解脫生死，亦正要解脫一般之自私心。自私之人，亦決不能有佛家之解脫也。緣朱子與象山之所以有此種種闢佛之論，蓋皆由於見佛家之絕棄世事人倫，似只靜守其心，塞其應物通感之用，而未能即此用，以見此心之理之流行之故。然吾人若如陽明之見得此理之流行于心之是是非非之事，原是一面發散、一面收斂，即實而虛，則亦即有而無；便不能以人之靜守其一虛靈明覺之心，即是有心而無理矣。人之欲有其應物感通之用，以呈顯此心之理者，亦正當于其無物可應之時，即以此虛靈明覺之保任涵養爲工夫，而即于此中之無聲無臭、不睹不聞、何思何慮、空空寂寂之處，知此天理之現成在此，而未嘗不流行，是即陽明詩所謂「無聲無臭獨知時，此是乾坤萬古基」也。則于佛家之言空，至無一法可得，于老氏之言虛，至復歸于無物，皆不能直下便謂其必有心無理，或只爲自私，如朱陸之所說也。

此中如要說佛老之不是，此即陽明所以言二氏之學，其妙與聖人只有毫厘之間。（傳習錄上）此毫厘之別蓋在：人若識得心之虛靈明覺，即天理之表現，則亦當知此天理之表現于一切世間人倫中應物感通之事，以成忠成孝，人亦未嘗失此心之虛靈明覺。人之成忠成孝之事，唯所以致其是是非非之良知，以盡其份內事；則其知其行，雖驚天動地泣鬼神，而至實；同時亦除使其良知更無遺憾之外，而更無所得，即未嘗不至虛。則佛家之保任其心之虛靈明覺，雖未嘗無天理之流行于其心之虛靈明覺之中；然若其必欲遺棄世間人倫，與應物感通之事，以此爲此心之虛靈明覺之礙，則仍是一間未達之教也。故陽明嘗謂佛家之必逃倫理，似不着相而實着相，而儒者不求逃此倫理，方爲眞不着相也。其言曰：「佛氏不著相，其實著了相；吾儒着相，其實不着相。……佛怕父子累，却逃了父子；怕君臣累，逃了君臣；怕夫婦累，逃了夫婦。都爲箇父子、君臣、夫婦着了相，便須逃避。若吾儒有個父子，還他以仁；有箇君臣，還他以義；有個夫婦，還他以和。何曾著了父子君臣夫婦的相。」（傳習錄三）此言實甚精闢。推此陽明之義，則儒者致忠、孝、和之良知，于父子君臣夫婦間之事，即亦雖是驚天動地泣鬼神，仍未嘗離無聲無臭、不睹不聞、何思何慮、空空寂寂之未發，此方是眞不着相。此即所謂毫厘之別。至于此毫厘之別，是否即爲千里之謬，（註）則要在視學佛者之是否必欲逃父子君臣爲定。如其本非必欲逃出倫理，亦許世間人之不逃出者，仍可與佛菩薩居平等位；則儒者亦當于學佛者之出家不仕，視如人之有所專業者之可不婚不宦。而當儒者之用朱子涵養工夫，以保任其心之虛靈明覺時，用象山之工夫，至于大疑大懼時，以及用陽明之致未發之中之工夫時，其在一時，固亦皆可無父子君臣之在心也。則天下之人皆婚宦，有此不婚不宦而學佛者之存于世間，以使人知婚宦之外，尚有事在，此固亦未嘗非天下之美事

註：陽明全書卷七贈鄭德夫歸省序曰：「子無求異同于儒釋，求其是者而學焉可矣。」此乃陽明于儒釋之初不重辨異同，而唯求其是之言。然象山亦有同類語。象山語錄記象山作書攻王順伯，「也不是言釋，也不是言儒，唯理是從否？」陸子曰「然。」（文集卷三十五）；唯象山終謂釋不是，故非釋，而攻王順伯之崇釋耳。陽明全書六，「問儒者到三更時分，胸中思慮空空靜靜，與釋氏一般，此時如何分別？曰：三更時分，空空靜靜的心，只是循天理，即是如今應事接物的心。如今應事接物的心，亦是循天理，便是那三更時分空空靜靜的心。故動靜只是一個，分別不得。知行動靜合，釋氏毫厘差處，亦自莫揜矣」。此即陽明言儒釋之只有毫厘差處，可細玩之。

也。此蓋即陽明所以未嘗如朱陸之嚴斥二氏，而有廳堂三間之喻，謂儒家原有佛道之義之故。黃梨洲明儒學案姚江學案，爲矯晚明王學之弊謂陽明以「心之所以爲心，不在明覺而在天理，金鏡已墜而復收，遂使儒釋彊界，渺若山河。」此明不合史實。陽明固以心之明覺即天理，無在此、不在彼之分。陽明緣此以論儒釋，明說其只有毫厘之差，因非渺若山河也。陽明言「仙家說到虛，聖人豈能虛上加得一毫實？佛氏說到無，聖人豈能無上加得一毫有？良知之虛，便是天之太虛；良知之無，便是太虛之無形。……聖人只是顯其良知之發用，天地萬物俱在我良知的發用流行中，何嘗有一物，超于良知之外，能作得障礙？」陽明固不諱言良知之明覺，具二氏所重之虛無之義；唯以此良知之虛無，正所以使天地萬物，皆在良知之發用流行中，而亦見良知之至有、至實自動耳。後之王龍溪，更由此良知之至有、至實、至動而恒感，亦復至無、至虛、至靜而恒寂，以謂此良知之義，範圍三教，更大有高明之論。然亦皆初原自陽明之實見得此心之虛靈明覺，即天理之虛靈明覺而來者也。至此陽明之通此心與天理、虛靈明覺爲一之論，則又初由朱子之言心，由其虛靈明覺以說其具性之論，轉進一步所成；而此朱子之言，又初由朱子之嘗用心于未發之問題而有者也。朱子言固未究竟，然亦較象山之只偏自心之發用處言心者，正有其鞭辟入裡之義。陽明之繼此而更及于高明與精微，固皆承朱子之義而進，而非承象山之言而進者也。

七　良知之應物現形，與生生不已義

陽明所言心之良知與天理之合一，心之保任其心之虛靈明覺，而存此未發之中，即雖無所是所非之意念，而此中亦有天理之昭然在此，以通儒佛等義；乃本于良知之發用于其是是非非者，原不留滯于其所是所非者，所必然涵具之義。然良知之留滯于其所是所非，亦原不礙其應物現形，而是是非非，以生生不已。良知之時時知是知非，與時時無是無非，二者固相互爲用也。今專自良知之應物現形方面說，則陽明之言良知之又一重要之義，亦爲緣朱子之義而更進者，即爲良知之應物現形，乃當下之機之義。在朱子之意，人欲求應物而當，宜先有讀書格物窮理之工夫，故疑象山之學不讀書，臨事鑿空杜撰；並謂「閑時不思量義理，到臨事而思已無及，須先理會知得，方能行得。」朱子之所以必言知先行後，皆要在言人之平時當有學問思辨之工夫，使見得義理明白，臨事方能行也。此即朱子之于大學八條目，必須將致知格物與誠意正心以下之工夫，加以一一分開之眞實理由所在。此自一般之義言之，亦似原無不是處。陸王亦未嘗能謂人之爲學，于其閑時，不當有讀書或思量義理之工夫，固亦當應許此閑時之工夫，可使人臨事應物之際，易于得當也。此大學所謂「凡事預其立，不預則廢」之旨，陸王亦必不能有異議也。然此所謂閑時思量義理之工夫、或事先之「預」之工夫，是否全爲後來臨事而用，則亦有一問題。如全爲臨事而用，則無異于視「預」全是手段，便亦是功利之學。又若皆是爲後來臨事而用，則當後來臨事時，實際上用不着此閑時所思量得之義理，或此事先之所預者，此工夫即不當有乎？如依儒者所同重之辨義利之旨，則于此應說義理本來當知；閑時用工夫知義理，亦是本來當有之事；以後用得着固當知，用不着亦當知。無論以後是否用得着，當下即已用得着。至于人之對後日將來之事，作一事先之預的工夫，亦只是人之當下所當爲。當爲而爲之，即不是純以此預爲手段。故無論此所預者，對後來是否實際上用得着，只須吾人當下盡力而爲其所當爲者，其後皆可無悔也。在此一點上，朱子固亦未嘗有異議。故其言平時讀書明義理之學問工夫，亦只言此是人當有之工夫。非謂此工夫只是爲後來臨事之手段。若謂一切明義理之學問工夫，純在成就後來之事功，如永康永嘉功利之學，朱子固以其在本原處非正，而嘗力加辯斥者也。

至若依陽明之義，以言此一切人所當有之學問工夫、或「預」的工夫，則當說此等等，皆原是人之致良知之事，而人之爲之，亦自始即當自覺其皆是當下之致良知之事，同時亦皆是此當下之致良知之行。故依陽明之義，一切學問思辨之事，皆無非行，（傳習錄卷二答顧東橋書及他處）不能說其只是行先之一知。因如其只是行先之一知，其本身不是行，即可說其只爲後來之行而有，人亦即或不免視之爲後來應事之行之手段，即又入功利之學矣。在此點上，陽明言學問思辨之知，其本身即是行，其所進于朱子者至微，然關係則至大；而可由此以見其言知行之旨，雖畧異于朱子，而又正所以完成朱子言非功利之學之旨者。蓋由此陽明之義，一切工夫既皆只在當下用，則本此以觀一般人之所謂事先之「知」上工夫、或「預」的工夫，除其本身原爲人今所當有者之外，其是否在實際上，必然能使人後來即循之以行，而應物皆當；即亦不能有一事先之保證。而人亦不當求有此保證。因若果眞有一事先之保證，則吾人後來之良知，將除循此今所知以行之外，更無所事事。此即將使此後來之良知，更無在後來之時，當下的創發性的表現或運用，而皆爲今之良知之表現，所安排決定，以先被消殺矣。

循上所言，陽明乃又有良知之應物，隨時而變之義。此所謂隨時而變，非不求合義理；只是隨時之不同，事物之現前者之不同，而良知即隨其不同，時時有其創發性之運用與表現，而良知之天理或義理，亦時時有新的表現與運用之謂。故此陽明之言良知之應物，隨時而變，即唯是說良知之應物現形之事，原是生生不已，不能事先加以規定，以使之出于一格。陽明之言，及于此者亦甚多。而其由歷史上之事實舉例，以證明此義，尤爲明白。陽明嘗言：「聖人之心如明鏡，只是一個明，則隨感而應，無物不照。未有已往之形，尚在未照之形之先具者。若後世所講，卻是如此。是以與聖人之學大背。周公制禮作樂，以文天下，皆聖人所能爲，堯舜何不盡爲之，而有待于周公？孔子刪述六經，以詔萬世，亦聖人之所能爲，周公何不先爲之，而有待于孔子？是知聖遇此時，方有此事。」（傳習錄上，按此乃用象山與邵叔誼書之例，以言良知之隨感而應）此即言同本一良知，而時變不同，即表現不同之理。數千年前之歷史上之事如此，則人一生之事亦如此，一年一日、與當下一瞬之事，亦如此也。故又嘗曰：「良知誠致，則不可欺以節目時變，而天下之節目時變，不可勝應矣。……夫舜之不告而娶，豈舜之前已有不告而娶者，爲之準則，故得以考之何典，問諸何人，而爲此耶？抑亦求諸其心一念之良知，權輕重之宜，不得已而爲此耶？武之不葬而興師，豈武之前，已有不葬而興師者，爲之準則，故武得以考諸何典、問諸何人，而爲此耶？抑亦求諸其心一念之良知，權輕重之宜，不得已而爲此耶？……」此陽明所舉之舜之不告而娶，與湯武之不葬興師之二例，一方固見一切人之所當爲者之如何，當視其時所在之具體之情境而定，而不能拘一格；另一方亦見人之在一新的具體情境中，爲其當下所當爲之事時，恆不免于違其平昔之所爲、違一般社會習慣之所爲，而亦違其昔日之人之良知所共視爲當爲者。是即見人之良知在一新具體的情境之所作之一決定，即初若不能無憾。然此不能無憾之感，又正所以見此當下之良知，有此當機的決定、或此創發性的表現之莊嚴性者也。

依此良知之當機的表現之義，以言一般所謂事先之學問工夫或預的工夫，其對後來之臨事而應之間之關係，則亦當承認此所謂事先之工夫，有助于臨事而應之更易于得當。然此非是謂其事先之工夫，可將此後來臨事時之良知當機的表現之手段，或對此後來之表現，先加以安排決定之謂。此唯是因此事先之工夫，既爲人在所謂事先之時之當有的工夫，亦即爲其時之良知之當機的表現；此便與後來臨事時良知之當機的表現，同爲昭顯良知之天理之事，則皆同可致此良知之明。由此而在所謂事先時當機所表現之良知之明，即自然可爲此所謂後來之時當機所表現之良知之明之根據，以使其良知日充而日明者。此如昔日之磨鏡照物之功，即所以使今日磨鏡照物之功，更著更明者也。如舜平日對其父之孝心孝行之表現，固儘可爲與其婚娶之事無關者。然其孝心孝行之日積月累，固可使其孝心更著，故當其在此婚娶之問題出現時，遂更能本其孝心；而慮其父母之無後，寧違一般之告而後娶之常規，以不告而娶也。依此義以言朱子所謂人之當事先讀書知義理、或思量義理之工夫，在陽明看來，則除謂其本爲人閑時所當有者外，亦固可同時謂其有助于臨事之用也。然其所以有助于臨事之用，則純由閑時之讀書思量之義理之工夫，原可以使日後之良知之表現日充日明，故其後之臨事時，此良知之明，即更能照見其當機之所當爲，而更能于此時，有其良知天理之創發性的表現之故耳。此則皆朱子所未能及之義。然陽明之所以能及此諸義，則正由其所謂良知之「時時無是無非，又時時知是知非」之義而來；亦由朱子之言知先行後，以事先之讀書格物之工夫，爲應事之「預」之義，轉進一層而得。故吾人亦正須將陽明所言與朱子所言者相對照，方更見陽明由此轉進一層而立之義之精微也。按象山之分知行爲二，正同朱子之說，而說更粗。蓋其尚未重此知之所以可爲行之用，乃由知中之義理、與行中之義理之爲同一之物，知行之間應以同一「義理」爲其「貫」之故。此則明不如朱子之雖分說知行，而又能重此「義理」之爲知行之「貫」者。然陽明則更由其間有同一之「義理」爲之「貫」，更以無論在所謂事先之知，與臨事之行，皆爲人之當機之致良知之事，亦皆分別爲昭顯天理之事，即皆分別爲人所當行之事。而此諸分別之事，既皆同爲致良知之事，亦皆可同致得良知之明，則事先之知上工夫，自必有助于臨事之易于得當。由此而朱子之義，皆包涵于陽明所言者之中，而陽明之義，則正當視爲緣朱子所言者以更進而成，而非緣象山所言者以更進而成者也。

依此陽明之言良知應物現形之義，人于事先之知士之一切學問思辨之工夫，與所謂「預」之工夫，所以有助于人之臨事而得當，唯在其原能致得良知之明，故能使臨事之時，此良知之當機的表現更明之故；由是而陽明乃明言良知之表現之機，唯在現在。故曰：「良知無前後，只知得現在的機。」（傳習錄下）由此而良知過去之表現，固不能眞預定其現在之表現，而其現在之表現，亦即不能預定其未來。良知之無所不知，唯就其對自己之現在當下之意念之善惡是非，無所不知而言。過此以往，則良知對未來之事，不能前知；對他人之意念之是非善惡，亦不能有他心通之知。然人有良知之明，能自知其「意念之是非善惡，與其表現于言行」之關係，則亦自能于他人之言行之表現于其前之時，而自然照見他人之意念之是非善惡。人之所以有此自然之照見，乃由人之原可自照見其「意念」與「其表現于言行」二者間之一直接之關係；故亦可由他人之言行，以直接照見他人之意念也。此照見，可謂之一純粹的直覺，而非由思慮安排而致。人亦不能、復不當由思慮安排，以預斷他人之意念、與其是非善惡之如何也。（註）此中吾人對他人之意念、與是非善惡，不能有預斷，亦如吾人之對吾人自己之未來之意念與其是非善惡，不能有預斷也。由此便使吾人之致良知之工夫，乃純爲就吾

註：傳習錄卷二答歐陽崇一書，論人對他人之意念之不當逆詐、億不信，而又有自然之先覺之義，甚精密。

當下所見得之此吾之意念言行之是非善惡，而致其是是非非，好善惡惡之知之事。此中實外無他人、內無過去之我、與未來之我，只有此現在之我之致良知之事。而此現在之我，不與人對，無過去我與未來我之想，亦不與過去未來之我相對；則此現在之我，即亦一絕對而亦無其外之定限之我，而此我亦即無「我之想」，而于此現在中，便只有一致良知之事自流行、自充塞于天地之間，以為一涵天蓋地之靈明；時時知是知非，時時是是非非，而是無所是，非無所非，方可言良知眞機之透露。則陽明致良知之極旨，而待于智者旦暮得之者也。

八　致良知之疑義，並總結陽明與朱子之工夫論之關係，並附及朱王之工夫論之有待于象山之教以開其先

至于一般對陽明致良知之教所發生之問題，如人如何可知其良知中不夾雜自欺，或如何能知一切當然之天理，又如何保其所知之不誤，或如何保其致良知之功之必然有效等問題，則若知上來之義，皆不難答。此諸問題，皆似深而實甚淺。蓋人固不能保其自謂是良知之表現者之必然無誤，而不夾雜自欺。然人之用任何其他之德性工夫者，同不能保證其必然無誤而無自欺。如人之用格物窮理之工夫者，固亦可于此工夫中誤認欲為理，而造作似是而非之義理以自欺；人即在自謂是客觀的觀物時，仍可由其私欲意見之蔽，以主觀所構想，視為客觀的義理所在；人之奉行上帝之教，亦可將其私欲意見，投映為上帝之意旨等皆是也。然人固有自欺之時，人亦有自知其自欺之時；人復有自知其明非自欺，而自知其良知之所知在此，而自感自愧其未之能行之時。則人固可就其良知所知而未能行之處，實求行，以致此良知，為其工夫之下手處也。若謂人無知其自欺之

時，亦無知其「良知之所在，而自感自愧未之能行」之時，因而致良知工夫無可下手之處，則此言，又正出自人之自欺也。至人之所以于其自欺之處，不能自知，則亦唯由人之未能盡量致其此「能知自欺」之良知之故耳。故陽明曰：「所以認賊作子，只爲致知之學不明，不在良知上體認耳」。（答歐陽崇一，傳習錄卷二）又人之用致良知之工夫，固亦不能盡知一切當然之理于先，亦不能必保證其所知者之無誤，然人固可就其當下自知無誤者而致之，不必求其盡知一切當然之理也。陽明嘗曰：「天理終不自見，私欲終不自克。……如人走路，走得一段，方認得一段。……今人于已知之天理不肯存，已知之人欲不肯去，只管愁不能盡知。……且待克得自己無私可克，方愁不能盡知，亦未遲在」（傳習錄上）又曰：「今日良知見在如此，只從今日所知擴充到底；明日良知又有開悟，從明日所知擴充到底，乃是精一的工夫」。（傳習錄三）由精一而自去其非，即亦能自見其誤，而其誤亦自日少矣。若謂人不能自見其誤，則問者又何以謂人之良知之可誤乎？則此言，正誤言也。

至于問致良知之效驗之有多大，則此固當看人之氣稟之夾雜，與平日之積習而定。此乃因人而異者。人固不能謂一朝之功，即可將此中之積習夾雜，頓掃無餘。在此工夫中，自亦有種種艱難處。然依儒者公義，則于世間一切事，皆是只問當不當，而不問功利。則于此爲學聖賢之事，亦當只問工夫，不先預定效驗。若于此先預定效驗，此本身即非所應有；而工夫既至，亦自當有效驗也。人若謂工夫必無效驗，即忘其工夫中之嘗有效驗之事，亦忘自其工夫本身看，此工夫之進行中，已有效驗在矣。工夫進行中，已有效驗在，則繼續進行，必當更有效驗，即可知矣。則今之謂工夫必無效驗，乃離工夫而外觀之言，非即工夫而觀此工夫之語。人果全離工夫，而自謂其工夫之必無效驗，則工夫既不在前，又焉知其必無效驗？不知其必無，而竟謂其必無，即是對未來可能有之工夫，先作一預斷。而此預斷，在當下無所據；則實不能有「工夫必無效驗」之一語之可說也。是見先預定效驗而後用工夫，與謂工夫必無效驗之言，同不可說。而人之意念，果全在此工夫中，一切效驗，即自當在此工夫之進行中，相沿而至，更何疑乎？陽明嘗言「凡人言語正到快意時，便截然忍默得；意氣正到發揚時，便翕然能收斂得；嗜欲正到沸騰時，便廓然能消化得；此非天下之大勇者不能。然見得良知親切，其工夫自不難。緣此數病，良知之所本無。只因良知昏昧蔽塞而後有，若良知提醒時，即如白日一出，而魍魎自消矣。中庸謂知恥近乎勇。所謂知恥，只是恥其不能致得良知」。能知陽明此段之語，則致良知之工夫之難，固陽明之所言。然有相續之工夫，則難者亦終易。人固可有力不足，而不見效驗處。然于此不足處，而知恥其所不足；則是由此「不見效驗處」之自覺，以更見其致知之效驗，則亦可漸無此「不見效驗處」矣。

上文畧答一般謂陽明之致良知說爲一不可行之聖學工夫之疑。此諸疑，亦恒出諸後世宗朱子學者之口。此諸疑既答，今再還觀前數節，所謂陽明致良知之義，正爲朱子義所開啓，而亦正所以完成朱子之義者；便見陽明義之異于朱子者，實皆只在毫厘之間。朱子固嘗謂「此個物事極密，毫厘間便相爭」。（語類百十三訓廣）而陽明初亦不放過其與朱子之毫厘差處。然吾人如循上所述，此陽明之義之由朱子義之所開啓上看，則吾人亦可謂朱子如不死，亦即皆可循其所言之義而進，以衍出陽明之義。至少吾人可謂若無朱子之義之立于先，則亦未必能有陽明之義立于後。即有之，其義之價值，亦不能見。故吾人今如不先有會于朱子所言之義，如何可進至陽明義之處，亦未必能眞識得陽明。又吾人若不先發揮朱子之學所立之義理之規模之大，徒標舉陽明之循此而更進之簡易之義以爲說，則陽明之以致知二字，通千古聖學之傳，亦將無異將千古聖學之傳，收縮于一點，而同于朱子之謂象山之言一貫而無所貫者矣。故吾人必當循朱子之所言之義，以進至陽明之義，如吾此文之所論者；然後見此先後賢之學，合爲一聖教之盛大流行，而于此流行中看，亦不須更分高下。此聖教之流行中，先後賢之立義之異，亦如陽明所謂人之致其良知之事之隨時而異，此乃不能不有異，而異亦正不礙其通者。由此以觀此聖教之流行，亦正如陽明所言之良知之流行，乃至實而虛。虛故前賢之言，若可爲後賢之所代，實則皆各成其是，而皆無可代；而唯見此聖教之流行現成在此，亦無前後賢之別可說。昔象山與朱子辯，或有諫其不必辯者。象山曰：「汝曾知否？建安亦無朱元晦，青田亦無陸子靜」。（全集三十四語錄）知此辯實無人我，方爲眞見道之言。人果能本此意以觀此陽明與朱子之有異，而又共此聖教之流行，則亦無朱子與陽明之異，而唯見此聖教與其中義理之流行于無聲無臭之天壤間而已。

至若吾人本文所述，更總觀陽明與象山朱子之立教方式之異同，亦顯見陽明之言心即理，雖同于象山，而其立教方式，則正有不同于象山，而更近乎朱子者。象山之教要在先發明本心，以立其大者，以直下超拔于網羅障蔽之外，更自疑自克，而居天下之廣居，行天下之大道。陽明之教，要在循朱子之言格致誠正之旨，而以致良知于事事物物，統格物與致知，而更攝誠意正心以下之教于其中。此致良知于事事物物，初正是日用常行中之下學工夫，與朱子今日格一物、明日格一物之工夫，未嘗不相類。然由此致良知之工夫，更于此良知之時時知是知非，更時時無是無非處，見此心之自爲戒愼恐懼，亦自爲洒脫自得，更見此良知之至虛至無，天地萬物皆在其發用流行中，與此良知之機之在現在等義，如上文所說。此中即有上達于高明之義。故陽明亦謂「上達只在下學裡」（傳習錄上）此便與與象山之直下期在上達者不同。象山明言，不先見道，不能言戒愼恐懼致中和，以致知格物。此乃純爲先立「大本」，而後行于「達道」之路數。固兼不同于朱子與陽明之「先行于事事物物之格物致知之「達道」之中，以「上達」于心之天理之大本」之路數也。

依朱子陽明之義，以觀象山之去障蔽，以發明本心之教，則當說此亦不外去人欲存天理之事，亦當攝在致良知、或主敬窮理，以致中而致和之工夫中；象山之自疑自克，亦戒愼恐懼之意耳。然依象山之教言之，則致良知，主敬窮理等，乃在一一意念一一之事物上用，戒愼恐懼乃心之自持之工夫；而象山之發明本心，則要在直下開拓此心志之量，以明道之大。此不只是學者自身之事，亦兼是教者如何教學者以成教之事。誠然，在學者個人之內心之工夫上說，如能用朱子之主敬窮理，陽明致良知之工夫，做到成就處，自亦皆能發明本心、去障蔽。則朱子陽明之學，亦可攝象山之學于其內。然此中無論循朱子或陽明之教以用工夫，皆有只憑學者自己一人之力，而工夫難就之處。蓋循朱子之教，以主敬涵養正心之事，養其內以立本，以致知格物，開其外以達末；此乃一內外夾持之功。于此正心與致知格物中間一段之誠意之功，純由此內外之夾持而後致。故若人之意自不誠，物欲夾雜于此心之中間之一段之意中，則內外夾持之工夫難就。陽明致良知之教之核心，則正在此誠意；而以誠意之工夫，兼攝朱子之內外之工夫。然人若內心之本原不清，外不能周知物理，則陽明之致良知工夫亦難就。此對實用工夫者，固難而不難。然若能外得師友匡輔之力，則更易就。此師友匡輔之力，要在于此中之工夫間斷處，與以一提撕警覺，以更開其心志，工夫便得相續。此師友之提撕警覺，以開人之心志，亦正可使人全不知用朱子陽明之工夫，或一切在個人內心上之工夫者，皆知自求用工夫。朱子固言人心之有性理，外亦有物理，然人心志不開，則人亦不能內明性理，外窮物理。陽明固言人有良知，然人心志不開，即亦可根本不自反省其有良知之存在，或竟以此不反省之故，而甘自謂其無良知，則陽明將奈之何？然在象山，則特重此學者之親師取友之義，而其所言者，亦不只所以備學者之自用其言以爲學，亦所以成其對學者之教者。象山之教所以于保養扶持之外，更有摧抑擯挫，皆所以成教，以直接感發人而開人之心志。象山謂「雕出人之心肝」，即所以使人心有一條血路以通外，以得自見其自己之心肝，然後能在其內心上自用工夫。此即正所以使朱子陽明之工夫，爲人所眞得而用者也。象山言，人必先通達于道，然後可言其他工夫，其言遂兼具成學與成教之旨也。

由上所述故吾人于象山之學；如只視其旨在成學，則其義固未嘗不可攝入于朱子陽明所言之工夫之中，然如知其旨兼在成教，則其旨即不能皆攝在朱子陽明之教之中。朱子陽明之教，皆待于人之已能在內心上自用工夫，已能自反省其心性或良知之存在者，方有其效。而學者若已知自用工夫，則其教學者之言，自可較從容和平。然對學者之尙不知用工夫，亦根本不往自反省其心性或良知之存在，其心知唯散落于意見物欲之中者；則朱子陽明之教，亦可全無意義。此則唯賴象山之教，對人之心知之已散落于外者，先與以摧抑擯挫，以對此散落于外之心知，與以一打擊，使之生一激蕩，而自其所散落者中，奮然而興，憬然而起，以還自識其心知與其中之性理，然後可說自用工夫之事。則其言自不能皆爲從容和平之言。此固不必如陽明之視此爲象山之不如濂溪明道者，而亦正爲象山之敎之特色所在也。對人之心知之已散落于外者，未有此象山之教，則人不知自用工夫，則象山之教，正爲使一切人之自用工夫之根本，亦朱子陽明所言之工夫，所依之以得爲人所用者。則象山之教，正朱子陽明之教之根本也。然象山無其學，亦無其教，則象山之學，亦正有爲朱子陽明之學之根本處，而其言學者必先去障蔽，以發明本心，固有其獨立之意義，其旨亦最爲弘闊，亦可說較朱子陽明所說，更爲根本也。立言不易，知言亦難，能知治周秦儒學，當自孟子入，即知治宋明儒學當自象山入矣。

附篇　綜說朱子陸王之心性之論，在宋明儒學史中承先啓後地位

一　朱子以前之心性論至朱子心性論之發展

上文已總述朱陸與陽明之學與教中，所涵義理之交互錯綜之關係。將此上所陳，與吾朱陸異同探原及原性篇所論者合看，吾之主旨在說明朱子與陸王之學與教雖異，而非無義理上之互相通達之道路，其旨甚明。吾今將進而說者，則爲試本吾前此之所述，以縱觀此三賢，與其前及其後之儒者之言心性者之關係，而論此三賢之說，在宋明儒學思想史中之地位，以使讀者于一更廣遠之幅度，知吾之所以有此諸論之根本意趣之所在。

吾之論朱陸與陽明學之異同，在根本點上乃自三賢之學之工夫論上入手，初不自三賢之純理論的講心與理之一與不一處入手；而以此三賢之所以于心與理有不同之論，乃由工夫論之問題所自然引致。此固非謂此三賢于心與理之一不一等之所說，非三賢之學之義理上之核心所在之謂。今如只就此三賢之學之義理之核心，同在綰合工夫論以言心與理而說，則朱陸之言，自共異于前此之宋儒之未能如此者，而後此之明儒自陽明以降，更莫不即心與理以言工夫。則吾人可先喻此三賢于此所言之義，在宋明儒學思想史之承先啓後之地位，有如一江

水中之三角州，爲前後之江水之聚散之地，而更說明其旨如下。

所謂三賢以前之宋儒，皆未能綰合工夫論以言心與理者，蓋在朱子以前如周張二程，其爲人雖具聖賢氣象，其爲學規模，已甚弘大；而其爲學者所樹立之宗趣嚮往，亦非後賢所能踰越；然在說義理處，則大體上仍是承漢儒言天人之際之精神，而次第升進。漢儒尊天而以人奉承天命，以陰陽五行之氣說明宇宙人生。周濂溪乃始言立人極以配太極，張橫渠始言人爲乾坤之孝子，而人道與天道，乃得並尊。濂溪之太極圖說，由無極太極，說到人極，由陰陽五行，說到仁義禮智之五性；通書由乾元之誠道，說到聖人之誠道。橫渠之正蒙，亦由天之太和之道及天地、日月、陰陽、五行，天道之神化，再說到人之大其心，以存神知化，而敦仁精義，方歸至人爲乾坤之孝子之說。此即見二賢立言思路，猶未盡脫漢儒以人合天之教之遺也。至明道乃直下言「只此便是天地之化」及「天人本不二，不必言合」，方能徹上徹下，『玩心神明，上下同流』；亦「無內外」，而「渾然與物同體」，以定性識仁，而自神明其德。明道言定性即定心，天地之心無異聖人之情，故于天地之心，人之神明，心、性、情等，乃通爲一本，而後宋儒之學乃迥別于漢儒。明道所言者，皆尅就其德性所造，體證所及者，稱心而說此一天人物我、上下內外，圓融無礙之心與理一之境。後之學者，無論朱子與陸王之流，其所以皆同稱明道者，亦正由對此明道本其體證所及而言之心與理一之境，後人所嚮慕者同在此，原不容有異議也。然明道之言圓融而意多渾涵，以渾涵而亦容學者有不同之意會。此朱子之所以謂「其言太高，學者難入」也。又在明道之圓融渾涵之論中，雖已罕及于陰陽五行，然亦喜通心性與「氣」爲說。遂可使學者對其言體貼天理之旨，另作別會。至伊川，乃更別理于氣，言性即理，更尊性理于漢儒所重之氣之上。朱子再以理主乎氣之論，以統漢儒所言陰陽五行之論。由此而後宋儒之言性理之義，乃更顯然迥出于漢儒之上矣。

至于伊川與朱子之不同，則在伊川雖別性理于氣，兼知心與理之當一，于學者之不能「會之爲一」者，更教以居敬窮理之工夫。然于此學者之所以不能會之爲一，其故之在于氣稟物欲之蔽者，伊川雖承橫渠明道所已及者而益言之，然尚未如朱子之更加以正視。而伊川于學者之當如何先自宅其心，其工夫乃能無弊，亦有未深察處。故其答門人所問之心上之未發已發工夫，皆未能盡義而說。朱子既更正視學者之心與理之所以不一之故，在氣稟物欲之昏蔽，遂知此昏蔽之可使一般學者所用之工夫，成爲無效，而或更增益其病痛；乃由此而亦深辨此中工夫之弊之種種問題，而其言乃更鞭辟入裡，而多曲折。以朱子之辯工夫問題之曲折，視其先濂溪之言天道與聖人之誠神幾，橫渠之觀太和中之神化，以及明道之觀天地生物氣象，玩心神明，即皆可說只是上達之言，而無下學之功。學者或將由此以止于觀玩想像一形上境界，無與于爲己自修之實學。即濂溪之言主靜，知幾，橫渠之言變化氣質，明道之言識仁定性，伊川之言居敬窮理，亦只及于工夫之當如此，而未嘗言及其所以不當如彼，以及由工夫本身而致之病痛之問題，以求盡此中之曲折而論之也。唯朱子能求盡此中之工夫問題之曲折而論之，乃于其前之明道、伊川、龜山、上蔡、五峰、延平、並世之南軒，象山之言，凡只說境界道體，而在學者工夫上，無下手處，或說工夫而言之有弊者，乃無不致疑；更嘗反復自悔其前所言者，貽誤學者而非是。至其言工夫所歸之一是，則又大體同于伊川之居敬窮理並重之旨。窮理賴格物致知，此爲大學之始，亦學者「中間」之「大段着力」處。（語類卷十八寓錄語）其前爲小學之敬功，其後爲誠意正之敬功。然工夫着力之多，雖在即物窮理，而得力之要，則在即心而存敬。而朱子于心與理，亦更能辨其義之不同，並確立心之具體用二者。心體既涵性理，而亦原自爲一虛靈之明覺，以自超于氣禀物欲之昏蔽之上。而存敬之要，則在契此心體而存之，即所以下拔于此昏蔽之外，並上開其性理之明德之明。此皆吾前此之文所屢及；而視爲朱子之學之核心之所在者。茲更稍詳其言兼重心性之旨與前賢之異同如下。

以朱子之兼重心性，與周張二程相較而說，則濂溪之言明罕及于心而多及于性，張程乃漸重心。濂溪太極圖說，由天之金木水火土之五行，方及仁義禮智之性，則其言性，明尙近鄭康成注中庸天命之謂性「木神則仁、金神則義……」之說。其意雖可別有在，其言猶是連陰陽五行之氣質以說性也。橫渠言性，乃自氣之虛而有其淸通之神以感物上言。吾于原性篇嘗謂漢儒之氣，已是一存在的流行、或流行的存在。如以體用之名說之，存在其體，流行其用，則氣上原有體用合一之旨。然漢儒以氣連于質，則此體應爲體質之體，而橫渠則由氣之流行，以見其體質之虛，而即以虛爲氣之本；而氣即有「淸通之神，而能感物之性」。感物而「體物」，性乃有體義。然此「體物」之體，初爲一動辭，只表一「以虛爲體之氣」之用。則此性之體義，乃間接說，非直接說。此蓋由其尙未立性即理之義，故其所謂性之爲體仍是氣之體，非程子之以理爲性之理體也。至橫渠之言心，則尅就氣之虛而淸通之神，與萬物相感，而有知覺處說。故心之知覺，即「氣之表現其虛靈」，以顯其與物感通之性，于「與知覺俱起之應物之情」之事。故曰心統性情。應物而成物，以盡性成性，則德性工夫也。此橫渠之以虛靈知覺，說心與心統性情之義，後皆爲朱子所承。然朱子言心之虛靈知覺，兼爲寂然不動之體；而橫渠之言心之虛靈知覺，則當尙只是一感而遂通之用。故橫渠言心，更兼言大心之工夫。必有大心之工夫，而後心能眞合內外；未嘗言心之體本來是大，亦未言心之體無大小之可說也。至明道言聖人之心之情「廓然而大公，物來而順應」，「此道與物無對，大固不足以言之」，伊川言「心具天德」，「通之以理，則心無限量」，乃始以德以道以理，言心之不與外物爲對，以自無限量。二程言心之義，乃咸有更進于橫渠。然二程于此心之無限量，畢竟是自體上說，或自用上說，于義亦不明。大約伊川仍只是以性理爲心之體，而以感通知覺爲心之用。此與橫渠之以大心爲工夫，而盡心之用，以廣體萬物，而顯其具「體」義之性者，其說雖不同，然皆可說是以「體義屬性，以用義屬心」，或以「性爲心之體、心爲性之用」之說。朱子之疑于胡五峰「心以用盡」之說，即由朱子必于心之用之外，更言「心之虛靈知覺，自爲寂然不動之體，而此體，亦以其虛靈而原無限量」之故。此正當爲伊川橫渠言心之說之一步。吾人只須自其前之言心者，未嘗明有此心體之義觀之，固無可疑也。

朱子言心之爲一虛靈明覺，乃兼有寂然不動之體，與感而遂通之用者。自心之寂然不動之體上看，心既有超拔于氣質之昏蔽之外之義，亦有超越于天地萬物之境相之上，以虛涵性理之義。故朱子詠心詩有「此身有物宰其中，虛澈靈臺萬境融」之句。自此言心，即更不得濫于氣。然朱子又有心爲氣之靈之說，則又似使心屬于氣。此則由朱子之言心，原由其先之說轉進而成。蓋橫渠固猶自氣之依清通之神而有之知覺上說心，明道于心與性氣尙渾合說，伊川猶以心爲用，而心之用，固連于氣也。故朱子承此諸賢之說而更進，亦尙存此心爲氣之靈之說也。然此氣之靈之一語，可重在「氣」上，亦可重在「靈」上。重在靈上，則心即氣之靈化，亦即氣之超化，而心亦有超于氣之義。心之所以有超于氣之義者，固非以其是氣，而實因其具理以爲性。則吾人固可謂朱子之言，乃意在由氣之靈以上指，以及于心之具性，以見心之所以能超于氣之故；而非意在說心之不過「

氣」之靈也。則朱子之言心爲氣之靈，其語雖猶存前此之說之遺，未能別心于氣，以見心之超越于氣上；而其所指向之意義，則正當在別心于氣，見心之超越于氣上也。則陸王以降之更不自氣上說心，而只以心統氣，正爲承朱子之說而更進，而明顯的完成朱子之承其前言心與氣之論而發展，所指向之意義者也。

二　陸王以後之心性之學之發展

陸王之言心之進于朱子者，既在不自氣上說心，亦在于心之體用動靜，更合一說，同時于心與理更合一說。象山于此言本心，陽明于此言良知，皆合動靜體用，亦合心與理之言也。然此陸王之論之進于朱子，乃在于朱子所謂寂然之心體上，直下言其本具此感通之用，與此心體之自身之即理；而視此爲吾人之形而上的本心良知。此本心良知之即理，即體即用，即動即靜，乃聖人之體證之所及，在學者則初只能由推證、及自信得及之信心契入，而非學者之現在當下之境。在學者之現成當下之境上說，則心與理有合一時，有不合一時。統而言之，則心與理畢竟有不一時，其故則在氣稟物欲之昏蔽。由此而理之超越而深隱者，固不必能皆如其理之純、如其量，以流行于學者之心，則此理雖在此心體，而心體中亦有未用之理，亦有未用之心體，皆如靜而未嘗動。則朱子之言心理、體用、動靜之不免爲二，在學者之現成當下之境上說，義自極成，不能傾動。唯自學者之所歸向處說，則此中之爲二者，要必歸于不二而合一。今問此合一之何以可能，則必歸至心體雖未用，而體上原具此用；心與理雖未合一，在體上原爲合一。此即陸王之心理合一之本心良知之體也。然此心理合一之體之存在，在學者初只是一推論，而此推論之相對的證實，則唯在學者之自觀此心此理俱用俱發，以見有此合一或呈現此合一之處。此所呈現之合一，固非其體上之合一之全量。故在學者分上，對此全量之合一；亦無絕對的全證，只有相對的分證。唯分證可相續不斷，則于全證之可能，亦更無可疑；而學者遂可以自信得及之信心，以補此分證之所不及；亦可本此推論與分證及信心之所及，以直下說此心體或本心良知之體上，更無所謂心理之二、體用之二；並即依止于此，以爲究意義也。此究竟義，自知解上言，乃所以說明學者之求合一之工夫之所以可能。學者求合一，即見其尚未合一。此朱子之所以必說心理、體用、動靜爲非一，而爲二也。然學者求合一，必求由二而成非二，此非二之所以可能，又唯待心體上之有此心理合一，使之可能。則此心體上之心理合一義，即所以說明「學者之所以求合一，以由二而成非二」者也。朱子之言工夫，既歸在教學者之由二而成非二，則此心體上之心理合一之義，即正所以完成朱子之言工夫之教者也。然此中若先無學者所見之「二」，即無使二成不二或合一之工夫，亦無言此體上之合一之必要，此體上之合一亦無意義。由是而學者所當信之體上之合一，即又正建基于學者于現成當下之境上，所見之「二者之原未嘗合一」上。則此「合一」與「不合一」二義，乃屬于上下層而俱成。故性理之幽微而深隱，與當下現成之心，若不合一，而超越于其上，此學者之所必當先有以自知者也。于形上之心體，具此合一，而心理實不二，此則學者所當由推論、分證、以自信，而期于全證者也。學者未證謂證，而于此體上之合一，視爲當下現成之境，不可也。未證謂不能證，而疑此體上之未嘗有此合一，亦不可也。人果能于此前者不疑，而恒自見其過，與其心之恒不如理，乃自求靜歛其心，以存其虛靈明覺之體，以超拔于氣稟物欲之昏蔽之外；而上開性理之昭露流行之門，乃視此性理爲幽微而深隱，而超越于心之上，此朱子之教也。人果能于此後者不疑，更自其本心良知之發用之一念如理之處，直下加以自覺，由此中之心理之合一處，以證會本心良知之體上心理之合一，以知此超越之理，自內在于一超越之本心，原昭明于此心之中，而「莫見乎隱，莫顯乎微」，即以此增其自信；乃更順此發用，而使之相續不斷；浸至以此「不見不合一」，為去除一切不合一者之工夫。此陸王之教也。人固或恒善于自見其過，人亦或恒善能自覺其一念之如理，而于此直下有以自信，此或狷、或狂之分也。然即一人之生，亦可一時偏在自見其過，一時偏在自覺其一念之未嘗不如理，則朱子與陸王之工夫，未嘗不可相輔為用也。然朱子言心為氣之靈，猶存其前諸說之遺，于心體自身與理之合一，及心體之自具其用、即靜即動之義，未如陸王之說到究竟。故在此一義理之言說上，必以陸王為歸。人若全不能會得陸王之此義，則人終將全缺上所言之自信，亦不能以此自信助成其工夫。而朱子之工夫若全無此自信以助成之，亦將有其不能就者。此則如吾于朱陸異同探原之所辨。是即朱子之後不可無陸王，亦猶陸王之先未可無朱子，而其所言之義，固原有相輔為用者在也。

至于陸象山與王陽明，其言心與理之義之相異處，則在象山之言心與理一，乃初就心與理之俱用俱發而皆是之處，教人加以自覺；以使人直下緣此以知其本心之體，乃于四端萬善之理，無不備足。此乃即用顯體之教。然象山則罕用體用二名。如其答李伯敏言「心之體甚大」，亦未與心之用對言。唯時言心之動靜應合一之旨。又象山亦未嘗直以虛靈明覺言心體；亦未于心之虛靈明覺上，言心之體用之不二。由此而象山之合動與靜、合心與理，以言心之旨，其可為朱子所言虛靈明覺之心體，更進一解之處，其義亦尚未得而伸。然在陽明，則于良知之好善惡惡，是是非非之處，見即心即理之本心之發用；于良知之好善惡惡，而無善可好，無惡可惡，是是非非，而無是可是、無非可非處，見此本心之體之雖發用，而未嘗不虛寂，以存朱子之虛靈明覺言心之義。而其由此以言心理、體用，動靜之不二，遂可顯然爲朱子之言之進一解，其言即爲出于朱，而自然歸于陸，以重申陸之義者。陽明之學之所以得爲朱陸之通郵，正亦在其兼有承于朱子，方有其所以進于陸者也。

至于陽明當時如羅整菴、湛甘泉之流，則皆尚多承朱子所言之義，重在別性理或天理，于人當下現成之心知。陽明之徒，如聶雙江、羅念菴，言歸寂以通感，亦要在先識虛寂之心體，更依之以通感。此則未嘗不類似朱子之教人由居敬以自知其心體之貞靜，以上開性理之昭露流行之門之說。唯雙江念菴，皆先信此心之體即心理合一之良知之體，亦原是一虛寂而具感通之用之體；而學者之由歸寂工夫之所悟者，亦歸在悟此一即體而具用之體，此則承陽明之教而來。然其必先言歸寂之工夫，亦正由有見于吾人當下現成之心，尚未即是良知心體之昭露，而尚非是一心理合一之心之故。此亦正同于朱子之言吾人學者之心與理之爲二，而未能合一也。至于王龍溪，則又承陽明之言良知之是是非非，而無是無非之發用處，而即此用以見良知之即感即寂、即用即體，而直契此即用即體之體。故與雙江念菴，又有毫厘之別。然于良知心體之虛靈明覺之義，固皆善言之，喜言之。此則固皆承自陽明，亦上本于朱子，以虛靈明覺言心之旨，而咸不同于象山之初不以虛靈明覺，言本心之體者也。

陽明學派中泰州學派，始不重以虛靈明覺言心。羅近溪恒合「生」「身」與「覺」與「仁」以言心，即此身此生之日用常行，指點此心之時出其深隱，以見體用動靜之不二。此其言乃更高明而渾融，而近乎明道。然近溪早年之求道，則正如朱子所謂求「頓悟」「見一物事」，遂以見光景、致心疾。後乃知破光景，而成學後，遂解纜放船，其教亦難湊泊。李卓吾視近溪與龍溪如聖人，其言更無畔岸，其弊乃流于狂肆。此皆頓悟懸絕之途，渾融高明之論，學者難眞實契入者，所必不能免之弊；而其幾之微，固皆早而為朱子所見及者也。及至東林學派、乃更點出性之善，以爲主于心知之上，亦重格物以見此理此性之善，此則顯然意在兼存以朱子之義，以救王學之流之弊。是亦見在學者之當下現成之境上言，于此性理對心知之幽微義、深隱義，終未可全離而竟忽之也。

至于劉蕺山則于良知之心知中，指出有善善惡惡之「意」，爲之存主，以有天情之自運于於穆；並于此意此情之中，同時見至善之天則天理、或性體之淵然在中，以爲此心知之主宰，而亦流行于此心知。此則純爲在本然之心體自身上，說其自具此本然之情之意之用之言，非就一般之心之發用于一般之情意者，逕指爲心體之所在者；復亦不同于象山以至陽明、龍溪之即心體之發用之如理處，而加以自覺，即以此用自證其心體之論。此實乃是由人之先靜斂其心之一般之發用，以靜存默契此心體之自身上，所本來原有，而運于於穆之情意之用，所成之論也。故此一之工夫，自其始于靜斂存處說，正亦是朱子言存養心體之旨；而其于心體上所見得之運于於穆之情意之用，則又正緣陽明于心體上言其自具用之旨而進者也。

合上所論，是見陽明之後之諸儒之旨，雖共有承于陽明，然亦皆于朱子之精神，分別有所繼。此陽明之學盛，而朱子之精神之所以終不可亡者，又正以陽明之學原有承于朱子之故也。

三　評蕺山之心性論，並總論宋明儒之心性論在儒學史中之地位

至于陽明以後之諸儒中，蕺山之言所以最爲敻絕者，則在其能于心體上見有運于於穆之意之情在。蓋循吾

人上文之所論，明見宋明儒之綜合工夫論以言心性之義理之發展，乃整個表現一由外而內、由下而上，以言形而上之心體之趨向，而蕺山之言，則最能極其致。吾人前謂濂溪橫渠先天道而後人道，由客觀宇宙論言人之心性之原于天之誠道與天之神化，尙存以陰陽五行及天地之氣其體之虛，以言心性之原者，猶是自外以至于內之始教也。明道乃合此內外爲言，伊川更由形而下之氣，以言其形上之理，爲心之寂然不動之性體，以爲人在心情才欲上用德性工夫者之本原上之根據。則此中除此性理爲心之體，而爲形而上者之外，餘皆未可逕稱爲形而上者也。至朱子而不只言性爲心之體，更言心自以其虛靈明覺爲體。自此心體之超越于氣稟物欲之蔽之外，「虛澈靈台萬境融」，而涵天理上說，此心體即亦具形而上之意義。然說心爲「氣」之靈，則心與氣又猶是形而下。則朱子之心體，雖具形而上之意義，而尙未進至純形而上之地位也。象山言本心之體之大，可與天同，而心體即顯然爲形而上。然于心之知，則尙未說之爲同于此本心也。陽明言本心即良知，而良知即天地萬物之靈明，亦爲形而上。然陽明言意念之意，亦言良知之具好善惡惡之情，並嘗言良知之至誠惻怛；猶未如蕺山之直就「體天地萬物爲一心」之形上心體，以言其中有「至善之天理天則，淵然在中」之「本然之意之情」，自運于於穆，爲主宰于此心知之流行也。蓋必如蕺山之言此情此意與天理或性理、及其所主宰之心知之流行，皆同屬于形而上之心體；乃于理可言天理，于性可言天性，而後心爲天心，知爲天知，意爲天意，情爲天情，人極立而天之太極，亦皆不出于一心而俱立。此即蕺山之所以能爲人極圖說，以成此宋明儒學之終，以與濂溪之爲太極圖說，以成此宋明儒學之始者，遙相應合者也。自蕺山之言立，而人之形而下之心性情意上之工夫，乃無不根在形而上之心性情意之本體，而人乃可眞以存養此本體爲工夫，以徹形而上者于形而下，以完成朱子與象山陽明同有之以「存養立本」之教，此即蕺山之言之所以最爲夐絕也。

至于吾人于此如欲于蕺山之言及情意者，更進一解，則吾人可由蕺山言心體上之意，而未言心體上之志，而意字之義雖精微，不如志字之廣大；以謂蕺山言心體之義，尚未能盡廣大。又蕺山之言心體中之情之運，恒連心體中之四氣之運以爲說。此氣雖應爲內在于心體之高一層次之氣，然蕺山或又連徑寸之血肉之心之氣，或客觀宇宙論上低一層次之氣爲說。此或導俗之言，非究竟說。再蕺山以心之四氣之運，配孟子之惻隱辭讓等四端，又以之配中庸之喜怒哀樂，與大學之好樂恐懼等，此亦不特未必合孟子大學中庸之本義，復過涉安排。蕺山既不言心體之有廣大之志，因而未能重此心志之願欲，與實現此願欲之能與才；而後此之儒者之言人心之情志才欲，而意在補宋明儒者之言之不足者，如王船山以至清之顏習齋戴東原，則又皆初不自心體上言此等等，而唯先自低一層次之客觀宇宙論之天地之氣上言；而此諸儒言情志才欲之論，即皆未能兼在心體上立根矣。

吾人今如順蕺山于心體上言具至善天理天則之意之情，以更極其旨而論，則心體上既有具此至善之天理天則之情之意，亦自當同具緣此情意而有之願欲與才能，以並爲此形上心體之自身之用。而後此形上心體，乃于人之所以成其盛德大業者，在本原上，無不完全具足。于此，如言人之性理心知爲無限量，而爲天理天性、天心天知，其由情意而有之願欲才能，亦爲無限量，而爲由天情天意而有之天願、天欲、天才，天能，其所成之盛德大業，即爲神鬼神帝，生天生地者。此方爲天人不二之形上心體之全德。唯此中之義之關聯于性理心知者，朱陸陽明已極其致，而此中能爲性理心知與願欲才能之樞扭者，則正在此心之意之情。蕺山能謂意爲心知之主，以有天情之自運于於穆，即已舉陳此樞扭。今若不將此情定分爲四，以配四氣，則可只謂此心體有一純精神上之一本然之天情，于此情亦儘可只以一語直說之。此則可本孔子之言，說之爲一憤悱之情，或本孟子之言，說之爲惻隱之情，或依中庸之言，說之爲「肫肫其仁」之情，或如明道之說之爲一「疾痛相感之仁」之情，皆一語道盡之言。以此觀朱子之以仁爲心之德、愛之理，而不言愛之情，亦心體上所固有，亦爲心之德，即見其立義之未至究竟。象山言「萬物森然于方寸之間，滿心而發，充塞宇宙」。「當惻隱時自惻隱，當羞惡時自羞惡」；此固明說的是惻隱羞惡之情。然象山于此滿心而發者，下文只言「無非此理」，而不言「無非此情」，亦未能言意俱盡也。上文謂陽明之良知之知，具好善惡惡之情，陽明亦言良知之至誠惻怛。然陽明必以知之名攝情之名，亦未能眞並重此中之情，其言亦不能無憾也。是皆可說與孔孟中庸之重性情之教微有間。而自學術思想史上觀其故，則初蓋由漢儒之賤情，魏晉玄學家承老莊而言忘情，佛學嘗斥情識，李翶有滅情之說，而情之名即涵劣義；故宋儒由濂溪橫渠至伊川，乃皆位情欲于性理之下；而朱子與陸王之尊性理、尊心知，亦不能遽及于尊情，而全契孔孟之重性情之教。慧命之相續之流，其流亦是漸，固不能一蹴而幾也。

然此漢唐至宋明儒者，以及道佛二家，其必置情欲于人心之下位，亦非無故。此乃由其咸有見于此人之情欲，可爲人之罪惡之原。而孔孟中庸所言之憤悱、惻隱、肫肫之仁等，則亦原可只視之爲屬于人之心體之密藏，以爲其本然之天情，而唯偶或昭露于其與物通感之際，而消縱即逝者。此亦如佛家所言之同體大悲，耶穌所言上帝之愛，屬于佛心與上帝之密藏，而唯偶表現于人之愛心與悲情之中者。人欲緣此本然之天情之昭露表現者，以直接契入其泉原，而見其淵淵浩浩，固亦爲可能。象山陽明蕺山之工夫路數、其指向即在此。然人心更有此居人心下位之情欲，爲之障礙，以與此所昭露表現者，夾雜共流，則人不能自保其天情如淵泉之時出。

人即唯有恃其心知之明，以見義理之所當然，辨別其情之何所是，更以義理自持，以制此居下位之情欲，爲工夫之始。又凡人之本然之天情之昭露表現，有未純一，或未如量，以昭露表現之處，亦皆只顯爲一當然當有之情。當然而未然，當有而未有，則此情，非已有或實然之情，而只爲其已有或實然之情，在理上所更當發展出者。即只是理上之所當有當然；而只是理。則人即能直接契入此泉原，而見此本然之天情之淵淵浩浩，而自具形上一「實然相」者；亦須同時見及此具形而上之實然相者，在其未昭露表現之處，如更自上垂下，以顯一「當然相」，而只爲理，乃更有其後之昭露表現之「實然相」也。凡當此本然之天情，未有其昭露表現之處，其對吾人之未能全仁者言，與人當下實有之情之不能一，亦如心之未如理處，心與理之未能合一也。由此言之，則朱子之謂仁只是愛之理，又正是對仁之當然相，作如實說。蓋吾人雖可謂吾人心體中，亦原有此本然之惻怛仁愛之情，充滿于此心體，然自此情之未昭露表現處說，此情便仍只是一理上之當然，而只是當愛之理也。以致無論吾人今對此心體上本然之天情，更如何說，對與此心體所具有而與此情相俱之知、意、才、能、願、欲等，更如何說；——亦無論吾人對此心體之廣大、高明、神聖莊嚴如何說；然自其未能純一而如量，以昭露表現處看，即皆只對吾人表現爲理上之所當然當有，而可只說之爲理。吾人今若只就此心體之廣大高明神聖莊嚴之本然，而說之爲形上之實然，以成一形上學，固可開拓吾人之心靈境界，或更通之于一客觀宇宙之形上學，更可更開拓境界；此境界之體認嚮往，亦可助成人之德性工夫；然亦未嘗不可流爲光景之玩弄，爲工夫之礙。此其爲效，對一般學者言，恒不如直體認昔賢之氣象言行者，其工夫之平實無弊。此即朱子編近思錄、劉蕺山編人譜之旨。至學者如欲直接緣其對形上之本然者所嚮往體認者，以用工夫，則總上所論，其要義亦甚約。即吾人于此必當知：凡在此本然者之未純一而如量的昭露表現之處，皆只顯爲理上之當然當有，而吾人亦當知其只是理，爲工夫之始。于此理上之當然當有者，吾人能由工夫，以使之成實然、已有，即實見此理之即是性。至吾人眞欲見此性理上之當然當有，則初恒待吾人之先靜斂其心，存得虛靈明覺之心體，以超越于上述之居下位之情欲，與其所接之物等之外，以下學而上達；方能廣開天門，使此性此理，更由上而下垂，以由當然而化爲實然。人于此若只重在言此理之尊，與此心之靈者，即朱子承伊川而有之教。至於由此理上之當然，即人之心知所當實現，因而知人原有與此理不二之本心良知，爲形上之本然者，即象山陽明之教。若乎更由人之心知之實現此理，即見人之本心良知之原有此理所貫徹之情之意，而更知此情此意，主宰流行于本心良知之體之中；而再視孔子所謂憤悱、孟子所謂惻隱、中庸所謂肫肫之仁，同爲心體上所自具之天情；此則循蕺山之言而進，以還契于孔孟重性情之教矣。今吾人如必欲綜貫此諸言以說工夫，則「人能存其心之虛靈明覺，以自拔于昏蔽，時見得理之當然；還自契此理之即本心良知，以惡惡而好善；而成此本然之意之情，自主宰、自流行」，即人皆當下可用之性情上之工夫，則程朱陸王至蕺山之教，皆在其中矣。

吾言至此，所論已畢，然吾人欲對此上所述宋明諸儒所言心性之義，在整個儒學之義理世界中之地位，有一圓融之理解，更當知此上所謂宋明諸儒之言心性，還契于孔孟重性情之教云云，固非其言義理之方式全同之謂。宋明諸儒之言心性，必由外而內，由下而上，以反省及形上心體上之本然具有者，爲人之德性工夫上之當然者之所本，以再化當然者爲實然。此固不同于孔孟之性情之教，初未嘗重此形上形下與內外之分，而多只在具體當下之日用常行、禮樂政教之生活上，指點人上達之志；要在教人充實其當有之性情于內，而暢達表現之于外者也。孔子之言心之「安仁」，「從心所欲不踰矩」，孟子之言心之四端之發，如泉源混混，不舍晝夜，放乎四海，皆是直下具「即心、即理、即情、即欲」之旨；而又未嘗明有是言。故其言義理之方式，即皆爲表現的、直接顯示的；而非如宋明儒之言之爲反省的、間接指示的。此則由孔孟之性情之教，乃一原始的開創形態之教，故其所言之正面義理，皆初不必與其所對治、而爲其反面者，相對地說；而只是直對正面之義理，絕對地說。宋明儒之言心性，則是繼續漢唐之儒道佛之言人之情欲等，具種種使人下墮之機之後，而更言此心性中有能超化之，而提昇人之精神，以上達之本原在。由是而其指示此本其原之正面義理，即多是與其所對治之「反面者」，相對地說。此中于本原上之義理，固須一一確定之而無疑；而如何上契此本原而實證實行之工夫，亦須一一把穩，不爲其反面者之所搖動。則其言義理，亦宜更多辨析之功，以趣向于精微與高明，而後其言乃能挺拔而自立。然亦正以此之故，而其言初不能無偏至；其教亦與孔孟之教之涵被廣遠，而亦更切于中庸之常行者不同。而凡言義理之至于精微高明之境，而不能無偏至者，則欲進一步，恒非易事。此蓋如人之行于高山峻嶺者，一步之差，即墮百仞之淵。此中之欲進一步之難于舉足，則有非未嘗登高者之所知。夫此心性情之爲物，固即在吾人生命之自身，而吾人未嘗與之須臾離；亦似可以數字說之而盡，而孔孟亦嘗以簡言說之而盡。然宋明儒者屬之于形上之本然之心體，以究其高明與精微之義，則必歷周、張、程、朱、陸、王至蕺山諸大儒，窮老盡氣以說之，至數百年，而後至乎其極，方還契于孔孟之性情之教者；正以在此高明精微之義理境界上求升進，有如行于高山峻嶺，而環山一周之不易也。

然此上所謂宋明儒于形上之本然之心體上，所言之高明精微之義，初不能無偏至，必步步穩進，歷數百年而至乎其極云云，亦非如黑格爾之論哲學史，而視此中之一一大儒之所言者，皆爲偏面之片斷；唯有合而觀其歷史的發展，乃見有一整全之義理，而堪爲人之德性工夫之所據之謂。若果然也，則蕺山以前之宋明儒，無一有眞正之德性工夫，亦無能見此整全之義理者。人亦將可謂凡未嘗觀此中之思想義理之發展，或于此發展，認識不清者，皆不能有德性工夫。吾亦可自據前文所論，以謂昔人于此中思想義理之歷史發展，其認識尙未清，而謂不讀吾文者，不能有德性工夫也。此則必斷斷不然。今欲知其所以必不然之故，則更當知人之言說之表面的意義，其不能免于偏至者，其所指向之意義，則未嘗不可向在全。吾人欲知言之指向的意義，要在即其言之意，以逆求其志之所往。若其志之所往同，則人于東西南北之偏位，所爲之一切偏至之言，其所共指向的意義，即可同趣在一中心。則人聞不同之偏至之言者，皆可同趣于一整全之義理，而亦皆可有見于一整全之義理。此在一切義理之言中，其涉及于人之德性工夫者，尤然。蓋言之涉及德性工夫者，導人以如何宅心如何行爲之言也。此其意義之所存，明全在其所指向。由是而無論其言之備與不備，只須其指向者同，而人又果皆能循之以宅心、以行爲；則其所趣之境，便儘可無二無別，而無不備。如導游之書，果能導人游于一地，于此地之所說之詳畧，亦可無足重輕；而人果能同至一地，其所見者，固亦可未嘗不同也。今吾人若謂人之德性工夫，要在實證實現吾人之形上心體之本然，而在此形上心體之本然中于性、理、心、知、情、意等，原皆具足；則吾人無論自伊川朱子之先見理上之當然之敎入，或自陸王之發明本心致良知之敎入，或自蕺山之誠意而存天情之自運之敎入，于此上所謂「本然具足」者，固應終歸同見也。若其不然，則此形上心體之本然，應自先割裂支離，而亦無此「本然具足」之可說矣。是即見吾人果能對宋明儒之綰合德性工夫，以言心性者，就其所指向的意義，而亦實循工夫而契入之，則對其高明精微之言，不無偏至，而未能全備者，亦即不當遽謂其只爲義理之全中之偏面之片斷；而當知即循此偏至之言，以實循工夫而契入，亦皆同可使吾人實有見于此義理之全也。吾人亦非必須觀其所言之思想義理之歷史之發展之全，而亦未嘗不可有其工夫之可用，以實有見于此義理之全矣。由此而吾人于此諸儒所言者，乃可更縱通今古而橫觀其並在，如見其環山而俱立，一一皆示人以登升之路，而共趣于一境。然後知其綰合德性工夫，以言心性之義，對眞實用工夫者言，無不可相輔爲用，而亦未嘗不獨立具足；而學者之取資以自成其學，教者之取資以因材施教；乃皆可左右逢源，圓融無礙矣。

餘論　總述本文三篇之大旨

總結本文上中下三篇之所論，要在疏通吾人對朱陸與陽明之學之了解中之積滯，而明其所言之義理之同異，與其共同之問題，及其相異者之間之相輔相承之迹，以見此中之義理之天地之廣大。故首于導論中，論三賢對義理之同異、義理之無窮盡等，其所見之未嘗不同。于正文上篇，則首論象山與陽明之所同之諸義。此中，首對象山陽明所謂心即理之原始義，加以指出，以釋世之以其只任心以爲理而廢學之疑，亦釋世之意其只知重虛靈知覺之心而廢理之疑。繼而言陸王言聖人與愚夫愚婦之心同理同之本旨，與其言聖賢之學不尙知能，亦正所以使人人之知能得相輔爲用，以使四民異業而同道；以祛世之以陸王之學空談聖賢之學，無補世道之疑。再繼之以言陸王之讀書，要在以己心所知之義理，與書中之義理互證，而亦初無不須讀書之說，以袪世以陸王之學爲空疏不學之疑。最後則單就象山之工夫論，重在去障蔽以開拓其心量，而自立其心志，亦言自疑自克之功，與辨志之公私義利，以見其廣大高明之旨中，亦有切實可循之義，非可只視爲空尊德性，而無道問學之功者。此爲本文上篇。

至于本文中篇，則首論朱子對象山之評論之多不切合，而朱子之所以疑象山重發明本心之學爲禪學之故，則歸在朱子之以象山之所謂心，即其所了解之虛靈明覺之心，而禪學則正爲似只重此心而不重理者。次論朱子之言學者之學聖賢，亦當學聖賢之博學多能，固異于象山陽明之言聖賢之所以爲聖賢，不在多知多能，學者學聖賢，不當以才力知能相尚者。然朱子之言此，仍以德性上之躬行爲歸，又明不同于世儒之以博學多能之本身爲貴者。由是而見朱子所言之讀書格物之功，亦實未嘗以盡讀天下之書，盡格天下之物爲教，而實只是言人當讀其所當讀之書，當格所當格之物；而其言讀書之道，未嘗不大同于象山；唯朱子謂讀書爲學者之所當爲之一事，並當以經中所得之義理評論史事而已。至于朱子之言格物窮理，是否即如陸王一派之學者所謂爲求理于外之論，則吾人嘗力辯其求諸外，正所以明諸內，亦即正所以顯吾人之心所原具之性理或天理，而無其他。故不可如陸王之徒，以求理于外乃以義爲外，而議朱子之格物窮理之說。至朱子之所以必即所聞見之物之實然，而窮其吾人所以應物之當然之理者，則以吾人不知此物之實然，吾人所以應之當然之理，亦不得顯。此當然之理、與吾人對物之實然之知，乃俱行而並展，則朱子之格物窮理之教，即可無重聞見知識之弊。此中之天下之物之理固無窮，然吾人之格物之事，原有先後輕重之辨，以爲權衡，則格物之教亦無必使人逐物而不返之失。唯自天下之物之理，原皆爲吾人之內在之性理，原爲人所當知之一方面看；則吾人于天下之理，其依吾人自己一人所定之輕重緩急之序，不能知之者，亦當望人之知之。而學者亦即可各格其專門之物，各讀其專門之書。

由此而由朱子之學，即可發展出明清以降之所謂專家之學。爲專家之學者，亦皆可同時以德性自勉，而學爲聖賢，則人可異學而同道。是即與陸王之言「四民異業而同道」之旨，正相契應。此人可異學異業而同道，則正爲近代之學術與社會職業之分工合作，所當據之原則。故吾人謂朱子與陸王之學，皆有此近代意義。唯朱陸陽明皆兼重此人人皆有德性工夫，以同學聖賢之道，則非近代之學術分工社會事業分工者之所能及耳。此爲本文中篇。

至于本文下篇，則首就文獻，泛說朱子與陸王之互有異同之各端，亦以補本文上篇唯就陸王之同處以言者之不足。如象山于陽明與朱子所同重之戒懼中和與天理人欲之辨，固不謂然，而陽明于朱陸同重之知行並進之說，與朱陸之嚴闢佛老，亦皆不同其說。本篇要旨在說陽明之學其所歸宗之義，雖多同于象山，然其學問之問題，則原自朱子之學。故陽明既成學而與朱子不同，亦未嘗不欲宛轉求相契合；而吾人今觀陽明所言之諸義，亦宜當其如何由朱子所言之義，轉進一步而成處去看。緣此而吾人乃進而論陽明之言學者工夫，初不外變朱子所言之格物之物爲事，並將朱子于大學所言之誠意工夫中之「好善惡惡」，攝入于致知而知理之「知」中去講，即成其知行合一、致良知之說。更由陽明之致知工夫之兼攝誠意工夫，而此知之義即更上提，以連于正心之心，而致良知之事，即同時攝正心之事，緣此而可更攝正心以下之修齊治平之事；而朱子之八條目，即全攝入陽明之教矣。復次，此「知」在朱子原視爲心之用，爲動，爲已發，而心之本體、則爲靜、爲未發，二者各有其工夫。陽明既將此「知」上提以連于「心」，遂更通知之用與心之本體，以言即體即用，即動即靜，以通一切未發已發工夫之隔，乃有戒懼即洒落之工夫。由此而更言此本心之良知，即天理之虛靈明覺，以通心知與天理爲一，而良知乃即實而虛，即有而無；遂可以良知之義，範圍佛老之虛無之旨。循是而可言良知之當機的表現之不守故常，無前知，而亦爲無人無我之現在之機。下文乃更一釋致良知工夫之效驗之疑難，以見致良知之工夫之實可行，並總結此陽明所立之諸義，謂其皆由朱子之問題與所立之義，轉進一層而致。此陽明之以格物致知爲工夫，以上達于高明，實正同于朱子下學上達之旨；而不同于象山先重人之先立其大，求直下超拔于網羅障蔽之外，以先明道者。然人之未能循朱子陽明之教，以自用工夫者；則又皆正有待于象山之教，以先開其心志，而象山之言，亦最能兼成學與成教之二義，其旨又最爲弘闊。此即本文下篇正文之大旨也。

至本文附篇綜說朱陸與陽明之心性之論在宋明儒學中承先啓後之地位，則要在將朱陸與陽明之言心性之義，就其所承于其先之宋儒之學，及其影響及于陽明之後之儒學者，以見其在宋明儒學之言心性思想之流中之一核心之地位；並由此以畧說此宋明儒學言心性之義理，在整個儒學思想中之地位。此則意在于一更廣遠之義理之關聯中，將此文所說，連于吾之朱陸異同探原、及原性文之所論及、或尚未及之宋明儒言心性之義，姑作一綜攝之論。凡此中所涉及者，皆宜與吾朱陸異同探原及原性文所及者，合參而觀，方可更契其全旨。至于凡未爲此三文所及發揮，而義有未申者，唯有俟別爲文以述之。今增此節，唯在使讀者知此文所論，更有此一廣遠之義理上之關聯，而更本一廣遠之識見，觀此文之所論而已。故于此節所述，亦無待于更爲之提要重述矣。

五十七年

王重民題燉煌卷子徐邈毛詩音新考

潘重規

王重民燉煌古籍：毛詩音，徐邈撰，伯三三八三，敦煌祕籍寫眞新編影印本。叙錄云：「敦煌本毛詩音殘卷，首尾殘缺，起大雅文王之什旱麓，訖蕩之什召旻，存九十八行（規案：計原卷行數，實九十六行。）。以余考之，蓋晉徐邈所撰也。陸德明經典釋文，自旱麓至召旻，引徐氏音三十一則（規案：實引徐氏音四十五則。），持與此卷子本相校，文字同者八條，陸氏以今音改紐韻者十三條，以直音改切語者六條，釋文誤者一條，餘三條蓋爲徐爰音也」。

規案：王氏論據多誤，斷爲徐邈音，尤不可輕信。今先檢正王氏之說，然後申論此卷有關諸問題。

一：王氏所舉此卷音與釋文所引徐氏音文字同者八條，今案：鳧鷖在潀釋文云：「在公反。徐云：鄭音在容反。」卷子本作「毛存東反，鄭殊容反。」存東之音與在公同；殊容與在容，則一爲禪紐，一爲從紐，舌齒音異。又卷阿：茀祿爾康矣，釋文云：「毛音弗；徐云：鄭音廢，福也。」卷子本作「毛弗，鄭祓妃勿。」弗在物韻非紐，廢在廢韻非紐，祓（妃勿反）在物韻敷紐。廢之與祓，聲韻皆異。又雲漢蟲蟲，釋文云：徐徒冬反，卷子本作徒東反，東、冬韻異，王氏謂「卷子本正作徒冬反」者，誤也。是王氏所舉文字同者，僅大斗音主，不泯音民，文字全同。其餘卷阿伴奐，釋文云：「伴音判，徐音畔；奐音喚；」卷子本作「伴毛普半反，鄭蒲半反；奐毛呼亂，鄭胡亂。」民勞能邇，釋文云：「徐云毛如字，鄭奴代反；」卷子本作「乃登，鄭能代

景印本・第九卷・第一期

反。」桑柔：弃云，釋文云：「字又作迸，徐補耕反；」卷子本經文弃作迸，八耕反。伴、奐、能、弃，四字作音之字雖異，而音則同。是所舉八條，相同者僅五條耳。

二；王氏謂陸氏以今音改紐韻者十三條，且云：「徐音近古，重脣唐時已讀輕脣，舌頭舌上之分，亦已淸晳，凡此之類，陸氏均改從今音，此又釋文之例，依此卷子而可推知者也。」今案：「王氏所舉生民維秠，釋文云「徐芳婢反」，徐當爲郭，王氏所據乃釋文誤本。其他切音之異者亦多誤以爲同。如靈臺維樅，釋文云「徐七凶反」，卷子本作「促雙」，七凶，促雙皆淸紐，而一在鍾韻，一在江韻。生民唪唪，釋文云：「徐薄孔反」；卷子本作「逋孔」。薄孔、逋孔，皆董韻，而一在並紐，一在邦紐。又維芑，釋文云：「徐巨己反」，卷子本作「羌己」，巨己、羌己，均在止韻，而一在羣紐，一在溪紐。民勞小愒，釋文云：「徐丘麗反」，卷子本作「卿列」。丘麗、卿列，均爲溪紐，而一在霽韻，一在薛韻。板熇熇，釋文云：「徐許酷反」；卷子本作「香約反，又荒哭（王氏誤認爲笑字。）。」許酷、香約、荒哭，皆爲曉紐，而酷在沃韻，約在藥韻，哭在屋韻（如王氏誤釋爲笑，笑在去聲笑韻，則更非入聲字。）蕩掊克，釋文云：「徐又甫垢反」，卷子本作「蒲侯」，甫垢爲非紐厚韻，蒲侯爲並紐侯韻。又湎，釋文云：「徐莫顯反」，卷子本作「民善」。莫顯、民善均明紐，而顯在銑韻，善在獮韻。韓奕炰，釋文云：「徐甫九反」，卷子本作「彭交」，甫九爲非紐有韻，彭交爲並紐肴韻。以上八條音皆不同。惟皇矣王此，釋文云「徐于況反」，卷子本作「于誑」，皆爲紐漾韻。板泄泄，釋文云：「徐以世反」，卷子本作「以世」（王氏誤據民勞篇音云：卷子本作盈世。），音切文字全同。抑不僭，釋文云：「徐市又反」；卷子本作「市由、市救」。市又與市救同音。卷阿昄，釋文云：「徐符版反」；卷子本作「彭板」。符版，彭板，均在潛韻，而符屬奉紐，彭屬並紐；徐邈時輕重脣未分，故符亦屬並紐，是符版，彭版，音亦相同。綜計王氏所舉十三條，僅王、泄、餅、眅四條音同，其餘九條音皆相異。即四條同音之字，亦非若王氏所云：「卷子音近古，重脣唐時已讀輕脣，舌頭舌上之分，亦已清晰，凡此之類，陸氏均改從今音也。」蓋泄字音切全同。王、餅二字音切，皆以市爲上字。眅字音切，陸氏正用徐邈反音，觀釋文「敝笱，婢世反，徐扶滅反；」「載驅薄薄，普各反，徐扶各反。」陸皆以今音敝、薄讀重脣，而所錄徐音上字皆爲輕脣，未嘗改輕脣爲重脣；豈有徐音本讀重脣作彭板，而改爲符版者乎？若敝笱徐扶滅反，集韻入聲十六屑敝下引徐邈讀作蒲結切，集韻徵引舊切，正以重脣字改輕脣字也。王氏謂陸氏以今音改紐韻者，據其所舉例證，殆無一是處。

三：王氏謂以直音改切語者六條，今案：靈臺逢逢，釋文云：「徐音豐；」卷子本作「蒲工。」蒲工爲並紐東韻，豐爲敷紐東韻，陸氏不應誤譯蒲工爲豐。且逢逢，釋文第一音爲薄紅反，第二音爲徐音豐，此明二音不同，陸氏主第一音而特附綴徐音。且釋文第一音「薄紅」，正與卷子「蒲工」音全同，則非改「蒲工」爲「豐」明矣。又文王有聲維翰，釋文云：「徐音寒，」卷子本作「恒案。」寒在平聲寒韻，案在去聲翰韻，二音不同。行葦台背，釋文云：「徐音臺；」卷子本作「湯來。」臺爲定紐，湯爲透紐，二音亦異。雲漢如惔，釋文云：「音談，徐音炎；」卷子本作「唐甘。」炎乃爲紐鹽韻，唐甘乃定紐談韻。唐甘正與釋文第一音之「談」同音，斷非陸氏以音炎，改唐甘也。又江漢來鋪，釋文云：「普吳反，徐音孚，」卷子本作「妃于；」普吳乃滂紐模韻，孚乃敷紐虞韻，妃于乃非紐虞韻，三音皆不相同。以上所舉逢、翰、台、惔、鋪五音皆誤；惟板維翰，釋文云：徐音寒，卷子本作恒安，寒與恒安之音相應，然文王有聲翰音卷子本既與釋文不相應，則此相應者，亦出於偶合耳。

四：王氏云：釋文誤者一條，今案：王氏云：「靈臺王在靈囿一條，釋文云：囿音又，徐于目反，卷子本作于救反。陸氏既用直音音又，又引徐氏切語者，以與直音相應也；若作于目反，則不相應矣。似當依卷子本作于救反為是。」規案：音又，與于救同音，皆屬為紐救韻；于目則屬為紐屋韻，一去一入，二音不同。陸以讀去聲者為第一音，而以讀入聲者為第二音，正所以兼載異讀，非誤字也。觀釋文秦風駟鐵園囿云：「音又，沈又尤菊反。」沈音尤菊，正與徐音于目同音，知囿字，釋文以前本有去入二讀，故廣韻去聲宥韻云：「宥，于救切；」入聲屋韻云：「宥于六切；」集韻去聲宥韻云：「囿，尤救切，」入聲屋韻云：「囿，于六切。」于六一音，即本徐氏于目、沈氏尤菊而來，安得竟以為誤也！

五：王氏云：「抑輯柔爾顏，釋文引徐音集；桑柔弗求弗廸，釋文引徐徒歷反；雲漢序百姓見憂，釋文引徐音於救反，並不見於卷子本。按釋文序錄云：俗間又有徐爰詩音，此三條殆為徐爰音耶？又邈並不為詩序作音，而雲漢序有徐氏音，則此三條為徐爰音審矣。」規案：除王氏所舉三條外，尚有旱麓以享釋文引「徐許亮反；」板出釋文引「徐尺遂反；」雲漢大甚釋文引「徐他佐反；」韓奕燕師，釋文引徐云：「鄭於顯反，王肅孫毓並烏賢反；」常武序騷釋文引「徐音蕭；」又繹騷，釋文引「徐音蕭；」瞻卬婦寺，釋文引「徐音侍：」諸條並不見於卷子本。如謂不見卷子之徐音，皆為徐爰音，則集韻四十一漾「享」，引徐邈讀許亮反；是許亮反為徐邈音明矣。且釋文序錄云：為詩音者九人：鄭玄、徐邈、蔡氏、孔氏、阮侃、王肅、江惇、干寶、李軌；僅附綴俗間又有徐爰詩音一語，蓋不爲陸氏所重，未必引用其音。至謂邈不爲詩序作音，尤爲無據。案釋文引徐音，其爲序作音者，關雎序有「所以風」、「風風也」、「不嫉」三條，葛屨序有「機巧」、「趨利」二條，鴻雁序有「矜寡」一條，庭燎序有「庭燎」一條，十月之交序下箋有「番也」一條。菀柳序有「菀柳」一條，苕之華有「苕之華」一條，公劉序有「涖」一條，常武序下箋有「騷」一條，武序有「大武」一條，酌序有「大武」一條，賚序有「賚」一條，駉序有「牧乎」，「坰野」二條，是王氏謂徐不爲序作音之說，顯與事實不合。且菀柳序釋文云：「音鬱，木茂也，徐音於阮反。」正月有菀釋文云：「音鬱，徐又於阮反。」都人士菀結釋文云：「於勿反，屈也，積也。徐音鬱，又於阮反。」是菀音三條，無論爲序文，爲經文，音鬱及於阮反，皆同爲徐音，豈可謂邈不爲序作音，而斷言序下徐音爲徐爰音耶！

綜上所論，王氏所舉釋文徐氏音與殘卷音相校，王氏謂爲合者什九，不合者什一；實則不合者居什之九，而合者僅什之一，是此卷非徐氏音昭昭明甚。故王氏說出，劉詩孫著敦煌唐寫本晉徐邈毛詩音考（眞知學報第五卷第一期，本文據王氏敦煌古籍敘錄轉引。）一文疑之。其言曰：

友人王重民教授往巴黎，董理諸寫本，檢經典釋文毛詩音義所引徐音，間有與殘卷合者，始考之爲徐邈毛詩音。並著爲跋載圖書季刊中。然余細爲紬繹，不能無疑。茲先述二事以明之。

1.經典釋文毛詩音義所引徐邈，非祇徐邈一家也。釋文敘錄既稱徐邈詩音，又云「俗間又有徐爰詩音」，是則音義所引徐音，殆兼採二家反切。特音義所引，何者爲邈，何者爲爰，未有區別，而總標徐氏，此其失也。今據失載主名之音，姑定爲徐邈一家，已自不可。而況藉此引音，偶遇反切，有與殘卷合者，遽定殘卷爲徐邈詩音，是豈可爲定論哉？此不能無疑者一。

2. 經典釋文序錄曾引徐邈音云：徐仙民反易爲神石，此言徐邈用「神石」爲「易」字切也。今檢殘卷詩音，易字凡六見，用「盈豉」爲切者三，用「羊石」爲切者二，用亦字爲直音者一，俱與「神石」反切不合。豈殘卷非徐邈音歟？此余不能無疑者二。

今再準上所稱，羅列諸證，以實吾說。按殘卷存音，不及全書什一，因此經典釋文毛詩音義中此三什之音，凡其間引徐音切，以常理推之，或當與殘卷合。然合者僅得五則，不合者得二十有五則，又釋文已見徵引，而殘卷無此音切者，得十有一則，都共四十有一則。茲據此四十一則之音，析爲三類以言之：

1. 凡釋文引徐音切，有與殘卷合者，此固可爲殘卷音切，得一佐證，暫定爲徐氏詩音。特是否徐邈，抑或徐爰，釋文既無反切主名，此更未敢妄定。況音切不合者，得二十有五則，過於合者倍蓰，此烏可遽定爲徐邈音耶？此一類也。

2. 凡釋文引徐音切，有與殘卷不合者，此尤可證殘卷詩音，確非邈作。今若據其合者，定爲徐邈詩音，此更可據其不合者，駁爲妄定。且反切證據，多寡懸殊，是烏可據其五則反語，即可認爲定論哉？此二類也。

3. 凡釋文引徐音切，殘卷闕載者，此更可爲殘卷非徐音之證。若屬徐音殘卷，縱無同音，亦必俱載異切，斯並異切不載，其非徐邈明甚，尤非徐邈音矣。此三類也。

劉詩孫氏既疑此卷非徐邈音，又檢毛詩音義之反切有與殘卷同者，得九十有四則，遂臆測此卷爲經典釋文毛詩音義之原本。然又謂有不能自信者四，其言曰：

今據此改本釋文，偶遇有九十四則音切，與殘卷相合者，謂殘卷音切，即釋文原本，此豈可爲定論？此余不能信者一。

矧殘卷音切，存者綦多，殆近二千（重規案：殘卷九十六行，都七百餘音。），較之九十四則，何啻倍蓰。今據九十四則相合之音，謂即釋文原文；斯則不合倍蓰之音，究將何說乎？此余不能自信者二。

又釋文改本原重刪訂，既加刪訂，必較原本爲簡。今殘卷反切，溢於改本固多，可爲改本簡率之證。然較改本闕載者，亦復千有餘音，是又烏可遽定殘卷爲釋文原本耶？此余不能自信者三。

又釋文敘錄云：「前儒作音，多不依注，注者自讀，亦未兼通，今之所撰，微加斟酌。若典籍常用，會理合時，便即遵承，標之於首。其音堪互用，義可並行，或字有多音，衆家別讀，苟有所取，靡不畢書，各題氏姓，以相甄識，義乖於經，亦不悉記。此言引述諸音，必標姓氏，倘有乖戾，即加刊剟，或僅存音，不標姓氏之意也。今此九十四則相合之音，安知非陸氏刊剟姓氏之切；縱非徐氏，亦必別家，縱非別家，亦非陸氏一人之音，此可據常理推證者。是則殘卷音切，是否爲釋文原本，固未可定。此余不能自信者四。」

劉氏因此四端，未敢堅持殘卷爲釋文原本之說，故其結論曰：「今姑從王重民教授之說，暫定殘卷音切，爲晉徐邈詩音。」重規案：劉氏推定殘卷爲釋文原本之說，即其自舉四端，已可斷言其不能成立。然其致疑於王氏之說，其理由則頗正確。惟謂「經典釋文毛詩音義所引徐邈，非衹徐邈一家，釋文敘錄既稱徐邈詩音，又云俗間又有徐爰詩音，是則音義所引徐音，殆兼採二家反切。」此則未爲精審。今按釋文敘錄，易、書、詩、周禮、禮記、左傳、論語、莊子，徐邈皆爲作音，徐爰音則僅詩及禮記述及之。今就毛詩音義所引徐氏音與諸經音義畧加比較，即可證明詩音雖未標明徐邈之名，實爲徐邈之音。案詩靈臺釋文：「囿，音又，徐于目反；」左莊十九年傳釋文亦云？「囿，音又，徐于目反。」左傳、穀梁昭九年釋文並云：「囿，音又，舊于目反，」舊音蓋亦徐音也。詩板釋文：「泄，徐以世反；」莊子山木，列禦寇釋文亦云：「泄，徐以世反。」詩蕩釋文云：「掊，徐又甫垢反，」莊子天道釋文云：「掊，徐方垢反，」方垢即甫垢，方、甫聲類同也。詩抑釋文云：「輯，徐音集；」書舜典釋文亦云：「輯，徐音集。」詩桑柔釋文云：「泯，徐又音民；」書呂刑釋文亦云：「泯，徐音民。」詩瞻仰釋文云：「寺，徐音侍；」易說卦釋文云：「寺，徐音侍。」詩大東、賓之初筵，板釋文並云：「出，如字，徐尺遂反；」易離卦釋文云：「出，如字，徐尺遂反；」鼎卦釋文云：「出，徐尺遂反，或如字；」尚書大禹謨、顧命並云：「出，如字，徐尺遂反；」禮記檀弓釋文云：「出，如字，徐尺遂反；」左傳襄九年釋文兩云：「出，如字，徐尺遂反；」又左傳序、昭八年釋文則云：「出，如字，又尺遂反；」襄十年釋文則云：「出，如字，一音尺遂反；」論語子罕釋文則云：「出，如字，舊尺遂反。」凡易、書、禮、左傳、論語、莊子諸書釋文所引之徐音，並皆徐邈音，既與詩經釋文所引徐音相合，則詩經釋文所引徐音乃徐邈音明矣。況毛詩釋文所引徐音三百餘事，此卷起大雅文王之什旱麓，訖蕩之什召旻，釋文所引徐音，亦達四十事。今與殘卷相校，合者僅五事，而不合者至三十五事，其非徐音甚明，固不必分辨孰爲徐邈孰爲徐爰也。

又劉氏詩孫云：「經典釋文序錄曾引徐邈音云：『徐仙民反易爲神石』，此言徐邈用『神石』爲『易』字切也。今檢殘卷詩音，「易字凡六見，用『盈豉』爲切者三，用『羊石』爲切者二，用『亦』字爲直音者一，俱與『神石』反切不合。豈殘卷非徐邈音歟？」重規案：陸德明釋文爲「易」字所作之音，易經有「盈隻」、「以豉」二切，及直音「音亦」；書經有「以豉」、「羊隻」、「羊石」三切；詩經有「以豉」、「夷豉」、「羊豉」、「以赤」四切，及直音「音亦」；周禮有「以豉」一切，及直音「音陽」；禮記有「以豉」一切，「音亦」一音；左傳有「以豉」、「神豉」二切，及「音亦」一音；論語有「音亦」一音；莊子有「以豉」一切，「音亦」一音；其諸音切，「音亦」一音全同。其「音陽」蓋讀「易」爲「昜」，異形故異讀。「以豉」一切，諸書皆同。以、夷、羊、盈皆喩母字，則「夷豉」、「羊豉」，即「以豉」。「隻」、「石」、「赤」，皆同在昔韻，則「羊隻」、「羊石」、「盈隻」，與「亦」字同音，「亦」字爲喩母昔韻也。是諸切音總括不過二音，輕易之義，則讀爲「以豉」，變易之義，則讀爲「亦」。諸經徐氏之音，當亦不外此二音，故詩經甫田釋文云：「禾易，以豉反，治也；徐以赤反。禮記檀弓釋文云：「易之，徐以豉反。」凡徐邈爲易、書、詩、周禮、禮記、左傳、論語、莊子作音，亦不外此二音。不得謂徐邈爲「易」所作之音，必爲「神石」也。今考「神石」之音，不見於釋文全書。惟左傳襄四年易土、襄十三年必易，引徐神豉反。「豉」爲「寘」韻，「石」爲昔韻，去入相承，韻本極近，疑「神石」、「神豉」皆徐音。神字爲舌上音神母，與「以豉」、「羊隻」，屬於喉音喩母者，聲類相距甚遠，故陸德明深以爲異。要之，徐邈易字偶有「神石」、「神豉」之音，與各家特異，故陸氏舉以爲言，不得謂無「神石」之切即非徐音也。是劉氏所疑二事，皆不必疑。然殘卷音與釋文所引徐音什九不合，則殘卷非徐邈音，固不爭之事實。至劉氏校殘卷與釋文音合者九十四則，疑殘卷爲釋文原本。夫以千餘音而合者僅九十四則，其非釋文原本，事理至明。所謂「楚固失之，齊亦未爲得也。」

今試就此卷內容與釋文音義比較觀之，有可得知者數事：

一曰：此卷「又音」至罕，遠不及釋文「又音」之繁多也，計此卷七百七十餘音，有「又音」者僅十八事，茲列舉如左：

皇矣：菑、側理、又側吏。

　剔、天歷反、又天帝。

生民：或揄、羊周反、又如字。

　諏、足須反、又子樓。

行葦：敦彼，上徒官反徒桓反二音。

　大斗、之專庾音主、又鍾庾反、二音同。

公劉：隩、衣六反、又爲報。

卷阿：菶菶、浦孔反、又蒲孔反。

民勞：譊、拏交反、又荒瓜反。

板：蹻、五高反、又斬妖。

　熇熇、香約反、又荒哭。

蕩：怢、成勢反、又音太。

抑：洒、生買、一去音。

掃、桑老反、一去音。

不謟、創林反、又子念反。

雲漢：委、英僞反、又如字。

積、子漬，又如字。

召旻：苴、林沙反，在加反。

而此卷篇什之音，在釋文有又音者凡三十六事。且此卷每字不過二音，而釋文則羅列甚繁。如旱麓釋文：「所燎、力召反、又力弔反。說文作尞，一云：柴祭天也。又云：燎、放火也。字林同。尞音力召反，燎音力小反。」與此卷音義皆簡者，大相徑庭。蓋此卷乃一家之音，故其辭簡；釋文集衆家之音義，故其辭繁也。

二曰：此卷爲毛鄭作音，亦較釋文爲簡也。毛鄭解詩，頗有異義；及反切既興，後儒分別毛鄭異義，遂爲作反語，以異音明異義。此卷毛鄭音較釋文爲簡，亦由爲一家之音，與釋文兼收衆家者不同。茲表列卷子與釋文之音，以見其異同。

篇名	卷子	釋文
思齊	以御 毛顏嫁反 鄭言據反	以御 毛牙嫁反迎也 鄭魚據反治也
	無射 毛羊石反 鄭食夜反	無射 毛音亦、厭也。鄭食夜反、射藝。

	列　毛力哲。鄭爲厲，艮滯反。	烈　毛如字、業也。鄭作厲，力世反。又音賴，病也。
	假　毛皆雅、鄭爲瘕、皆牙反。	不瑕　毛音遐、遠也。鄭古雅反，已也。
	無斁　毛羊石，鄭作擇、根白反。	無斁　毛音亦，猒也。鄭作擇。
皇矣	串　毛瓜患，鄭爲混、古溫反。	串夷　古患反、毛云：習也。鄭云：串夷，混夷也。一本作患。或云：鄭音患。
	援　毛于萬，鄭胡喚。	畔援　毛音袁，取也。又于願反。鄭胡喚反。
	其鮮　口口延，鄭息淺。	鮮　息淺反，又音仙，毛小山別大山曰鮮，鄭善也。
靈臺		於論　於音烏，鄭如字。論音盧門反，思也。一云鄭音倫。
下武		來許　王如字，鄭音賚；賚，勤也。
文王有聲	厥孫　如字，鄭作遜。	孫謀　王申毛如字，鄭音遜，順也。
鳧鷖	潨　毛存東反，鄭殊容反。	在潨　在公反，毛水會也。徐云：鄭音在容反，水外之高者也。
公劉	乃依　毛衣，鄭扆、應豈反。	乃依　毛如字，鄭於豈反。箋云：或扆字。

卷阿	伴 毛普半反，鄭蒲半。	伴 音判，徐音畔。
	奐 毛呼亂，鄭胡亂。	奐 音喚、徐音換。毛伴奐，廣大有文章也；鄭伴奐，自縱弛之意。
		茀 沈云：毛音弗、小也。徐云：鄭音廢、福也。一云：毛方味反，鄭芳沸反。
民勞	遠能 乃登，鄭能代反。	能邇 徐云：毛如字。鄭奴代反、伽也。
抑	用逷 天歷反。鄭作剔，音同。	用逷 他歷反。毛云：遠也。鄭作剔、音同。治也。沈土益反。
		不讎 市由反，用也。徐云：鄭市又反。
	於屋 烏鹿反。鄭泓角。	屋 如字。或云：鄭於角反。
桑柔	稼穡 鄭作家嗇	家 王申毛音駕。謂耕稼也。鄭作家，謂居家也。
		穡 音色，王申毛謂收穡也。鄭云：客嗇也。
	其相 毛息羊。鄭息亮。	其相 毛如字、質也。鄭息亮反，助也。
		狂 王居況反，鄭求方反。

篇	上欄	下欄
		大風　毛如字，鄭音泰。
		陰女　鄭音蔭，覆蔭也。王如字，謂陰知之。
		赫　毛許白反，炙也。鄭許嫁反，口距人也。
		職涼　毛音良，薄也。鄭音亮，信也。
		不相　毛如字、鄭息亮反。
雲漢	于摧　毛存雷；鄭作嗺、祖雷反。	于摧　在雷反，又子雷反、毛至也。鄭作嗺，子雷反，嗟也。
雲漢	心憚　毛當佐反，鄭唐當反。	憚暑　毛丁佐反，勞也。鄭徒旦反，畏也。
雲漢	昭假　毛皆客反，鄭皆雅反。	昭假　音格，毛至也，鄭升也，沈云：鄭古雅反。
韓奕	甸　毛庭見反，鄭食證反。	甸之　毛徒遍反，治也。鄭繩證反，或云：鄭亦徒遍反。
韓奕	虎共　毛音拱，鄭音恭。	虔共　毛九勇反，執也。鄭音恭，云古恭字。
韓奕	綏　毛仁隹，鄭旬隹。	綏章　毛如誰反，大綏也。鄭音雖，車綏也。

		實墉　毛如字，鄭作寔、市力反。
江漢		來　如字，鄭音賚，云勤也。
	旬　毛松荀反，鄭作營。	旬　毛音巡，又音荀，偏也，鄭作營。
常武	有嚴　毛宜檢，鄭牛凡。	有嚴　毛魚檢反，鄭如字。
	匪紹　毛成沼，鄭尺遙反。	匪紹　如字，繼也。徐云：鄭尺遙反，緩也。
	敦　都溫，鄭作屯，徒溫反。	敦　王申毛如字，厚也，鄭作屯，徒門反。
瞻卬		哲知　音智，王申毛如字。
	介狄　毛天歷反，鄭田歷反。	狄　毛他歷反，遠也。鄭如字，謂夷狄。
召旻	訌　毛胡工，鄭古洪。	內訌　戶工反，潰也。徐云：鄭音工。
	不潰　毛胡憒反，毛作彙，于貴反。	不潰　毛戶對反，遂也。鄭作彙，音謂、茂貌。

觀上表所列，可知毛鄭本無詩音，皆由後儒分別毛鄭字義之異，爲之作音。各家謂毛某某反，鄭某某反者，皆

代毛鄭擬音，非毛鄭所自爲也。故釋文溦下曰：「徐云，鄭音在容反」，茀下曰：「沈云：毛音弗，小也。徐云，鄭音廢，福也。一云，毛方味反，鄭芳沸反。」邇下曰：「徐云：毛如字，鄭奴代反。」餴下曰：「徐云，鄭市又反。」假下曰：「沈云，鄭古雅反。」如此之類，乃各家爲毛鄭擬音之明證，由於音非毛鄭自作，故同一御字，此卷毛顏嫁反，釋文毛牙嫁反；此卷鄭言據反，釋文鄭魚據反。同一假字，此卷鄭皆雅反，而釋文謂「沈云，鄭古雅反。」同一訌字，此卷鄭古洪，而釋文謂「徐云，鄭音工。」一一比較觀之，即知釋文所謂徐云者，謂徐邈爲毛鄭所作之音也；沈云者，謂沈旋（或沈重）爲毛鄭所作之音也。一云者，謂某氏爲毛鄭所作之音也。作者不同，則擬音作切，自不劃一。至於此卷毛鄭之音，從未稱引他人，知爲作者一家之音；釋文稱引徐氏、沈氏、某氏，則以釋文爲網羅衆家之作也。又案四庫全書總目提要曰：「鄭氏六藝論云：『注詩宗毛爲主，毛義若隱畧，則更表明，如有不同，即下己意使可識別。』自鄭箋既行，齊魯韓三家遂廢。然箋與傳義亦時有異同，魏王肅作毛詩注，毛詩義駁，毛詩奏事，毛詩問難諸書以申毛難鄭，歐陽修引其釋衞風擊鼓五章，謂鄭不如王。王基又作毛詩駁以申鄭難王，王應麟引其駁芣苢一條，謂王不及鄭。晉孫毓作毛詩異同評，復申王說；陳統作難孫氏毛詩評，又明鄭義（原注：並見經典釋文）。袒分左右，垂數百年。」是鄭氏釋詩，與毛有異，義既不同，音當異讀，於是作詩音者，據毛鄭異義，爲之分別作爲反切。其後王氏起與鄭抗，鄭學王學，樹幟相爭，既有王氏申毛之義，故又有王氏申毛之音。此卷但有毛音鄭音，而釋文則毛音鄭音之外，復有王申毛之音，知此卷遠在釋文之前矣。

三曰：此卷作音既簡，釋義更稀，即有釋義，亦必稱引故書舊說以詮明之（僅虓虎聲一條未引舊說），玆具錄如次：

列　鄭爲厲。說文云：惡疾。

式郭　爾雅云：郭、大。

栭　郭云：樹似槲棟而庳小，子如細粟。

椐樻　孫炎云：腫節，可以爲杖。

媲　孫炎云：凡相偶爲媲。

敏拇　賈逵云：大指。

不坼　說文云：裂也。

呱　說文：小兒啼聲。

穎　說文云：禾末也。

糜　郭云：今赤粱粟是也。

一秠　說文：稽也。倉頡篇云：甲也。聲類云：米之皮。

或揄　說文云：引也。又如字。

賁軍　禮記注云：覆敗也。

蓋僅　廣雅云：劣也。

既挾　說文云：持也。

之壼　爾雅云：宮中巷。

餾　爾雅：餴餾稔也。郭璞云：今呼脩飯爲餴飯。

蹓蹓　爾雅云：閑也。

蕘　說文云：草新。

蹻　說文云：行舉足高也。

屎　爾雅云：申也。孫炎云：民愁苦呻吟之聲。

懟　說文云　怨也。

翕肩諂笑　孟子曰：翕肩諂笑，病於夏畦，言竦體笑，勞於夏日灌園也。

芮　說文：草生貌。

唈　郭璞云：短氣也。

薀　說文：鬱烟也。

旱魃　薛綜云：魃鬼、人形、眼在頭上。

瘨　廣雅云：狂病也。聲類云：風病也。

蠋　郭璞云：蟲大如指，似蠶。

蔌　郭璞云：菜茹之總名。

壑　爾雅云：隍也。舍人云：城池也

貔　爾雅云：白狐也。郭璞云：一名執夷、虎豹之屬。

糲　倉頡篇云：脫粟米也。

總計殘卷七百餘音、釋義者不過三十餘事。而所引之書、不過爾雅、說文、孟子、廣雅、倉頡篇（秠、糲二條、玉函山房輯佚書無。）聲類（秠一條、玉函山房輯佚書無；瘨一條，據阿那律八念經音義引云：瘨、風病也。）禮記注、及舍人，孫炎、郭璞（三家皆注爾雅）、賈逵、薛綜數家之說而已。且凡所稱引，皆魏晉以前之作。詩釋文所引，則有周續之、雷次宗、何胤、沈重、崔靈恩、阮孝緒、沈旋諸人，皆宋齊以後之說，足知此卷必出經典釋文以前。然此卷抑洒掃下云：一去音。四聲之名，肇於宋齊，又足知此卷必在徐邈以後，此殘卷時代可以考徵明白者也。

余嘗爲「敦煌毛詩詁訓傳伯二六六九號殘卷題記」一文（載新亞學術年刊第十期），指出其卷於卷背作音，厥制甚古，所作之音，泰半與釋文音同，而反切用字多異。且不同之音，皆較釋文爲勝。當爲釋文以前六朝人舊音，蓋毛詩音隱一類之遺跡。試取與此卷相校，彼卷音起大雅大明俔天之妹，訖文王有聲築城伊淢，與此卷同具之音，僅有十二，茲表列於後：

篇名	詩文	作音字	本卷音	二六六九卷音
旱麓	乃民熂燎	熂	香氣	香氣
思齊	神罔時恫	恫	土工	土工
皇矣	其灌其栵	栵	力滯	力滯
	啓之辟之	辟	睥赤	睥赤
	其檉其椐	椐	起居	起居
	栵栭也	栭	而	音而
	椐樻也	樻	困匱反	困匱
	猶蘖蘖	蘖	迎竭	迎竭
	臨衝茀茀	茀	弗	甫勿
	四方無拂	拂	扶勿	扶勿
靈臺	鼉鼓逢逢	逢	蒲工	蒲工
文王有聲	築城伊淢	淢	兄逼	況逼

計兩卷共有之十二音，切字全同者十音，弗字本卷音弗，二六六九卷爲甫勿反，甫勿爲非母物韻，與弗音全同。減字本卷兄逼反，二六六九卷況逼反，本卷桑柔兄、音況、是「兄逼」與「況逼」音亦全同。且此兩卷共有之十二音，所用切語上下字，如上字溪紐之困，疑紐之迎，滂紐之睥，下字東韻之工，至韻之匱，昔韻之赤，皆隋唐人切韻唐韻諸韻書所未見，既足明二卷音切淵源之古，亦可覘二卷關係之深，使非同出一源，或同出一手，斷難音切全同，吻合無間，是此殘卷當爲徐邈以後，釋文以前，六朝專家之音，考鏡音韻源流者，當有取於斯。

此卷有敦煌祕籍寫眞新編影印本，間有漫漶失眞處，承法國國家圖書館惠允以原卷照片影印發表，特此誌謝。民國五十七年六月十八日潘重規附識

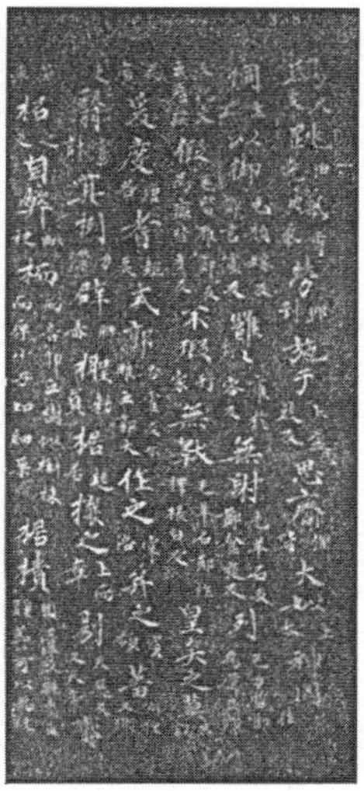

（1）巴黎藏伯三三八三燉煌毛詩音殘卷

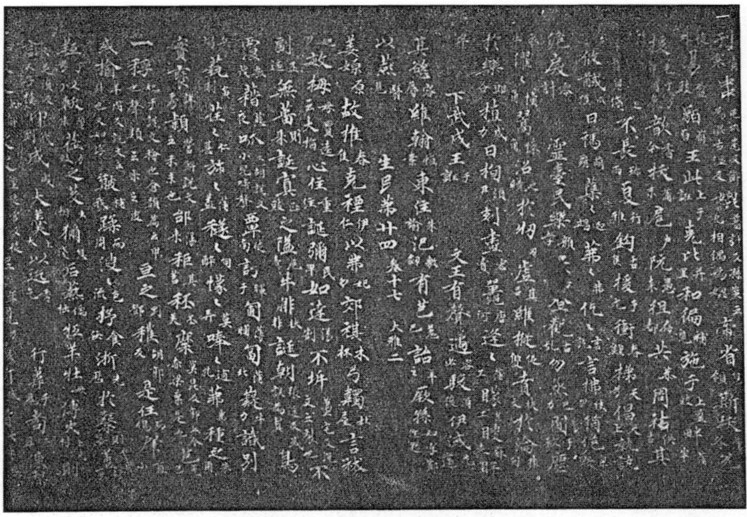

（2）巴黎藏伯三三八三燉煌毛詩音殘卷

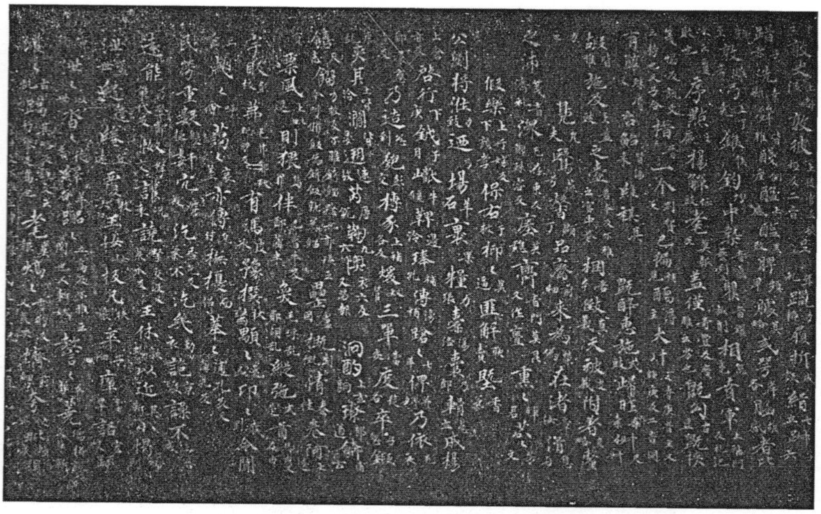

巴黎藏伯三三八三敦煌毛詩音殘卷（3）

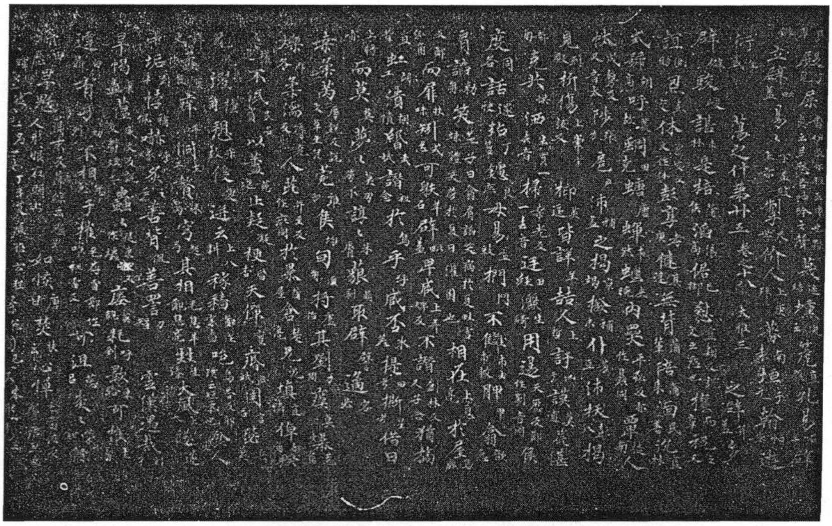

巴黎藏伯三三八三敦煌毛詩音殘卷（4）

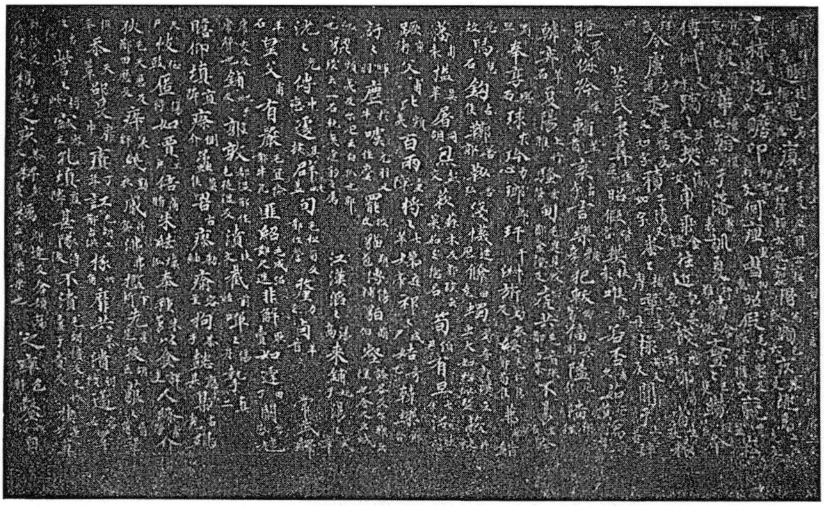

巴黎藏伯三三八三敦煌毛詩音殘卷(5)

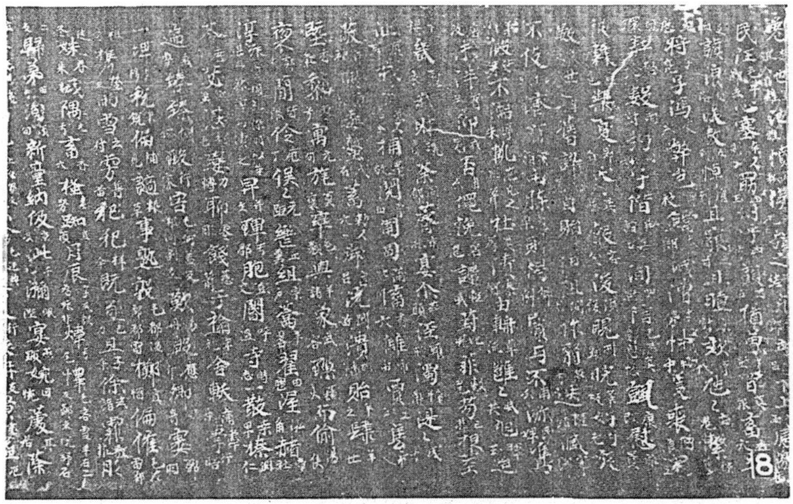

倫敦藏斯二七二九敦煌毛詩音殘卷

帝師八思巴行狀校證

中野美代子

序

帝師八思巴行狀。元王磐（字炳文）等奉勅所撰也。① 至元十七年庚辰。八思巴薨於西藏。世祖聞訃。不盬震悼。勅王磐屬爲撰行狀。然則此一文。八思巴傳中之最早者也。釋源宗主所撰帝師殿碑次焉。② 德輝禪師所編勅修百丈清規中帝師涅槃之條。③ 亦仿行狀。元史雖收其傳。謬舛實多。然八思巴之傳。固不止此。藏文史料。所謂紅冊④青冊⑤亦錄之。紅冊之編撰。早於元史二十有四年。八思巴藏人。則藏文史料自亦有可據。紅冊雖罕見。近年景印及翻譯梓行。⑥ 幸得用之。蒙文史料。則蒙古源流。亦有叙及。⑦ 於是漢藏蒙三種史料。遂得供學者之所取資。雖然。近人之研究其傳也。以多不用藏蒙史料故。仍蹈元史之覆轍。不復考詁。此其所得者。不免輕妄。余本非考史之徒。以嘗著西文乙書。題爲八思巴字與蒙古字韻之聲韻學的研究。⑧ 其第一章。 即畧述八思巴小傳。今以此校證附於王磐所撰行狀。則舊著初章之漢譯敷衍耳 。所以不顧菲學。而敢爲之者。私衷實欲糾通行八思巴傳之謬。以余漢文粗淺。玆編辱承友人澳洲國立大學教授柳存仁先生賜爲裁正。得載本誌。附白致謝。兼以爲之序。時在日本昭和戊申孟夏。札幌中野美代子識。

帝師八思巴行狀

皇天之下。一人之上。開教宣文。輔治大聖。至德普覺。眞智佑國。如意大寶法王。西天佛子。大元帝師。班彌怛，拔思發帝師。

此八思巴之謚號也。案元史釋老傳。此號世祖所賜。然佛祖歷代通載（畧作通載）卷第二十二辛酉條云。英宗格堅皇帝。改年至治。詔各路立帝師殿。追謚云云。⑨　藏文史料第五世達賴喇嘛年代記（畧作年代記）亦有記之。⑩　謚中有云班彌怛。即 paṇḍita 也。元史釋老傳曰。稍長學富五明。故又稱班彌怛。輟耕錄卷第十二謂其謚云板的達巴思八八合失。板的達亦paṇḍita之音譯。法人G. Pauthier以班彌怛爲pāramitā之音譯。⑪　若然。蒙古源流箋證（畧作箋證）所謂巴喇密特者是也。但蒙古源流中巴喇密特者。即薩斯加 Sa-skya paṇḍita之謂。⑫　蓋作箋者張爾田先生於譯成後追改者也。原本實不誤。⑬　箋證又誤引百丈清規卷第二帝師涅槃之條。而附以薩斯嘉恭噶嘉勒燦喇嘛之條。⑭　由是後數有薩斯加與八思巴之混同。上謚中拔思發。藏文'Phags-pa之音譯也。亦作八思巴。此爲慣用。今暫從之。元史世祖本紀作八合斯八。帝師涅槃作拔合斯八。釋鑑稽古畧續集作發思八。⑮　皆因音譯差誤而已。藏文史料紅冊云。其名'Gro-mgon 'Phags-pa Blo-gros rgyal-mtshan。⑯　德人P. Ratchnevsky 加dpal-bzaṅ-po之語於其尾。⑰　然此不見於藏文史料。蒙古源流謂其名云。瑪迪都斡咱。⑱　八思巴之梵名 Matidhvaja 之音譯也。帝師涅槃謂其法號云惠幢賢吉祥者。梵名之漢譯也。蓋惠幢 matidhvaja。藏文之blo-gros rgyal-mtshan也。賢吉祥Śribhadra也。是藏文之dpal-bzaṅ也。此蓋Ratchnevsky氏之意。R氏又云。其梵名Ārya Matidhvaja Śrībhadra。此亦由惠幢賢吉祥翻譯。但ārya梵文聖人之意。便亦合於藏文'Phags-pa。又造像量度經引所謂洛追建燦。⑲ 則Blo-gros rgyal-mtshan之音譯矣。

乃土波國人也。

土波者西藏之古譯。亦作土波特。漢時作羌。唐時作吐蕃。一說云。吐蕃禿髮之轉音。案此誤。禿髮氏鮮卑人。而非藏人。顧炎武日知錄卷二十九吐蕃回紇條云。大抵外國之音。皆無正字。唐之吐蕃。即今之土魯番是也。吐蕃之語。自唐以來。習慣於專指西藏而言。然後知土波或土波特之語。吐蕃之吐（或土）與藏文Bod（西藏之意）之結合耳。

生時。

八思巴之生年有諸說。元史所不及。云癸丑(1253)。十有五謁世祖者。當合於帝師涅槃所謂已亥歲（1239）四月十三日降生之條。行狀亦從之。云癸丑師年十五。但藏文史料紅冊青冊。則作乙未(śin-mo-lug即1235)⑳ 八思巴有二弟一妹。㉑ 且其父卒於已亥歲。㉒ 卒則八思巴並其弟妹何由生焉。是以可知藏文史料之說爲是。蒙古源流亦從之。㉓ 近人之惟據漢文史料爲說者。未免輕忽。今仍據藏蒙史料。

諸種瑞應。具詳家譜。

未詳如何瑞應。

初土波國。有國師禪怛囉乞答。

帝師涅槃作禪恒羅吉達。未詳其藏名。八思巴之先。始於gYa'-span skyes-gcig。㉔ 十七代之祖也。㉕ 行狀後云。凡十七代而至薩斯加哇。即師之伯父也。然則禪怛囉乞答(或禪恒羅吉達)。當爲gYa'-spaṅ skyes-gcig之父。今藏文史料中無可考。釋源宗主撰帝師殿碑。元史釋老傳所謂朶栗赤也者。即Rdo-rje rin-po-che。㉖ 爲自八思巴起十三代之先。此二書又云。族欵氏。疑爲'Khon之音譯。即'Khon-dpal-po-che是也。案紅冊及青冊。'Khon-dpal-po-che任西藏王Khri sroṅ lde-btsan之內大臣。㉗ 蓋漢人誤以'Khon爲族姓。惟從漢俗。族名應爲薩斯加Sa-skya。帝師涅槃云禪怛囉乞答爲土波國師者。亦無可考。玆所謂國師。猶言佛僧耳。

具大威神。異葉相傳。

威神之語。多見於佛經。謂西藏密教之rnam-par 'phrul-ba'i stobs神通力神變力言歟。此固薩斯加派累代相傳之事。亦見於青冊。㉘

其國王世師尊之。

自Sroṅ-btsan sgam-po（?-649）王以來。除Glaṅ Dharma（836-841在位）外。諸王皆奉佛教。八思巴之先。皆爲王師。第自北宋神宗熙寧壬子(1072)Dkon-mchog rgyal-po 創立薩斯加派之廟寺以來。其勢甚大。㉙

凡十七代。而至薩師加哇。即爲師之伯父也。

薩師加哇。一作薩斯加。自禪怛囉乞答起數之。凡十七代。見前校證。前條所述之Dkon-mchog rgyal-po有一子。Sa-chen Kun-dga' sñiṅ-po也。Sa-chen Kun-dga' sñiṅ-po有四子。末謂Dpal-chen 'od-po。㉚ Dpal-chen 'od-po有二子。長曰 Sa-skya paṇḍita Kun-dga' rgyal-mtshan dpal-bzaṅ-po。㉛ 乃薩斯加也。次曰 Zaṅs-tsha bsod-nams rgyal-mtshan。即帝師涅槃所謂唆南紺藏。八思巴之父也。㉜ 薩斯加又名綽理哲瓦。通載卷第二十

二則舉此名。蓋藏文Chos-rje-ba 之音譯。法王之意。蒙古喇嘛教史所謂Dharma-svāmin亦此梵文也。㉝　薩斯加之傳。亦詳見於紅冊青冊。生於南宋孝宗淳熙壬寅(1182)。㉞　自幼穎敏。師事印人Paṇ-chen Śākyaśrī-bhadra㉟　學五明。五明者。聲明因明內明醫明工明之謂也。㊱　故名班彌怛。此條頗可與元史釋老傳所記互參。八思巴自幼聰明。通曉五明。故名班彌怛。但余頗疑元史撰者。果知薩斯加否。以不見於正史故也。箋證混同二者。未加析辨。時蒙古廓丹大王Godan因龍祟病癩。㊲　其將名 Doorda Darqan 者。以王命往西藏。謂薩斯加曰。請以佛法。痊愈大王之病。不然吾將攻藏土耳。㊳　薩斯加嘗聞。其伯父名 Rje-btsun Grags-pa rgyal-mtshan言。有使自北來。爾應同往弘佛法。㊴　於是北行。其二姪從之。時元太宗甲辰(1244)歲也。薩斯加六十三歲。二姪即八思巴及其弟 Mña'-bdag phyag-na rdo-rje。弟名不見於漢蒙史料。㊵　歷時二載而至涼州。藏文史料不記涼州之名。蒙古喇嘛教史云 Lan ju。㊶　此涼州之訛音。通載卷第二十二云。初世祖居潛邸。聞西綽理哲瓦道德。願見之。遂往西涼。遣使請於廓丹大王。㊷　西涼即涼州也。時因廓丹得參謁定宗登極。㊸　薩斯加之初謁大王者。定宗丁未(1247)。㊹　源流云。造成獅吼觀音。收服龍王。仍與汗(大王之誤)灌頂。頃刻病愈。衆皆歡喜。即遵薩斯嘉班第達之言。而行所有邊界。蒙古地方㪷興禪教云云。㊺　一說有薩斯加創製蒙古國字之事。近年學者亦恒喜言之。㊻　回鶻文字之爲蒙古人所用者。始於太祖時也。㊼　然此所謂蒙古國字者。非回鶻字。後蒙人又用蒙古新字。則係八思巴所創製。由此可知。薩斯加創文字之說。爲無可憑。縱有其事。亦無可考。然近人奉此說者。仍數見不鮮。西人而據蒙古史料立論者是也。㊽　日人寺本婉雅。雖肯定八思巴創製文字之事。仍持薩斯加創製文字之說。㊾　案漢儒中。未有采此說者。疑正史中無薩斯加之名。蓋不知之。此說至法人伯希和P. Pelliot氏始爲論定。(50) 憲宗辛亥(1251)。薩斯加卒於涼州。年七十。(51) 一說卒於Sprul-pa'i-sde。意爲幻化之地。在涼州東。今無可考。(52) 又謂其舍利寺遺址仍在該地。(53) 亦有待於中國學者爲之考究也。

廼禮伯父爲師。秘密伽陀一二千言。過目成誦。

八思巴五歲而喪其父。故父事薩斯加。伽陀。梵文gāthā也。亦作偈陀。十二部經之其四。翻譯名義大集亦譯之。爲記句經諷頌孤起詩偈。(54) 有菩提道燈論一書。六十八頌。(55) 藏譯約成於第十一世紀。豈八思巴亦共伯父習此書耶。過目成誦之語。其庶幾乎。然則秘密伽陀。疑指此書而言。

七歲演法。辯博縱橫。猶不自足。復遍咨名宿。句玄索隱。盡（一作靈）通三藏。

元史釋老傳云。七歲誦經。數十萬言。能約通大義。國人號聖童。故名八思巴。帝師殿碑畧同。作八歲。帝師涅槃亦作七歲。乃知八思巴之名。約始於其七歲時。元史又云。稍長學富五明。故又稱班彌怛。已見前文。

癸丑。師年十五。

癸丑即憲宗三年（1253）也。八思巴之生年。應爲太宗乙未（1235）。癸丑當十九歲。八思巴於太宗甲辰（1244）。從伯父發自藏土。丙午（1246）至涼州。憲宗辛亥（1251）。其伯父歿後。八思巴仍留涼州。至此時尚在涼州也。其弟Phyag-na之事。無可考。

世祖皇帝。龍德淵潛。

世祖即忽必烈。書未登極。是年忽必烈。攻四川雲南。

師知眞命。有歸馳驛。徑詣王府。

通載卷第二十二云。初世祖居潛邸。聞西國有綽理哲瓦道德。願見之。遂往西涼。遣使請於廓丹大王。王謂使者曰。師已入滅。有姪發思巴。此云聖壽。年方十六。深通佛法。請以應命。此云年方十六者。不知歲在癸丑或甲寅。漢文史料皆以其生年爲太宗已亥。則此或甲寅歟。元史祇云。歲癸丑。年十有五。謁世祖於潛邸。青冊云。此癸丑年。㊻ 蒙古源流云。此甲子年。至元元年(1264)。此甚誤。㊼ 今從癸丑。由於廓丹之推挽。忽必烈遣百騎於八思巴。㊽ 謁見之歲。其翌年也。元史世祖本紀云。甲寅五月庚子。在六盤山。紅冊亦云。謁見之地。爲 Lu-pa'i śan 。是六盤山之音訛也。㊾ 因知忽必烈自遠征還。至固原六盤山。

世祖宮闈東宮。皆秉受戒法。特加尊禮。

兩方始見之事。漢藏史料未加詳說。獨蒙古源流云。瑪迪都斡咱。係乙未年降生。歲次辛未。年十三歲時。隨伊叔父而來。歲次甲子。年三十歲。呼必賚徹辰汗之福晉呼必勒罕秦貝郭斡哈屯。奏汗云。此瑪迪都斡咱。乃嗣續我喇嘛之人。可令其特受喜金剛之灌頂。汗雖然之。自嫌坐于此童子之下。令詢此童子若我坐於牀上。令其坐於下面。給與灌頂。則受之。不然如何可受灌頂。於是哈屯前往。降汗旨諭於瑪迪都斡咱。彼云。從前以灌頂治化入於金剛藏嗣。復得解脫二乘菩提道之大利益。喇嘛顯屬斡齊爾達喇佛。如何可坐於汗之下。由是枘鑿不入矣。秦貝哈屯心甚憂之。復向喇嘛云。傳經持受灌頂之時。喇嘛坐於牀上。令汗坐於下面。辨理政事之時。汗與喇嘛俱坐於牀上。似此如何。彼此俱以爲可。由是汗降旨云。自明日爲始云云。㊿

秦貝郭斡哈屯即 Qubilga Čambui Goa 也。金剛之灌頂。源流原本云。Kei vačir-u abisig。即梵文之 hevajrābhiṣeka。61 源流所云之事。未詳其可憑信否。然行狀中秉受戒法之語。頗合於源流。因暫從之。

戊午。師二十歲。釋道訂正化胡經。憲宗皇帝。詔師剖析是非。道不能答。自棄其學。上大悅。

戊午。憲宗八年（1258）。八思巴當爲二十四歲。至元辨僞錄云。丁巳年秋八月。……今上皇帝。承前聖旨事意。普召釋道兩宗。少林長老爲頭衆。和尚每張眞人爲頭衆。先生每就上都宮中大閣之下。座前對論內衆。即有那麽國師。拔合斯八國師。西蕃國師。河西國僧。外五路僧。……拔合思八國師問曰。老子留下根本經。教名爲什麽。答曰。有道德經。是正根本。再問。除此經外。更有什麽根本經教。再答。唯此道德爲根本經。再問。此道德經中。還有化胡事麽。答。無有此事。問。此中無有何處說耶。答曰。漢兒地而史記文字說化胡事。問。爾上說言。他國史記與此漢地史記一般中用。俺西天有頻婆娑羅王。史記言語還憑麽。答曰。都是史記敢不憑信。又問。既然憑信彼史記道。天上天下無如佛。十方世界亦無比。此是西天史記恁般說來。既天上天下無如佛。何處更顯老君化胡成佛來。明知爾每之言。並是虛謟之說。道士無答。國師又曰。彼史記又言。天下有頭髮底俗人。禮拜一箇小小沙彌。這般言語彼史記道來。不曾見說老君度人。汝曾聞麽。道士答曰。不曾聞得。上怒曰。偏此史記汝不聞得。漢地史記爾偏聞得。……論畢。……並令分付釋家。洎燕京奉福寺長春宮所占虛皇大閣。却分付與金燈長老。上件八十一化等僞經及有雕底板木。並令燒却。並天下碑刻之文塑書之像。道家無底盡與劃除。62 辨僞錄又有錄王磐等奉勅撰聖旨焚毀諸路僞道藏經之碑云。戊午年僧道持論。及至元十八年十月二十日。焚毀道藏僞經始末。可書其事于後。此碑又錄所上引之八思巴與道家之語。戊午聖旨又錄於辨僞錄。(63) 近人馮承鈞先生亦錄之。(64) 道佛之爭。紀錄不違枚舉。今從畧。

庚申。師年二十二歲。世祖皇帝登極。建元中統。尊爲國師。授以玉印。任中原法主。統天下教門。

庚辰（1260）。八思巴二十六歲。元史世祖本紀云。中統元年。……十二月。……以梵僧八合思八爲帝師。授以玉印。統釋教。帝師國師之誤。元史釋老傳云。中統元年。世祖即位。尊爲國師。授以玉印。然元史不識中原法主之事。青冊亦誤爲帝師。(65) 年代記亦從之。(66) 紅冊雖分記國師帝師。未詳其年。紅冊以國師爲 ku-śrī。以帝師爲 ti-śrī。俱爲訛音。śrī 藏文中亦有吉祥之意。蓋藏文取漢音而叶妙意耳。紅冊所謂 rgyal-khams-kyi bdag-po者。佛國之主也。亦合於中原法主。(67) 蒙古源流云。贈以土伯特語謂之喀木蘇木垂濟嘉勒布喇嘛帕克巴。漢語謂之三省大王國師。蒙古語謂之古爾班噶扎特達奇諾們哈罕烏勒木齊喇嘛。滿洲語謂之伊蘭巴伊諾們汗綽勒郭羅科喇嘛。藏文則爲khams-gsum chos-rje rgyal-po bla-ma 'phags-pa。三界法王喇嘛之意。蒙文則爲gurban gajar daki nom-u qaɣang ulemji blama。滿文則爲ilan bai nomun han colgoroko lama。(68) 皆畧有中原法主之意。釋鑑稽古畧續集云。甲子至元元年。大宋景定五年(1264)。改元大赦。說會（度僧授戒）度僧。詔請國師扮彌達發思。登座授秘察戒。(69) 發思是八思巴之誤。此事雖他處未見旁證。當仍非虛。辭帝西歸。未期月召還。

青冊云。śiṅ-mo-glaṅ（1265）之年。八思巴西歸。又云。sa-mo-sbrul（1268）之年。由詔還京。(70) 年代記亦畧同。(71) 帝師涅槃云。四年辭帝西歸。不合於青冊。今從青冊。

庚午。師年三十一歲。時至元七年。詔制大元國字。師獨運摹畫作成。稱旨即頒行朝省郡縣遵用。迄爲一代典章。

庚午（1270）。八思巴三十六歲。元史釋老傳云。中統元年。世祖即位。尊爲國師。授以玉印。命製蒙古新字。字成上之。乃未必晰其年。然元史世祖本紀云。至元六年。……二月……己丑。詔以新製蒙古字頒行天下。通載卷第二十一。釋鑑稽古畧續集並同。然則行狀云至元七年者誤。帝師涅槃亦從之而誤。近人蔡美彪先生以八思巴字之採用。先於其頒行。並以盩厔重陽宮萬壽宮聖旨碑爲證。乃此碑有龍兒年十一月初五日之銘。龍兒年當戊辰至元五年(1268)。[72] 然此殊難爲的證。蓋偶有發詔之後。而追刻者故也。縱此聖旨頒行於戊辰。胡必與刻文之時同乎。此說似不可采。蒙藏史料未嘗言八思巴創製文字之事。祇年代記畧述之。[73] 行狀云師獨運摹畫作成者。似嫌誇張。此字本藏文耳。惟齒擦音三母不類藏文。所以避藏文中與顎音三母相類之弊也。[74] 元史釋老傳云。其字僅千餘。其母凡四十有一。其相關紐而成字者。則有韻關之法。其以二合三合四合而成字者。則有語韻之法。而大要以諧聲爲宗也。云其字僅千餘者。疑指字母結合之數而言。或亦指字母之能表音數而言。蒙古字韻中。音節之數不足千。此蓋爲概數耳。[75] 字母四十有一。此與法書考及書史會要同。但四庫全書本法書考及書史會要皆誤云四十三。獨四部叢刊續編鈔本法書考不誤。今漢文書中所存字母。未必合於八思巴創製之四十一母。漢字母內去三字。而增入四字故也。蒙文史料亦畧有出入。[76] 藏文中用此字者。多見於近世印篆。而不見於碑文。[77] 用此字屬梵文者。今僅存一碑。敦煌莫高窟碑是也。[78] 元史所謂韻關語韻之法也者。其意未能究晰。疑是謂以聲紐成一音言。法書考云。成一母獨成一字。或二三母湊成一字。是也。頒行此字之詔。見於元史釋老傳及元典章。曰。朕惟。字以書言。言以紀事。此古今之通制。

我國家肇基朔方。俗尚簡古。未遑制作凡施用文字。因用漢楷及畏吾字。以達本朝之言。考諸遼金以及遐方諸國。例各有字。今文治寖興。而字書有闕。於一代制度。實爲未備。故特命國師八思巴。創爲蒙古新字。譯寫一切文字。期於順言達事而已。自今以往。凡有璽書頒降者。並用蒙古新字。仍各以其國字副之。此詔中之畏吾字。四部備要本元史作輝和爾字。此藏文 hor-yig 之音譯。謂蒙人所用文字之意也。故未必指畏吾字。近時藏人猶復謂八思巴字可證也。元史世祖本紀又云。至元六年七月己巳。立諸路蒙古字學。又云。至元七年夏四月壬午。設諸路蒙古字學教授。又云。至元七年冬十月癸酉。敕宗廟祭祀祝文書以國字。則知至元六年二月此字詔頒行之後。徑至七月而立蒙古字學。元典章卷第三十一及釋鑑稽古畧續集亦有錄蒙古字學之事。元史世祖本紀又云。至元十二年三月庚子。從王磐竇默等請。分置翰林院。專掌蒙古文字。王磐必詳悉其經緯。然則行狀誤云至元七年者。其故莫能詳究。

升號帝師大寶法王。

元史世祖本紀中統元年之條。國師誤作帝師。同釋老傳。雖於國師之事不誤。仍未及升任帝師之事。元史編定之匆遽潦草。於茲可見。元代帝師之位。蓋始於斯。日人稻葉正就著有元代帝師之研究。有可參考者。[79] 然大寶法王之位。與中原法主之關係未詳。紅册只云。 rgyal-khams-kyi bdag-po。是佛國之主。應爲中原法主。蒙古源流所謂khams-gsum chos-rje rgyal-po bla-ma也者。意謂三界法王喇嘛。然亦頗合於中原法主。案國師者。猶釋僧之尊稱耳。元代多用之。[80] 如湛然居士西遊錄云。高僧奇士。比比而出焉。爲國師者。不可勝數者。[81] 其一例也。反之帝師之稱。則爲特設之位。漢書朱雲傳云。成帝時。故安昌侯張禹。以帝師位特進。甚尊重。案元朝蹈襲之。元史釋老傳云。亦憐眞嗣帝師凡六歲云云者。可證其爲特進之位矣。然疑中原法主亦準國師。而爲尊稱。大寶法王亦爲尊稱。特加於帝師位。

更賜王印。統領諸國釋教。

帝師涅槃。元史釋老傳。俱作玉印。疑此玉印之誤。但亦可釋爲大寶法王之印。今未詳。

旋又西歸。

其時無可考。

甲戌。師年三十六歲。時至元十一年。皇上專使召之。歲杪抵京。

甲戌。至元十一年（1274）。八思巴四十歲。元史釋老傳云。十一年。請告西還。留之不可。乃以其弟亦憐眞嗣焉。此疑至元十三年之誤。詳見後述。亦憐眞Slob-dpon Rin-chen rgyal-mtshan。

王公宰輔士庶。離城一舍。結大香壇。設大淨供。香華幢蓋。大樂仙音。羅拜迎之。所經衢陌。皆結五綵。翼其兩傍。萬衆瞻禮。若一佛出世。時則天兵飛渡長江。竟成一統。雖主聖臣賢所致。亦師陰相之力也。

此法會之事。事不可考。但蒙古源流云。將秦貝哈屯之父。默爾格特之蘇爾噶圖瑪爾噶察。所獻圓大如駝矢無瑕無孔之珠。設於百兩金壇城之上。呈獻復於千兩銀壇城之上。設金製須彌山。四大部州。日月七珍八寶。又將金銀琉璃等寶。以及綾緞錦繡財物。並象馬駝隻等牲畜。呈獻無算。弁塞勒木濟城之人衆。一同獻納。由是昏昧之蒙古地方。佛教照然如日矣。自額納特珂克地方。將佛並佛之舍利。四天王所獻之鉢盂。旃壇木製造之照佛。請至遵照經文施行。十善福事。以治天下。安享太平云云。(82) 秦貞哈屯。世祖皇后Čambui 也。

其父默爾格特之蘇爾噶圖瑪爾噶察者。Merkid-un Surgata Marāza也。塞勒木濟城者。Silimji也。無可考其何處在。額納特珂克者。Enedkeg也。即蒙文印度之意。不知指何時而言。然亦與行狀所云相合。可知八思巴升帝師之後。曾有祀佛儀式。

爲眞金皇太子。說器世界等彰所知論。

眞金皇太子。蒙古源流所謂精吉木 Činggim Tayiǰi。即世祖皇子也。源流云。先庚辰年（1280）。徹辰汗年六十六歲。時帕克巴喇嘛。年四十六歲。將回家。汗降旨云。我四子內。誰往送此寶貝喇嘛至家。日後令即汗位。二兄俱不願往。惟第三子精吉木台吉云。我願報父恩前往。遂送帕克巴喇嘛。行至蒙古地方。而沒。(83) 謂庚辰者。丙子（1276）之誤。案八思巴亦爲精吉木之師。彰所知論。分爲五章。第一章曰。器世間品。行狀云器世界品者誤。第二章曰。情世界品。第三章曰。道法品。第四章曰 。果法品。第五章曰。無爲法品。傳云。此書成於壬申(1272)其藏文原書已佚。惟由沙羅巴漢譯本。收於大正大藏經中。(84) 大藏經亦收另二書。根本說一切有部出家授近圓羯磨儀範一卷。根本說一切有部苾芻習學畧法一卷。俱爲八思巴所撰。(85) 日本東洋文庫。嘗議刊八思巴藏文著作。惜尙未梓行。(86) 蒙古源流卷第一。歸蒙古王統之源爲釋迦。其因實在彰所知論第二章所叙之說。(87)

尋又力辭西歸。皇上堅留之不可。

青冊云。此丙子(1276)年。(88) 至元十三年也。案是八思巴歸西之歲。故元史釋老傳所云至元十一年者誤。

青冊又云。丁丑(1277)。八思巴主宰法會於Chu-mig。(89) 蒙古源流所謂精吉木送八思巴之事。不見於漢藏史料。

庚辰。師年四十二歲。時至元十七年十一月二十二日示寂。

庚辰。至元十七年（1280）。八思巴四十六歲。帝師湼槃亦同。紅冊青冊。雖不記其月日。歲則不異。(90) 僅元史釋老傳。誤爲至元十六年。近世史家採元史者衆矣。不可不董正之。其入滅之地。案年代記。在Lha-khan bla-brain。(91) 上聞不勝震悼。追懷舊德。連建大宰堵波于京師。寶藏眞身舍利。

元史釋老傳云。訃聞賻贈。有加賜號。皇天之下。一人之上云云。然通載卷第二十二云。辛酉（1321）。英宗格堅皇帝。改年至治。詔各路立帝師殿。追謚曰。皇天之下。一人之上云云。疑是英宗追贈之稱。元史又云。至治間。特詔郡縣。建廟通祀。泰定元年。又繪像十一。頒各行省。爲塑像。(92) 通載又云。是年（至治元年）。勅建帝師殿碑。光祿大夫大司徒大永福寺住持釋源宗主法洪奉勅撰。翰林學士趙孟頫書。參議中書省事元明善篆額。帝師殿今在何處。殊無可考。傳曰。在西藏Gźi-thog Bla-bria之地。有八思巴征服三界Khams-gsum-zil-gnon 之榻。(93)

輪奐金碧無儔。

輪奐者謂高大衆多也。禮記檀弓云。晉獻文子成室。晉大夫發焉。張老曰。美哉輪焉。美哉奐焉。鄭註云。心譏其奢也。輪輪囷。言高大。奐言衆多。金碧者謂陳設華麗言。黃滔詩曰。金碧何巍煌。無儔者無比也。

此皆指八思巴威德而言。帝師湼槃作輪奐金碧古今無儔。

附註

（一）見大正大藏經（以下畧作大正）卷第四十九。No. 2036, p. 707 中——下段。

（二）仝右，pp. 732 下——733 中。

（三）見大正卷第四十八。No. 2025, p. 1117 上——中。

（四）原題爲 ***Hu-lan deb-ther*** 或 ***Deb-ther dmar-po***。Kun-dga' rdo-rje 所撰於公元1346年。

（五）原題爲 ***Bod-kyi yul-du chos daṅ chos-smra-ba ji-ltar byuṅ-ba'i rim-pa deb-ther sṅon-po*** 或 ***Deb-ther sṅon-po***。'Gos-lo-tsa Gźon-nu-dpal 撰於1476—8年。今用其英譯。卽 G. N. de Roerich, ***The Blue Annals***, Part I (=***Monograph Series of the Royal Asiatic Society of Bengal***, vol. VII) (Calcutta: The Society, 1949), pp. 210-212。

（六）景印爲 ***The Red Annals***, Part I (Gangtok: Nangyal Institute of Tibetology, 1961), fols. 21a-22a。英譯爲 S. Inaba, "The Lineage of the Sa skya pa. A Chapter of the Red Annals", ***Memoirs of the Research Department of the Tōyō Bunko***, No. 22 (Tokyo: The Tōyō Bunko, 1963), pp. 107-123。日譯爲由稻葉正就・佐藤長「フウラン・テプテル——チベット年代記」（京都：法藏館，1964），pp. 117—119。

（七）原題爲 ***Qad-u ündüsün-ü Erdeni-yin Tobči.*** Saγan Sečen Qong Tayiji 1662年所撰。漢譯爲紀昀・沈曾植・張爾田「蒙古源流箋證」（臺北：文海出版社，1965。由孱守齋校訂本景印），pp. 172—181。德譯爲 **I. J**

Schmidt, ***Geschichte der Ost-Mongolen und ihres Fürstenhauses*** (St. Petersburg: N. Gretsch/Leipzig: C. Cnobloch, 1829), pp. 110-119. 此併載蒙文原本。今稱之爲 Schmidt 本。日譯有江實「蒙古源流譯註」（東京：弘文堂，1940），pp. 70——75。英譯爲 J. R. Krueger, ***History of the Eastern Mongols to 1662*** (=***The Mongolia Society Occasional Papers***, No. 2), Part 1 (Bloomington: The Mongolia Society, 1967, 2nd ed.), pp. 73-77。

（八） ***A Phonological Study in the 'Phags-pa Script and the Meng-ku Tzu-yün*** (=***Oriental Monography Series***, No. 7) (Canberra: Australian National University Press, 1968)。

（九） 見大正卷第四十九。p. 732下。

（一〇） 原題爲 ***Gaṅs-can-yul-gyi sa-la spyod-pa'i mtho-ris-kyi rgyal-blon gtso-bor-byas-pa'i deb-ther, Rdzogs-ldan gżon-nu'i dga'-ston***。第五世達賴喇嘛 Ṅag-dbaṅ blo-bzaṅ rgya-mtsho 1643年撰。英譯者爲 G. Tucci 收於 ***Tibetan Painted Scrolls***, II (Roma: La Libreria dello Stato, 1949), pp. 625-651。乃謂其謚曰。"Divine son (Devaputra) of India below the sky and upon the earth, inventor of the alphabet, incarnated Buddha, maintainer of the kingdom's prosperity, source of rhetoric, Paṇḍita aP'ags-pa ['Phags-pa], master of the Emperor (Ti śri)." (***ibid.***, p. 627a)。

（一一） 見 G. Pauthier, "De l'alphabet de Pa'-sse-pa, et de la tentative faite par Khoubilai-khan au XIIIe siècle de notre ère pour transcrire la langue figurative des chinois au moyen d'une écriture alphabétique", ***Journal Asiatique***, V, 19 (1862), p. 10, n. 2。

（一二） 見箋證本，p. 172。

（一三） 見 Schmidt 本，p. 110, line 17。

（一四） 見箋證本，p. 172。又見大正卷第四十八。p. 1117 上——中。

（一五） 見大正卷四十九，No. 2038, p. 906 中——下。

（一六） 見紅冊景印本（以下畧作紅冊），fol. 22a. line 3。

（一七） 見 P. Ratchnevsky, "Die mongolischen Grosskhane und die buddhistische Kirche", ***Asiatica, Festschrift Friedrich Weller zum 65. Geburtstag*** (Leipzig: O. Harrassowitz, 1954), p. 492, n. 29。

（一八） 見箋證本，p. 176。

（十九） 見大正卷第二十一 No. 1419. p. 939 上。

（二〇） 見紅冊，fol. 22, line 3. śin-mo-lug 者木及雌羊之意。即乙未也。又見青冊英譯本(以下畧作青冊)，p. 211. 關於藏蒙曆法。見下書。 P. Poucha, "Mongolische Miszellen, VII: Innerasiatische Chronologie", ***Central Asiatic Journal***, VII (1962), table facing p. 196; C. Vogel, "On Tibetan Chronology", ***ibid.***, IX (1964), pp. 224-238。

（二一） 八思巴之父有二妻。一曰 Ma-gcig Kun-dga' skyid。有二子。則八思巴與 Mña'-bdag phyag-na rdo-rje。一曰 Jo-'grom。有一子 Slob-dpon Rin-chen rgyal-mtshan 與一女 'Do-le. 見 ***Tibetan Painted Scrolls***,

II, pp. 626a, 627a。又見青冊，P. 212。

（一二二）見紅冊 fol. 22a, line 2 有云 sa-mo-phag。是土及雌豕。卽己亥（1239）也。又見青冊，p. 211。

（一二三）見箋證本，p. 176. 但G. Schulemann, *Geschichte der Dalai-Lamas* (Leipzig: O. Harrassowitz, 1958), pp. 92-93 雖從源流。誤以八思巴之生年爲1234年。

（一二四）見紅冊， fol. 21a, lines 7-8. 又見青冊，p. 210。

（一二五）仝右， fol. 21a-b. 又見青冊， pp. 210-211。

（一二六）仝右， fol. 21b, line 1. 又見青冊， p. 210。

（一二七）仝右， fol. 21a, line 9. 藏文 naṅ-blon 內務大臣之意。青冊， p. 210 譯之爲 Confidential Minister. 元史四部備要本誤以族欵氏作足克衮氏。蓋以漢語族爲藏文。

（一二八）見青冊， p. 210 有云。"They all were familiar with the 'Old' Tantra texts"。

（一二九）見紅冊，fol. 21b, line 3. 青冊，p. 211作 chu-mo-glaṅ （卽1073）。

（一三〇）見紅冊， fol. 21b, line 6. 又見青冊，p. 211。

（一三一）仝右， fol. 21b, line 6. 青冊，p. 211 作 Sa-skya paṇ-chen (Kun-dga' rgyal-mtshan)。

（一三二）見青冊，p. 211. 紅冊， fol. 22a, line 2 作 Zaṅs-tsha bsod-rgyal。

（一三三）蒙古喇嘛教史原題爲 ***Hor-chos-byuṅ.*** 'Jigs-med rig-pa'i rdo-rje 所撰也。其撰者誤傳於世爲 'Jigs-med nam-mkha'. 至 Roerich 糾正之始知其爲 'Jigs-med rig-pa'i rdo-rje [見 Roerich, "The author of the

Hor-chos-hbyuṅ", *Journal of the Royal Asiatic Society*, 1946, pp. 192-196]。德譯爲 G. Huth, *Geschichte des Buddhismus in der Mongolei. Mit einer Einleitung: Politische Geschichte der Mongolen*, II (Strassburg: K. J. Trübner, 1896)。見 *ibid.*, p. 141。

（三四）見紅冊，fol. 21b, line 4 有云 chu-pho-stag。即水及雄虎。壬寅年也。又見青冊，p. 211。源流亦同。見箋證本，p. 173。

（三五）紅冊，fol. 21b，line 7 作 Paṇ-chen śākyaśrī.

（三六）見翻譯名義大集 (*Mahāvyutpatti*), Nos. 1554-1559。

（三七）見箋證本，p. 172。源流不記癩病之事。日人岡田英弘云。此病應爲癩。詳見岡田「蒙古史料に見える初期の蒙藏關係」，「東方學」，No. 23 (1962), p. 101上。源流漢譯本誤譯廓丹之條。作歲次甲午年二十九歲即汗位。箋證 (p. 172) 云。庫騰即史潤端太子也。未嘗即帝位。此之無稽可笑。然此非原本之誤。而漢譯之誤耳。Schmidt 德譯云。"……Namens Godan, geboren in Bing-Panther-Jahre (1206), regierte vom Ga-Pferde-Jahre (1234) an, da er neun und zwanzig Jahr alt war, als Fürst." (p. 111)。

（三八）此將藏名爲 Rdo-rta-nag. 詳見 *Tibetan Painted Scrolls*, I, p. 9a-b。

（三九）見紅冊，fol. 21b, lines 8-9. 箋證本，p. 173. Rasipungsuɣ所撰 *Bolor Erike* 亦叙此條。見 *Scripta Mongolica*, III (Cambridge: Harvard University Press, 1959), Part I, pp. 171-172; Part IV, pp. 121-122. 又見岡田前引論文，pp. 99-104。

（四〇）見紅冊，fol. 21b, line 9。惟紅冊云。khu-dbon gsum 卽叔姪三人。但青冊，p. 212 叙二姪之名。

（四一）見 Huth 德譯本，p. 133。又見 Roerich, "Mun-mkhyen Čhos-kyi *hod*-zer and the origin of the Mongol alphabet", ***Journal of the Asiatic Society of Bengal***, XI, 1 (1945), p. 53。P. Pelliot 誤爲蘭州。見 "Les systèmes d'écriture en usage chez les anciens mongols", ***Asia Major***, II, 2 (1925), p. 285。

（四二）見大正卷第四十九。p. 725 下。

（四三）元史定宗本紀云。元年秋七月卽位。定宗元年。卽丙午（1246）也。紅冊，fol. 22a, line 1 亦叙 Go-yug (Güyüg. 卽定宗)登極之事。

（四四）見紅冊，fol. 22a, line 1 云 lug-lo. 此羊之年。卽丁未也。源流亦從之。青冊無叙之。

（四五）見箋證本，pp. 173-174. Schmidt 本，p. 113。Schmidt 本蒙文以獅吼觀音作 Arslan Daquda Qomsim Bodhisatu. 卽梵文之 Avalokiteśvara Bodhisattva Simhanādin 也。Schmidt 轉寫之作 Chongschim Bodhisatwa者。未能盡其意。

（四六）見 ***Jirüken-ü Tolta***（心脂）。此原本雖罕見[見 B. Laufer, "Skizze der mongolischen Literatur", ***Keleti Szemle***, VIII (1907), p. 214]。Schmidt 本，pp. 394-396 及岡田前引論文，pp. 105-107 俱有其摘錄。***Bolor Erike***（見註三九)亦從之。***Hor-chos-byun*** (Huth, pp. 133-134) 亦同之。

（四七）太祖之時。乃蠻宰相塔塔統阿。教皇子回鶻文字。詳見元史塔塔統阿傳。蒙文文書中。用此字者。最早爲成吉思汗碑文。Schmidt 以刻此文之時爲1219年與1220年之交。見 "Bericht über eine Inschrift aus der ältesten Zeit der Mongolen-Herrschaft", ***Mémoires de l'Académie des Sciences de St.-Pétersbourg***, sér. VI, vol. II (1884)pp. 243-256。反之。D. Banzarov 以爲1224年與1230年之間。見 "Ob'jasnenie mongol'-skoj nadpisi na namjatnike kniazja Isunke plemjannika Čingis'-Xana", ***Sbornik' Černaja V'ra*** (St. Petersburg, 1891), pp. 88-105。蒙文元朝秘史亦成於1228年。見 I. de Rachewiltz, "Some remarks on the dating of the Secret History of the Mongols", ***Monumenta Serica***, XXIV (1965), pp. 185-206。

（四八）例見下書。J. Klaproth, "De l'écriture ouïgoure", ***Archives Paléographiques***, I (1872), p. 87; T. de Lacouperie, ***Beginnings of Writing in Central and Eastern Asia, or Notes on 450 Embryo-Writings and Scripts*** (London, 1894, reprinted Osnabrück: O. Zeller, 1965), pp. 88-90; C.F. Koeppen, ***Die lamaische Hierarchie und Kirche*** (=***Die Religion des Buddha und ihre Entstehung***, Band II) (Berlin: H. Barsdorf, 1906, 2nd ed.), pp. 96-100; F.E.A. Krause, ***Ju-Tao-Fo: Die religiösen und philosophischen Systeme Ostasiens*** (München: E. Reinhardt, 1924), pp. 484, 585; 前引 Schulemann 書，p. 90。

（四九）見「怕克巴喇嘛の新蒙古文字」，「佛教史學」，I, 11 (1912), pp. 917-934; II, 2 (1912), pp. 108-127. 又見同，「西藏語文法」（京都：內外出版，1923), pp. 6-7。

（五〇）見 Pelliot 對前引 Krause 書之書評。***T'oung Pao***, XXIII (1924), pp. 54-62. 又見前引 Pelliot 論文（見註四一）。又見石田幹之助，「蒙古文字の起原と沿革」，「東亞」，III, 12 (1930), pp. 84-92。

（五一）見紅冊，fol. 22a, line 2´有云 lcag-mo-phag。鐵及雌豕年。卽辛亥歲。又見青冊，p. 211。源流同之。

（五二）見年代記英譯 (***Tibetan Painted Scrolls,*** II, p. 626a)。

（五三）見前引 Roerich 論文(見註四一)，p. 54. 又見青冊，p. 501 有云。此地爲涼州四大寺所在地之一。

（五四）見翻譯名義大集，No. 1270。

（五五）梵文原題爲 ***Bodhipathapradīpa.*** 藏譯名爲 ***Byaṅ-chub lam-gyi sgron-ma.*** Dīpaṃkaraśrījñāna（藏名 Mar-me mdzad ye-śes)於1042年在藏土所撰。

（五六）見青冊，p. 212。

（五七）見 Schmidt, p. 115 及 Krueger, p. 75. 但源流漢譯（箋證本，p. 176）誤作戊子。此訛誤愈甚矣。

（五八）見紅冊，fol. 22a, lines 4-5。

（五九）仝右，fol. 22a, line 4。但紅冊誤以八思巴爲薩斯加。[藏文史料。音譯中古漢語入聲韻尾 -k 作 -g。然時已無此 -g者。蓋受漢語中音韻變化。其例亦見於 B. Csongor, "Some Chinese texts in Tibetan script from Tun-huang", ***Acta Orientalia Hungarica, X*** (1960), table Nos. 712, 728, 742, 761, 794.]

（六〇）見箋證本，pp. 176-177。

（六一）見 Schmidt, p. 114, line 7. 又見 F. D. Lessing and others, ***Mongolian-English Dictionary*** (Berkeley and Los Angeles: University of California Press, 1960), p. 1174a。

（六二）見大正卷第五十二，No. 2116. pp. 770-772。

（六三）仝右，p. 776 上——中。

（六四）見「元代白話碑考」（＝史地叢書）（上海：商務印書館，1933），p. 15 以下。又見蔡美彪，「元代白話碑集錄」（北京：科學出版社，1955），p. 99 以下。

（六五）見青冊，p. 212 有云。"…when Se-čhen had ascended the imperial throne, he became Imperial Preceptor."。

（六六）見 ***Tibetan Painted Scrolls***, II, p. 626b 有云 "…aP'ags-pa ['Phags-pa] rin-po-che, at the age of nineteen [*read* twenty-six], was made Ti-śri of the King, who gave him a jade seal investing him with the dignity of ***gūn dìn gu śrì***…" Tucci 註之云。***gūn dìn gu śrì*** 乃爲灌頂國師（"the master of kingdom who has received the initiatic baptism"）(仝上，p. 680)。

（六七）見紅冊，fol. 22a, line 5。

（六八）見箋證本，p. 179 及 Schmidt, p. 116, lines 17-18. 但 Schmidt 本無滿文音譯。Haenisch 之 Ulga 本亦同。案漢譯者或參閱滿文譯本。今不詳。但日譯本以滿文部分音譯作 ilan bai nomun ban colgoroko lama. 見日譯本，註 p. 19, n. 23. 今暫從之。

（六九）見大正卷第四十九。No. 2038, pp. 903下—904上。

（七〇）見青冊，p. 212。

（七一）見 ***Tibetan Painted Scrolls***, II, p. 626b 有云 "Then, going to Mdo-khams to the abbot Grags-pa señ-ge, he received the rules concerning the seven abandons, with the supplementary prescriptions."。

（七二）見前引蔡美彪書，p. 24, n. 1。

（七三）見英譯承前(見註七一)云。"Next he returned to the imperial palace and as he had submitted a specimen of an alphabet representing a new method of learning the Mongol writing."。

（七四）八思巴顎音三母 ***ca, cha, ja*** 各爲ꡆ,ꡇ,ꡈ。而本藏文ཅ,ཆ,ཇ。然八思巴字齒擦音 ***tsa, tsha, dza*** 各爲ꡒ,ꡓ,ꡔ。而不本藏文ཙ,ཚ,ཛ。此藏文六母。各二母頗相類。故八思巴欲避其弊。而以梵文天城體。近年藏文印篆之見於世者甚多。藏文印篆之文字與八思巴字頗相類。獨八思巴字之齒擦音者爲罕見。以此三字母在蒙文史料中惟用於外國借音故。藏文之參照蒙文八思巴字者。不得不以藏文ཙ,ཚ,ཛ創其篆字母矣。詳見拙稿（見註八），Chapter II-G.又見另拙稿，「***Rgya-dkar-nag rgya-ser ka-smi-ra bal bod hor-gyi yi-ge dañ dpe-ris rnam-grañs mañ-ba*** について——'Phags-pa 字とその周邊」，「東方學」，No. 36 (1968), pp. 1（149）–16（134）. 又見羅常培，「梵文顎音五母之藏漢對音研究」，「中央研究院史語所集刊」，III, 2 (1931), pp. 263-276.

（七五）「大英博物館藏舊鈔本蒙古字韻」（大阪：關西大學東西學術研究所景印，1956）有818音。羅常培・蔡美彪合編，「八思巴字與元代漢語（資料彙編）」（北京：科學出版社，1959）所收「寫本蒙古字韻」闕第386—405音。然此數本不同於元刋本。現行乾隆鈔本已闕廉韻後半三十五音。近人鄭再發先生。據古今韻會。補足此闕。而加此三十五音。詳見「蒙古字韻跟八思巴字有關的韻書」（＝國立臺灣大學文史叢刋之十五）（臺北：國立臺灣大學，1965）

，pp. 102-103. 又見英文拙稿，Chapter IV, §6. The Text of the *Meng-ku Tzu-yün*。

（七六） 詳見 N. Poppe, ***The Mongolian Monuments in hP'ags-pa Script*** (=***Göttinger Asiatische Forschungen***, Band 8) (Wiesbaden: O. Harrassowitz, 1957), pp. 19-26。

（七七） 詳見 S. C. Das, "The sacred and ornamental characters of Tibet", ***Journal of the Asiatic Society of Bengal***, LVII (1888), pp. 41-48+9 plates; A.H. Francke, "Note on the Dalai Lama's seal and Tibeto-Mongolian characters", ***Journal of the Royal Asiatic Society***, 1910, pp. 1205-1214; E.H.C. Walsh, "Examples of Tibetan seals", ***ibid.*** 1915, pp 1-15, 465-470。

（七八） 見謝稚柳，「敦煌藝術叙錄」（上海：上海出版公司，1955），圖版1。潘絜茲，「敦煌莫高窟藝術」（上海：上海人民出版社，1957），p. 24。

（七九） 見野上俊靜，稻葉正就，「元の帝師に就いて」，「石濱先生古稀記念東洋學論叢」（大阪：關西大學，1958），pp. 433-448。稻葉正就，「元の帝師に就いて——オラーン史を資料として」，「印度學佛教學研究」，VIII, 1 (1960), pp. 26-32; 同，「元の帝師に關する研究——系統と年次を中心として」，「大谷大學研究年報」，XVII (1964), pp. 80-156。

（八〇） 見 P. Pelliot, "Les 國師 kouo-che ou «maîtres du royaume» dans le bouddhisme chinois", ***T'oung Pao***, XII (1911), pp. 671-676。

（八一） 見羅振玉排印本西遊錄，p. 7a, lines 8-9。

（八二）見箋證本，pp. 179-180。

（八三）仝右，pp. 180-181。

（八四）見大正卷第三十二。No. 1645. 釋鑑稽古略續集，p. 906 中——下亦引行狀而敷衍其義。

（八五）見大正卷第四十五。Nos. 1904, 1905. 釋鑑稽古略續集，p. 904 中——下云。庚午至元七年。……帝師苾芻發思巴。說根本有部出家。羯磨儀軌。

（八六）***The Complete Works of Chos rgyal 'Phags-pa*** (=***The Complete Works of the Great Masters of the Sa Skya Sect of the Tibetan Buddhism***, vols. 6, 7) (Tokyo: The Tōyō Bunko, 1969?)。

（八七）詳見陳寅恪，「彰所知論與蒙古源流」，「中央研究院史語所集刊」，II, 3 (1931), pp. 302-309。

（八八）見青冊，p. 212。

（八九）仝右。又見年代記 (*Tibetan Painted Scrolls*, II, p. 627a) 云。"He then went back to his abode in the glorious Sa-skya and gave an extraordinary feast, in which he rendered perfect service to about 100,000 men and which was known as the preaching of the Law of Chu-mig."。

（九〇）見紅冊，fol 22a, line 6. 又見青冊，p. 212。

（九一）見 *Tibetan Painted Scrolls*, II, p. 627a 有云。"The preceding year the lama 'Phags-pa had died in the Lha-khan bla-bran; some say that one of his assistants, fearing that the lama would find out that he had called the Hor army, secretly killed him."。

(九二) 八思巴之像。傳於世者甚希。見 A. Grünwedel, ***Mythologie du bouddhisme au Tibet et en Mongolie*** (Leipzig: F. A. Brockhaus, 1900), Fig. 41 有載八思巴像。近人安守仁先生。嘗撰文介紹八思巴朝見世祖圖二幅。但俱爲近代藏人所作。而非元人之作也。見,「八思巴朝見忽必烈壁畫」,「文物」, No. 107 (1959), pp. 12-13。

(九三) 見 A. Ferrari, ***Mk'yen brtse's Guide to the Holy Places of Central Tibet*** (=*Serie Orientale Roma*, XVI) (Roma: Istituto Italiano per il Medio ed Estremo Oriente, 1958), p. 64。

論佛祖統紀對紀傳體裁的運用

曹仕邦

小引

佛祖統紀（以下簡稱統紀）五十四卷，是天台宗僧人志磐於南宋度宗咸淳五年（一二六九）以中國傳統編纂「正史」所用的「紀傳體」寫成的一部佛教史；有本紀、世家、列傳、表、志（見本文附錄）等。著書動機，是緣於天台宗和禪宗自北宋以來長期爭認本宗是佛教的正統，本書將佛祖釋迦牟尼跟天台宗四十一位祖師的事迹均立為「本紀」，目的正要借此標榜天台宗是「正統相承」於佛陀的宗派；一如帝位的承襲（註一）。佛教宗派間爭嫡庶，非本文所欲論，所欲論者，是志磐既然借修史為教爭的手段，而紀述帝王將相事迹為主的紀傳體本來跟宗教史的內容是杆格不入的（註二），磐公能夠援楚材而為晉用，我們正好藉此他山之助；從其史學方法運用之妙，去了解「紀傳體」這一傳統史書體裁的若干性能（註三），這就是仕邦研究本題的動機。

然而，本題牽涉的範圍十分廣泛，第一，這屬於中國史學史的問題，非從中國傳統的史學方法，史學精神等方面着手，將無從了解志磐「楚材晉用」的運用之妙。而近代「援西史之法以治國史」（註四）已相習成風，許多傳統的史學方法與史學觀念已漸趨隱沒不彰，加上中國的史書雖然汗牛充棟，但屬於專講著史通例和方法的書如史通、文史通義等卻如鳳毛麟角，要自記載歷史的史書中或史學家的文集中稽勾出中國傳統的史學理論和方法，難免要經過極繁瑣的考據工作。其次，統紀本身是一部宗教史，要了解這部史書，則許多佛教史實——尤其天台宗本身的史實——和志磐當時的宗教潮流不能不加以研究，不然將無從了解磐公在書中的某些特殊編次，這同樣免不了繁瑣的考據工作。

爲了避免行文的困難，更爲了避免論述時出現「喧賓奪主」的現象，故本文畧做日本桑原隲藏博士「蒲壽庚考」一書的體例，把所有支持本文論點的繁瑣考據都放在註文中進行，使正文儘量簡單和使討論範圍不致逸出佛祖統紀本書以外。這種表現方式是仕邦的新嘗試，敬祈通人賜正。

學人們研究統紀的論著，所讀到的有陳援菴先生中國佛教史籍概論一書，冉雲華先生Buddhist Historiography in Sung China.和The Fo-tsu-t'ung-chi, a Biographical and Bibliographical Study.及德國 Herbert Franke教授Some Aspects Of Chinese Private Historiography in the Thirteenth and Fourteenth Centuries.等三篇論文（註五）。本文之作，受上述論著啓發至大，尤其冉雲華先生第二篇論文專論佛祖統紀，將志磐的生平，外學師承，著書環境和統紀的內容及組織底優劣、正誤，本書流傳經過，當時人及後人的評價及這部宗教史的眞正價值所在等，都一一詳細論及，給本文先做了篳簬襤褸的工夫，使仕邦能從容向另一角度從事探索，這都要認眞感謝的。

一、本紀與法運通塞志

志磐在統紀的序文上說：「紀傳世家，法太史公；通塞志，法司馬（温）公。」其意爲統紀雖然倣自史記以降的紀傳體，但其中卷三四至四八的十五卷「法運通塞志」按年紀述佛教興衰大事，卻是效法於資治通鑑的。換言之，統紀是中國史學兩大主流——紀傳和編年——的融滙。

紀傳體書中另立資治通鑑式的「編年史」部份，是其他同一體裁的書中所無的現象（註六），因爲「本紀」本來就是編年史的部份，原來「紀」與「傳」的原始關係，據劉知幾的解釋是「紀者編年也，傳者列事也。編年者歷帝王之歲月，猶春秋之經，列事者錄人臣之行狀，猶春秋之傳。春秋則傳以解經，史漢則傳以釋紀」（註七），而「紀者既以編年爲主，唯叙天子一人，有大事可書者則見之於日月，其書事委曲，付之列傳」（註八），歷來「正史」的本紀，都是按年記載某帝在位期間發生的軍國大事，即使未即眞而被後來史書編入本紀的開國皇帝如三國志爲曹操立魏武帝本紀，也只好「權假漢年，編在魏紀」以解決「未登帝位，國不建元」而入本紀的問題（註九）。是以既有本紀，就不必復立如「通塞志」的編年史的部份。

反觀統紀，它雖然將佛祖和天台祖師們置之「本紀」，但他們都不過一介出家人，從未登位建元，如何給他們編年？這問題有兩辦法可代解決，一者是范曄後漢書將后妃傳也稱「本紀」，則本紀有不編年的例子，但這究屬「未達紀傳之情」（註十）的表現，志磐既欲將天台諸祖比擬帝王，后妃本紀的例子自不能援引。另一辦法是倣照陳志魏武本紀借用漢代紀年的事例，將祖師住世年代按當時中國紀元逐年配入。於是磐公假定佛陀的降生相當於中國周昭王二十六年（註一一），然後在其本紀中「權假周年」，給釋尊生平都配上東周的紀年來叙述。記載佛陀生平的經典，在華譯出流傳的相當多，現在大藏經本緣部中所收的，都屬此類，故撰寫佛祖的「本紀」，不怕沒有資料可供採摭，於是能夠寫成四卷之多。

然而天台宗其他祖師們的史料，除了實際創立本宗的智者大師外，都不見得豐富到可按年叙事（註十二），故「西土二十四祖」和「興道下八祖」，都只好分別擠在一卷之內，換言之，本書的本紀，是不能達成編年史任務的。還有，就算這些祖師們的事迹都保存到足夠分別寫年譜，但本紀原有「綱紀庶品，網羅萬物」（註十三）之義。一個皇帝的本紀其實是一朝的史事大綱，一部史書的全部本紀連起來便是某一代的國史大綱。若僅從這些天台祖師們的生平行事；是無法反映出整個佛教在天竺和中土的興衰史。這就是說，即使天台諸祖的本紀都能夠按年迹事，還是不足達成原來編年史的任務的。

於是志磐便另立一個「法運通塞志」，將「自釋迦鶴林，諸祖繼出，所以傳持此道，東流震旦，逮於今而不息」的歷史「繫以編年」；以便顯示雖然「時有排毀，然終莫能為之泯沒」的「通塞之相」（註十四）。如此一來，本紀所無法承担的編年史任務，便由「通塞志」代為承担。

志磐這一措施，兼顧到兩方面。第一是佛教的興衰不是獨立性的，它跟世俗的時勢推移；風氣轉變息息相關，要顯示這種彼此間的關係，最好用一種倣自資治通鑑的編年史方式去紀述佛教的古今大事（註十五），使人易於了解法運的「通」與「塞」的時代背景。

第二，要回到本紀方面去講，原來統紀的「本紀」止於北宋初的十七祖法智知禮尊者（九六〇——一〇二八），以後的宋代天台宗祖師，都不入本紀（註十六）。那麼即使已入本紀諸祖的史料都足以寫年譜；而他們的生平又完全能夠反映整個佛教的盛衰，也無法在「本紀」方面交代了中國佛教在宋仁宗天聖六年（公元一〇二八）知禮尊者身後的歷史發展。

現在特備了這個自為起迄的編年史部份，便可將自周昭王二十六年下迄南宋咸淳元年（註十七）數千年間的「法運通塞之相」明白地按先後排列出來。

至於通塞志叙事簡明扼要，史料取捨得宜，可覘磐公外學修養之佳，冉雲華先生已有專文論及（註十八），Herbert Franke 教授亦視通塞志爲值得注意的佛教編年史之一（註十九）。而磐公處理編年史有此成績，是跟宋代自温公通鑑流布以後編年史撰寫發達的時代背景——尤其南宋——有關（註二十）。

不過話說回來，志磐雖然爲了尊崇本宗祖師而立本紀，又因本紀不能發揮原來功能而另立通塞志爲替；但他在卷三釋迦本紀中闡述天台宗獨特發明的「五時八教」的義理，倒是把握了「本紀」是紀傳體史書中「綱紀」之所繫這一基本原則。因爲五時八教是天台宗的中心思想，而統紀是一部站在天台宗立場的史書。在本卷中，磐公除了文字論述而外，還附有「三照五時五味之圖」和「八教對會五時圖」，這種以圖表解釋教義的方式，其使用猶在後來宗門推重的「台宗時教圖」之前（註二一）。按，仕邦嘗閱北宋邵雍撰皇極經世緒言，其書繪製不少圖表來顯示易卦的變化，大抵志磐的使用圖表，也是宋代學風的一種表現。

二、世家與列傳

本紀之後是「諸祖旁出世家」，所謂「諸祖旁出」，原來每一位祖師不只收一名弟子，但只能在衆弟子中擇一人繼承大統而爲下一代的祖師（註二二），於是未被選中的其他弟子，志磐便稱之爲「旁出」，陳援菴先生謂此相當於正史的「諸王傳」（註二三），這一譬喻相當洽當，因爲斷代史的「世家」確是未嗣位的帝胤底傳記，雖然史記立「世家」的初意並非如此（註二四）。列位祖師的門人中有僧有俗，而統紀不是「高僧傳」一類著作，故「世家」中兼有俗家弟子的傳記。

世家之後是列傳，所傳都是台宗沙門，分三部份：

（一）「諸師列傳」，這部份給立傳的必須是「自四明（知禮）諸嗣」中「子孫有繼」並且能「盛守家法，禦外侮，人能弘道」的僧人（註二五），換言之，這些人都是志磐心目中的正統派，但由於其中復有「親疏」之別，故傳記實際上非始於四明知禮的法嗣而是始於天竺遵式的法嗣，其用意是不使親疏淆混（註二六）。

（二）「諸師雜傳」，所謂「雜傳」，是由於此類台宗沙門「背宗破祖，失其宗緒」（註二七），這顯然受到北宋歐陽修五代史記一書將馮道等一類人物置之「雜傳」的影響（註二八）。所謂「背宗破祖」，是台宗本身有所謂「山家」與「山外」之爭的問題，陳援菴先生對此已曾論及（註二九），茲從畧。

（三）「未詳承嗣傳」，這部份專給「有功教門」而「事遠失記」的台宗人物立傳（註三十），其中有僧有俗。所謂「失記」，是指年代久遠，找不到他們歸依哪一位台宗法師的記錄（而非找不到他們的事迹）之謂。其實，這些人物不見得都與天台宗有關（註三一），志磐引古人爲重而已。

三、兩表

列傳之後是兩個表，第一是「歷代傳教表」，是一個簡單的記事年表，目的是「考諸祖之授受，叙弈世之稟承」，將自二祖北齊慧文以至十七祖北宋知禮的傳授過程簡單地按年排列，以「述正統之有來」（註三二）

。這個表的用途，是將「本紀」所載的授受淵源簡化，使人對天台源流較易獲得印象，可作爲「法系相承譜」（註三三）讀。

第二是「佛祖世繫表」，這是一個直線圖表，將前面的本紀、世家、列傳所載的人物以直線標示彼此傳承的關係，而列未詳承嗣四十一人的名字於後，與後來明清之際所修宋元學案一書中各家的「學案傳授表」相同。這種直線圖表是近世國人史學著述中所常用的，而在千載以前竟先見於釋門的史籍，實在是值得探討的問題（註三四）。前面說過，本書的本紀止於十七祖，而這個表於傳法之師的名字之上，均加「〇」號，故根據這個表；可檢知法智知禮以後的每一代由何人「負荷大業」。

史表的作用，本來是爲了「通紀傳之窮」（註三五），志磐立此兩表，的確達成這個原則，因爲前一表簡化了「本紀」所載的傳承關係，後一表更解決了法智以後祖師不入本紀所產生的尋檢上的麻煩。

四、諸志

表以後是九種的「志」，按照紀傳體的一般作法，是表志放在世家列傳之前，獨北齊魏收撰的魏書，是將「志」放在列傳之後，故陳援菴先生認爲統紀九志居末是「仿魏書例」（註三六）。仕邦則以爲志磐著書時固然曾接觸過魏書（註三七），但磐公以諸志居末，很明顯是要把「志」跟純粹記載天台宗史事的「本紀」、「世家」、「列傳」和「表」隔離，表示這部份主要是用來紀述天台以外的佛教史事之意，與魏收純然由於魏書諸志晚成，故置全書之末（註三八），彼此是有積極與消極意義之別的。現在依先後論述諸志於後：

首先是「山家教典志」這，相當於正史的藝文志，但獨收天台宗著述書目，不及其他，作法頗似後來的明史藝文志（註三九），蓋磐公目的在於「發揮祖道」（註四十），指示後人以治天台教觀的讀書門徑而已。

跟着是「淨土立教志」和「諸宗（禪、華嚴、法相、密、律）立教志」，這兩種「立教志」其實是傳記體（註四一），專給其他佛教宗派的祖師和宗門重要人物立傳，目的在標示天台以外的諸宗都不是佛教的正統，一如晋書目兩晋爲正統，便將五胡諸國君主們的事迹立爲「載記」；舊五代史視自梁至周爲正，遂稱十國爲「世襲」或「僭僞」，同樣强烈地反映了中國史學講究「正閏之別」（註四二）的思想。故四庫提要譏志磐「諸宗僅附見於志，斷斷然分門別戶，不減儒家朱陸之爭」（註四三）。而磐公將「淨土」與「諸宗」分立爲兩志，並且淨土志居前，實在隱然暗示着一種耐人尋味的親疏厚薄的區分（註四四），一若舊五代史將十國中先附宋室的如吳越錢氏等稱爲「世襲」，而將拒抗宋軍的如南唐李氏等稱爲「僭僞」。

立教志之後爲「三世出興志」，據志所謂「三世」，即過去是莊嚴刼，現今是賢刼，未來是星宿刼，這三個大刼各有成、住、壞、空四階段，每一階段又各分二十小刼，而每一小刼約十六餘萬年。我們的世界依此規律，順着時間的流轉，不斷循環不已地由「成」至「空」；又由「空」至「成」，這是佛教的輪迴說之一。而每一大刼中僅在「住」的二十小刼中有千佛次第出現，故謂之「出興」。志磐稱「觀千佛紹隆，則知無盡之鐙」（註四五），是爲了强調佛法的流轉無窮；不會出現世界末日而立本志的。

出興志之後是「世界名體志」，此相當於正史的地理志。但這宗教史的地理志與世俗的地理志不同，它不特記載了震旦（中國）和西域的眞實地理，還記載了佛經所說的天宮、地獄、三千大千世界等的情形，磐公將眞實地理和佛經中的各種「世界」放在一起，目的是爲了「即一洲縱廣，則識無邊之土」（註四六）；拿眞實地理的存在，使人相信經文所載的其他「世界」也應存在。

爲了達成這個目的，志磐除了文字敍述之外，還在本志中加入揷圖，計有地圖三幅：爲「東震旦地理圖」、「漢西域諸國圖」及「西土五印之圖」。此外是將佛經所述的各種「世界」以圖畫方式表現之：爲「華嚴世界海圖」、「大千世界萬億須彌之圖」、「四洲九山八海圖」、「忉利天宮之圖」、「大千三界圖」、「八熱地獄圖」等六幅，復有圖表式的「八寒地獄圖」及「四門十六遊增地獄圖」兩幅。紀傳體史書對「圖」的使用，一般以爲明史最早（註四七），現在知道統紀尤在其前。志磐此舉實行了鄭樵和章學誠先後鼓吹以「圖」來補充史書文字敍述之不足的理論（註四八）。磐公知道使用揷圖，固然一方面關乎北宋以來的出版風氣，同時也緣於唐朝以來佛經已有刻本及雕版揷畫（註四九），早已成爲佛門出版的一種作風之故。

名體志之後是「法門光顯志」，本志載「香鐙供養之具，禮誦歌唄之容」（註五十），相當於正史中的禮樂志。本志所以稱爲「法門光顯」，是由於「若示之以建化之門，則必憑籍佛事，以助明住持三寶之相」（註五一），換言之，假使沒有建築佛塔，雕塑佛像，建齋設醮等法事，則無以傾動衆生歸依佛教，「法門」亦無從「光顯」了，故立本志以申明興福事業的重要。

光顯志以後是前面已討論過的；本書中佔卷數最多也最受學人們注意的「法運通塞志」。

通塞志之後是「名文光敎志」，本志專收「大儒」或「高釋」所撰有關天台宗的文章，以顯台宗之爲人重視。陳援菴先生說此「猶地方志之藝文」（註五二），仕邦則認爲這應該是受梁代僧祐和唐代道宣撰兩種「弘明集」那種「道以人弘，教以文明」的思想所影響（註五三）。

光教志之後是「歷代會要志」（註五四），本志「開張衆目，會其事要」使「討論典故者」，可以「考一事之本末」（註五五），分爲六十五細目，尋檢甚便。佛門典故而外，本志還記載了外教如道教、摩尼教、火祆教、白蓮教、白雲宗等的事迹，甚至載有若干儒家故事。冉雲華先生認爲這些不屬於佛教的記事未免使統紀妄增篇幅，覺得是不必要之舉（註五六），但仕邦則以爲別有他故。因爲過去中國向來自視爲「天朝大國」，應當「撫有四夷」，全部二十五史中，除了北齊書和陳書外，沒有一部不立「外國傳」，目的就是要保存四夷的背景與前人應付四夷的經驗；而爲今人及後人所用。歐陽修嘗謂「夷狄之於中國，有道未必服，無道未必不來。雖嘗置之治外，而羈縻制馭；恩威之際不可失也。其得之未必爲利，失之有足爲害，可不愼哉」（註五七），正好說明這種「撫有四夷」的心理。志磐受中國傳統史學影響這樣的深，他又有意將佛祖統紀寫成一部佛教的「正史」；不獨以紀述天台一宗之史爲已足，很可能他也存着「撫有四夷」的思想。若然，則會要志記載外教的事迹，視作磐公仿五代史記立「四夷附錄」（註五八）可也。

結語

紀傳體是中國特有的史書體裁，創作這種體裁的司馬遷，原本是爲了寫一部「究天人之際，通古今之變」的通史，然自班固漢書出，這種體裁便多數被使用來修纂斷代史。而斷代史的作者們，往往利用其體裁來分別當過去數個政權同時在中國境內對立時；誰是作者心目中的「正統」和「閏位」，如三國志，晋書；新、舊五代史中立為「本紀」的帝王是正統，餘屬閏位。現在志磐為了標榜本宗而用紀傳體著史，是採取修纂斷代史的態度，因為書中的本紀、世家、列傳和表，都是屬於天台宗本身的史事，修撰佛教一宗之史跟修撰俗世的一代之史，其性質是頗相近的。

復次，紀傳體的優點之一是敘事詳備，越南史家潘輝注於所撰歷朝憲章類誌（註五九）一書中指出：「修史之體，非志傳不能詳備，北朝（即中國）歷代事迹所以昭昭於後世者，誠以二十史之修纂靡遺故也。我越之史惟有編年，歷朝行世，事僅載大畧，其沿革之始終得失之本末寥寥難考，典章制度，亦將何所考證」（註六十）。越南潘氏這番話可注意的；是他稱紀傳體為「志傳」，因彼邦流行編年體（註六一），故不重本紀，而特別標示了紀傳體中的「志」，因為典章制度，是保存在「志」的裡面。

關於「志」的性能，沈約的解釋是：「司馬遷制一家之言，至乎禮儀刑政，有所不盡，乃於紀傳之外，剏立八書，片文隻事，鴻纖備舉。班氏因之，靡違前式，網羅一代，條流遂廣」（註六二），凡本紀、列傳所無法記載的事，都可在「志」中叙其本末。「志」的彈性甚強，我們可以從史通卷三書志篇中劉知幾對許多史志的指摘的反面，知道史書中的「志」底名稱，數目，種類和內容可就需要而自由增減（註六三），敘事範圍也可超出斷代之外。

現在志磐著書標榜佛法「以天台為司南」（註六四），而居於「司南」地位的天台宗史書，自然要承担記載整個佛教史的義務，於是「儒釋道之立法，禪教律之開宗，統而會之，莫不畢載」（註六五）。志磐便把握了「志」的彈性，而巧妙地以加利用。

「志」本來用作記載典章制度，已如上述，故統紀中的山家教典、世界名體、法門光顯等志相當於正史的藝文、地理、禮樂等志。三世出興志和名文光教志雖正史所無，但因特殊需要而置，也合乎正史中「志」的原則。唯獨「淨土」「諸宗」兩「立教志」其實由許多列傳組成，「法運通塞志」其實是一部獨立性的編年史，「歷代會要志」其實是一部類書；却是正史中絕不會有的現象，也可說是志磐的創舉。

「會要志」之立，是緣於佛教許多瑣碎的掌故無法歸類；因此立本志以統之（一如續高僧傳把無法歸類的僧人事迹編入「雜科聲德篇」）。「通塞志」之用編年體，是爲了補救「本紀」所不能担任的編年史任務，都可以說是根據特殊需要而增添。獨有兩「立教志」之用傳記體，則別有故。因爲正史中視爲「閏位」的君主，其傳記往往被錫以惡名，如晉書之「載記」；舊五代史之「僭僞」等是。這種作風影響了自視爲佛教正統的天台宗的史書，如宗鑑的釋門正統便將其他佛教宗派立爲「載記」，視之與晉書的五胡諸國同。志磐雖然也視天台以外諸宗爲庶出，但他巧妙地掩飾了歧視的態度，他將異宗人物的傳記編之於「志」，其實是一項明升暗降的手法，因爲「志」是用來記載「紀傳之外」的事物（註六六），諸宗列傳入「志」，即謂連正式立傳的資格也沒有，於是書中天台宗僧俗的地位便相對地抬高了。

志磐靈活地運用了紀傳體中的「志」來達成他褒本門而貶異宗的目的，而絲毫未改變紀傳體原來的形成，反之，他更將紀體傳的性能與活動範圍擴大，這就是史學方法運用之妙的地方。而磐公能運用「紀傳體」的複雜體裁來修史，則與天台宗思想體系一向組織嚴密，講究層次不無關係（註六七）。

中國紀傳體史書的性能，從上面的探討，大可以看出並非如人們想像那樣機械呆板公式化（註六八），看作者是否能靈活運用之而已。志磬的著作從中國史學史來說，也是值得大書特書的一部書（註六九）。

然而，紀傳體雖因志磬善於「楚材晋用」而擴大了它的活動範圍，但磬公的成就並未在佛門史學界中引起任何的反應，尤其史志的重要性，元、明、清三代的宗教史學家們都一直未能體會到。反之，統紀的體裁倒影響了日本的佛教史，這就是著名的「元亨釋書」的產生。

元亨釋書三十卷，仕邦在香港僅能接觸到其中的「佛照禪師傳」（註七十），全書無緣得見，而呂 澂先生佛教研究法一書第四章「日本教史概畧及其參考書」中有介紹這部書的結構，畧云：「元亨釋書三十卷，記載佛教始傳（日本）以至元亨年中七百餘年間高僧事跡，及佛教史實。撰者費十七年之經營始成，爲日本完備僧史之權輿。論其體裁，乃仿我國僧傳及日本國史而編輯，凡分十傳（卷一至卷十九），一表（卷二十至二十六），十志（卷二十七至三十）。十傳同於高僧傳之十科，凡記四百三十五人。一表乃編年；紀錄欽明至仲恭帝六百八十餘年間之佛教史實。十志爲學修度受寺像等，其內容廣泛，亦可想見。此書著者或云係凝然，或云係師練，今猶無定論，古來註此書者頗有多種。」

根據呂澂先生的引述，知道元亨釋書的結構跟統紀極其相近。因爲統紀是紀傳與編年的混合體；而其「本紀」其實也是僧人的傳記。今元亨釋書既有僧傳，復有一個按年代先後紀述史事的「表」，相當於統紀的「法運通塞志」（註七一），並且還有紀述典章制度的「志」。雖然呂澂先生認爲它的「志」仿自「日本國史」，但從呂氏述及這部書的年代與撰人（註七二），再加上直到現代的日本天台宗僧人對志磬仍然非常崇敬（註七三），仕邦認爲元亨釋書無疑是倣佛祖紀的模式而撰修的一部佛教史。

註釋

註一　志磐對本書命題的說明　志磐在本書卷首的「佛祖統紀通例」中的「釋題義」畧云：

佛祖者何？本教主而繫諸祖也，統紀者何！通理佛祖授受之事也。本紀者何？始釋迦；終法智，所以紀傳教之正統也。

同書通例中的「釋本紀」畧云：

通爲本紀，以繫正統，如世帝王正寶位而傳大業。

都足以說明磐公有意以天台宗的傳統來比擬帝王的世系的

註二　宗教史與紀傳體的不協調　四庫總目卷一四五子部釋家類存目有佛祖統紀提要，稱其書：

稱上稽釋迦示生之日，下距法智息化之年，一佛二十九祖，通爲本紀，以繫正統，如帝王正寶位而傳大業，如謂已超方外，則不宜襲國史之名，如謂仍在寰中，則不宜擬帝王之號。雖自尊其教，然僭已甚矣。

四庫提要是官修書，它非斥統紀不當；純然是統治階級的口吻，未能眞正指出宗教史與紀傳體裁之間的不協調。德國Herbert Franke教授在所撰Some Aspects of Chinese Private Historiography in the Thirteenth and Fourteenth Centuries 一文的頁一三〇說明兩者間的難免不協調（Inconsistence）；乃由於志磐這部宗教史所採的紀傳體模式（Pattern）是從完全不同的史料發展出來之故（參註五）。而從兩者間不協調處找出志磐調和之道；以究紀傳體的史學性能，正是本文的目的。

註三　本文取佛祖統紀爲研究對象之故　統紀通例中的「敘古製」中稱南宋寧宗慶元中，鎧菴吳克已撰釋門正統「

未及行而亡」，至理宗嘉熙初「錢唐良渚（宗鑑）法師，取吳本；放史法爲本紀、世家、列傳、載記、諸志，仍舊名曰釋門正統」。宗鑑所著今存，則最先使用紀傳體的天台宗著述，應該不是佛祖統紀，故陳援菴先生的中國佛教史籍概論便是將宗鑑與志磐兩書合論。然而釋門正統保存於卍字續藏乙編第三套第五冊，目前庋藏於本港中華佛教圖書館的續藏因送台灣影印再版的關係，暫時仕邦無法讀到。並且宗鑑的書在體製組織方面遠不如統紀之能反映紀傳體的性能，志磐也因爲「良渚有名位顚錯之謬」而取其書作藍本；增加史料而改造成統紀，故今獨取志磐所著爲研究對象。

註四　見杜維運先生「與西方史家論中國史學」一書頁三至四，中國學術著作獎助委員會出版。

註五　**上引三論文的出處**　冉雲華先生第一篇論文刋於Zeitschrift der Deutschen Morgenländischen Gesellschaft（德意志東方學會學報）一一四卷二期，第二篇論文刋於Oriens Extremus(遠東)十卷1期。Herbert Franke教授的論文則收在Historians of China and Japan（中日史學家，牛津大學出版）一書中。以下凡引用上述三論文，均取刋載的學報或專書的中文譯名以求省事。

註六　**紀傳體中本紀以外的編年史部份**　假如紀傳體史書中有「志」的話，則「本紀」不是唯一的編年史部份，因爲禮志、天文志、五行志等也是採按年編事的方式寫成（此點蒙　潘師石禪誨示）。不過，「志」的編年方式是某年有事則書，無事則連年號也不記，並且是分類述事，並非屬一種首尾一貫的編年史，跟統紀的「法運通塞志」全倣通鑑方式按年代先後述事，本末相應，是不相同的。

註七　史通卷二列傳篇。

註八　史通卷二本紀篇。

註九　同前註。

註　十　同註七。

註一一　佛陀降生的確實年代，至今仍屬佛教史上爭論的問題。

註一二　**智者大師始創天台宗的證據**　天台宗托始於西天的龍樹菩薩，奉慧文、慧思爲二、三祖，智者則稱四祖。然而智者是本宗實際創立人；天台宗本身是承認的。海潮音文庫第二編「天台宗」有日本僧人梅谷孝永述、法舫譯的「天台宗之法系」一文，其第四節宋朝以後之天台法系畧云：

今依中興天台山萬年寺之台宗泰斗諦閑法師所示之法系相承譜，亘元明清三朝一目瞭然。第一世天台智者大師（隋朝），第二世章安灌頂大師（隋朝）（中畧），第四十世諦閑古虛大師（民國）。

可注意者是持有天台宗「法系相承譜」的諦閑法師，是天台宗第四十三代祖師，而其法譜中明誌智者大師爲「第一世」，可見天台教門之內，並不如對外宣稱之謂智者爲「四祖」。雖然，宗門傳法譜向來不輕易示人，故實靜法師所輯的諦閑大師語錄不載該譜，但梅谷氏既親見之，並且在文中引用，而未聞台宗提出反對，則法系相承譜所述應該可信的了。

智者大師的主要史料　王佩諍所輯的龔自珍全集（中華書局一九五九年十二月一版）的第六輯中有國淸百錄序，畧云：

借四教儀於龍泉寺，在「弊」字函，同函者，國淸百錄也，灌頂撰（應作「輯」），（智者）大師訓言，暨大師所歷梁、陳、隋三朝帝王，至於緇白問答，文筆，表啓，牋謝，往返蹤轍，一字一句，靡不搜載，此大師年譜，不必有年譜矣。此天台志，不必有山志矣。百有四篇曰百錄，舉成數也。

龔定盦指出國淸百錄的史料價值，認爲智者大師有此而「不必有年譜矣」。按，龔氏的話有一部份對，在大藏經諸宗部三的國淸百錄四卷中，不錯所收的各篇文章（包括智者自撰或敬信王臣弟子所撰）多數附有年代月日，但其中若干函件僅有月日而無年代，有些連月日也不載，因此視之爲年譜的史料則可，謂「不必有年譜」固未免誇張一點。在本書卷四之末，有「智者大師年譜事跡」一篇，其末稱：

端坐入滅，當開皇十七年十一月二十四日未時也，自入滅至宋淳熙十二年（一一八五）乙巳，得五百九十二歲。

淳熙是宋孝宗年號，則大師年譜在南宋時已寫成了。

註一三　同註十。

註一四　統紀卷三四法運通塞志序。

註一五　**通塞志與通鑑的同異**　通塞志雖然倣自通鑑，但是有一點與溫公的作風微有不同。通鑑載南北朝史事時是將南朝視爲正統，而於南朝的每一年附記北朝同年的興衰大事。通塞志則南北分別編年，其卷三十六爲晉、宋、齊，卷三十七爲梁、陳；卷三十八爲北魏、北齊、北周。其餘編年與通鑑同，如三國時代僅誌曹魏紀年（卷三十五），五代時獨標梁、唐、晉、漢、周的紀年（卷四十三）是。志磐所以對南北朝分別編年者，就佛教興衰而言，北朝波動較南朝劇烈，如著名的「三武毀佛」北朝即佔其二（魏太武帝，周武帝），而北朝佛教之影响於非佛教較之南朝爲甚，如儒家講經和義疏所受之影响便是一個例子（參　牟師潤孫撰「論儒釋兩家之講經與義疏」一文，刊新亞學報四卷二期錢賓四先生六十五歲祝壽論文集）。並且天台宗倡導的「五時判教」思想卽導源於北方（見湯錫予先生漢魏兩晉南北朝佛教史台北商務本下册頁三〇二至三，及陳觀勝先生 Buddhism in China: A Historical Survey. 一書頁一八〇至三），南北分別編年以見中國分裂時期兩地法運通塞背景之不同，正是磐公的史識。

南北分別編年的淵源　然而磐公將南北朝佛教史分別編年，却非他的創作。中國佛教的編年史，是始於隋費長房的歷代三寶記卷一至三稱曰「帝年」的年表，這個表將魏晉南北朝分裂期間曾有譯經事業之國，均一一依先後編年，以便檢查佛經譯出年代的先後，志磐將南北朝分別編年，大抵導源於此。而磐公在通塞志中沒有給三國時的魏、吳分別編年；一如三寶記的帝年者，則緣於費氏撰帝年的目的在檢查經目，魏、吳均有譯業，故爲之分別；磐公著通塞志的用意在述史，而三國時代南北佛教興衰情況無顯著分別一若南北朝時，故僅以曹魏概括之已足。

註一六　**統紀中本紀的斷限**　志磐在統紀序中申明：

斷自釋迦大聖；迄於法智，並稱本紀，廣智以下爲列傳。

「廣智」即法智知禮大弟子廣智尚賢法師，何以法智以後不立本紀？磐公又於同書卷八興道下八祖紀的法智本紀中申言：

唐之末造，天下喪亂，台宗典籍散海東，當時爲其（指天台宗）學者，至有兼講華嚴，以資說飾。暨我宋龍興中此道尚晦，螺溪寶雲（十六祖）之際，遺文復還，雖講演稍聞，而曲見之士氣習未移。四明法智，以上聖之才，當中興運，再清教海，功業之盛，可得而思。自荊溪而來，九世二百年矣，弘法傳道，何世無之，備衆體而集大成，闢異端而隆正統者，唯法智一師耳。是宜陪位列祖，稱爲中興，用見後學歸宗之意。

從這段話看，志磐書中的本紀止於法智知禮，是因爲知禮是「備衆體而集大成，闢異端而隆正統」的「中興」之祖，其他的天台僧侶不過「弘法傳道，何世無之」，故知禮以後不爲立本紀。而智禮尊者既然「隆正統」，志磐爲他立本紀以見磐公本人「後學歸宗之意」，於是知禮以前的祖師們，也一律爲立本紀以見正統之紹隆。

本書所以分爲「東土九祖」與「興道下八祖」兩本紀，是緣於北宋時台宗沙門士衡在寧宗嘉定元年（一二〇八）寫了一部天台九祖傳，其書從天竺的龍樹菩薩講到荊溪湛然尊者，志磐採用之爲「九祖」本紀的基本史料，而將第十祖興道道邃尊者以至十七祖法智知禮尊者的事跡續立「八祖」本紀。

本註所論，係根據　潘師石禪的數點提示而觸發，謹附此誌謝。

註一七　**通塞志的斷限問題**　法運通塞志終於元順帝至正二十八年，這是由於元、明人的續作補入，冉雲華先生已嘗指出（見遠東十卷一期頁七四至五）。統紀成書於宋咸淳五年，本志卷四八載咸淳癸酉（卽九年）一條起，卽非志磐之文，於是最末一條記事，應爲咸淳癸酉之前的「咸淳元年」條。

註一八　同前註引冉雲華先生文頁六四及七四。而冉先生於頁八一指出志磐爲了將佛教傳入中國的年代儘量移前，故通塞志中的年月往往不正確。

註一九　中日史學家頁一一五及一三〇至一三一。

註二十　**宋代編年史的發達**　關於宋代編年史的發達，可參金毓黻先生中國史學史第七章第二節編年體之通鑑，李宗侗先生中國史學史第八章資治通鑑及其同類書；與張須先生通鑑學第六章通鑑之枝屬與後繼。

志磐所受的宋編年史影响　志磐「通塞志」所受的時代影响，冉雲華先生發表於德意志東方學會學報的專文頁三七四至五已予指出。然志磐雖自稱「法司馬公」，其作風則近於私淑溫公的李燾所撰的續資治通鑑長編。何以言之？蓋溫公於通鑑以外另撰考異三十卷單行，至元胡三省注通鑑，始將考異大部散入注中（參陳援菴先生通鑑胡注表微一書頁三三、四〇、四一，科學出版社一九五八年版），換言之，通鑑在宋時各本均未有考異附入。而李燾的長編，則在正文之下注明史料所出及對史料作考證（參友人黃君漢超宋神宗實錄前後改修之分析一文下篇頁一五九，新亞學報七卷二期）。不獨長編如此，南宋李心傳的建炎以來繫年要錄亦如此，與李心傳同時的徐夢莘三朝北盟會編按年代先後將原始史料排比，作風亦約畧相同。由此可覘南宋時編年史體例的一斑。

志磐通塞志的體例畧與長編、要錄相同，今檢二條以見。統紀卷三九唐貞觀三年條；於所載唐太宗十二月詔之下注云：

已上並見唐舊史，歐陽新書刪去不存。

同書卷四三宋雍熙元年條，於所載日本僧奝然來朝的記事之下注云：

貞元元和間，有日本最澄，受荊溪一宗疏記以歸，當以此爲傳教之始可也。而奝然乃言空海傳教，而不及最澄，何耶？唐書亦言空海肄業中國二十年，然吾宗未見空海傳教之迹。今據釋門正統云：空海入中國學密教於不空弟子慧果，始知奝然言學智者教者誤也。

前者校勘兩唐書以說明史料的去取，後者考證天台本宗傳入日本的歷史，正屬南宋以來編年史的一貫作風。

李燾與司馬光的關係　仕邦前曾聞某人言及宋元學案列李燾於涑水門下，彼此是有淵源可稽的。而今檢宋元學案卷七涑水學案的「傳授表」，李燾的名字僅置於「私淑」之列，同書同卷涑水續傳的「李巽巖先生燾傳」稱他「慨然以史自任，倣司馬溫公資治通鑑例，爲編年一書，名曰長編」，可見學案將李氏編入涑水門下，完全因爲他繼溫公修史，下開編年史盛行的風氣之故，並非有直接的授受淵源。

關於李燾的史料，可參台灣世界書局於民五十一年出版的續資治通鑑長編新定本第一冊頁一至十八楊家駱先生所輯的「李燾碑傳錄」。

註二一　**關於台宗時教圖**　海潮音文庫第二編「天台宗」，有談雲法師撰的台宗時教圖之研究一文，畧云：「天台智者大師，判析東流一代聖教，分爲五時八教，實彌天之高判之說也。而其釋諸經論，多以長行直解，故三大部等，均未立圖式，唯天竺玉崗老人四教集註，卷首獨繪此圖，使見者矚目朗然耳。」

談雲法師之論，說明圖解較之文字論述更有助於了解天台教義。唯是此圖作於何時？仕邦檢四教義集註，其序稱：

元統甲戌夏五月，南天竺白蓮華沙門蒙潤謹序。

元統是元順帝年號，甲戌爲其二年（一三三四），則時教圖之出現，約在志磐成書的宋咸淳五年（一二六九）之後六十六年。

玉岡蒙潤的生卒爲一二七五至一三四二，陳援菴先生釋氏疑年錄卷九頁三二〇（中華書局一九六四年三月一版）有載。

註二二　**天台宗的綿遠傳統**　天台宗自隋智者大師以迄民國初的諦閑大師，千餘年間歷代祖師的傳統未嘗中斷，前註十二引梅谷孝永一文已言之。而諦閑大師的傳人；即天台宗四十四祖倓虛大師，數年前始在香港圓寂，倓公生平備見自著的影塵回憶錄（香港華南佛學院出版）。

註二三　中國佛教史籍概論頁一二一。

註二四　**「世家」的原始定義**　紀傳體史書立「世家」，是太史公的創作，這個史學名詞的定義，朱東潤先生以爲：

諸家（指史通、十七史商榷、史記索隱、王安石讀孔子世家、陔餘叢考、浦起龍史通世家釋等）所陳，皆以爲世家之義，特指開國承家，世代相續而言，然而史遷之意不如是也。史遷所言者，輔弼股肱而已。周漢之間，凡能拱辰共轂，爲社稷之臣，效股肱輔弼之任者，則史遷入之世家；開國可也，不開國亦可也，世代相續可也，不能相續亦可也，乃至身在草野，或不旋踵而亡，亦無不可也，明乎此而後可以讀史記。

語見史記考索一書（台灣開明書店版）頁十五，並且在同書頁十六至十九舉了八個例證支持其說，今以文繁不錄。

仕邦以爲朱先生所論雖頗能道出前人所未道，但將所舉「世家」的內容都牽合於「股肱於漢室」這一解釋上，如頁十六對孔子立世家解釋爲孔子「爲漢制作，雖身繫周室之歲時，而功在漢家之社稷，斯則冠於蕭曹張陳之首可也」雖然頗得其理，但同頁對陳涉立世家則認爲緣於陳涉首難之事「有大造於漢也，列於世家，豈曰不宜！」固未免有點附會。倒是張舜徽先生中國歷史要籍介紹一書（湖北人民出版社一九五七年版）頁七七至七八有頗精到的見解，張先生認爲：

陳涉、孔子都寫了世家，這正是司馬遷有特識，有眼光之處。這無異於將秦之滅亡，一切歸功於陳涉起義。本來，「世家」是專記有世襲的意義的，他的意思，認爲統治階級既有世襲，而農民革命也有它的傳統，他列陳涉爲世家，是希望這革命傳統，永遠繼承下去，這對中國的農民革命運動，確是一種鼓勵。再如孔子，不過是周末一位大教育家，但司馬遷却認爲政治上既有世襲，文化上也有傳統，他列孔子於世家，便隱然認定孔子是中國社會一個大教主，有世世代代繼承不斷的統緒，這也正確地反映了中國封建社會思想界的實際。

仕邦認爲張先生的解釋優於朱先生的，因爲其說並未忘記「世家」的世襲之義而能道出太史公認識了中國農民革命與儒家教化這兩種傳統。

不過，張先生所論陳涉入世家之故尚要有所申論，因爲在司馬遷當時還未有「農民革命」這一現代化的觀念，其所以置陳涉於世家，仕邦以爲由於一方面儒家向來表揚「湯武革命」，而漢朝是由於平民揭竿而起這一新革命形態所建立，創始這種新形態的人便是陳涉。大抵太史公敏銳地體會出先秦以來貴族專政的時代已告結束，而這種新的革命形態必然從此在以後的世代裏不斷出現，故用「世家」來特別標示陳涉首難的歷史意義。

註二五　統紀通例中的「釋列傳」。

註二六　**法嗣混淆的問題**　統紀列傳並非始於四明知禮的法嗣，而是始於「天竺式法師」的法嗣，何以故？志磐在本書卷十一的小序中申明：

四明法智之作興也，天下學士靡然向風，嗣其業而大其家者，則廣智、神照、南屏三家爲有傳，此諸師列傳之所由作也。若夫慈雲一家，昌韶諸師之後，五世而蔑聞，今備叙列傳，而先慈雲之派者，將以順其承襲而不使紊雜乎四明三家之子孫也。

所謂「慈雲派」者，慈雲即天竺遵式，第十六祖寶雲尊者弟子（見卷十寶雲旁出世家），與十七祖知禮爲師兄弟。志磐所以作此安排的原因，大抵緣於四明知禮中興台宗以後，慈雲門下頗有自稱嗣法於知禮的人，磐公爲了「隆正統」，故先給他們立傳「而不使紊雜乎四明三家之子孫」之中。這問題涉及宗門內部教爭的另一問題，非本文所欲論，當另爲文論之。

志磐的立傳原則　統紀通例中的「用三例」畧云：

近世諸師，立傳之法，當用三例。一曰觀行修明，二曰講訓有旨，三曰著書明宗，非此三例，濫矣。

大抵他用此三例來審查四明弟子是否「盛守家法」與「人能弘道」吧。

註二七　同註二五。

註二八　**歐陽修「雜傳」的標準**　五代史記的「雜傳」始於卷三十九的王鎔傳，終於卷五十七的趙延義傳，但特別在卷五十四的馮道傳前面撰一序文，畧云：

傳曰：禮義廉恥，國之四維，四維不張，國乃滅亡，蓋不廉則無所不取，不恥則無所不爲。予讀馮道長樂老叙，見其自述以爲榮，其可謂無廉恥矣。嗚呼，士不自愛其身，而忍恥以偷生。

除了這篇序，全部十九卷的「雜傳」中再無片言隻字給予這些人物以譏評，可見歐陽修立雜傳是有感於「長樂老叙」；而以馮道爲這類人物的典型的（參劉子健先生 Ou-yang Hsiu: An Eleventh-Century Neo-Confucianist. 一書頁一○九，史丹福大學出版）。

註二九　中國佛教史籍概論頁一二六至八。

註三十　同註二七。

註三一　未詳承嗣傳以傳大士置卷首，而稱「以大士無授受之迹，今但附見於傳首云。」可見此類人不見得確屬天台宗人物。

註三二　統紀通例中的「釋表」。

註三三　參註十二。

註三四　**志磐使用直線圖表所受影響的推測**　中國全部二十五史的史表，所使用的都是表格方式而非圖表方式，雖然二十五史補編中所收清萬斯同撰東漢、兩晉、魏、遼、金等「諸帝統系圖」是直線圖表，但撰寫時已相當於宋元學案修撰的時代，則志磐使用圖表來表示天台宗的傳承，並非受正史的影響。

其次，禪宗講究傳承關係，撰有不少的「傳燈錄」，陸游謂自從北宋景德傳燈錄撰成後「此門一開，繼者相望」（見渭南文集卷十五普燈錄序），仕邦初以爲志磐是受到宋代衆多的禪家傳燈錄的影響，但檢讀現存的宋代諸燈錄，僅見景德傳燈錄卷首有一個「西來年表」，這年表與統紀「歷代傳教表」相若，並非直線圖表。後來再想到假使禪宗史書早知使用直線圖表來表示傳授系統和世次，便不致有後來曹洞，臨濟兩宗的所謂「天皇」「天王」的門戶之爭（參陳援菴先生清初僧諍記第一卷第二節「晦山天王碑諍」及釋氏疑年錄卷五頁一四三至四「荊州天皇寺道悟」條的詳細考證），故知志磐並非受禪宗的「傳燈錄」所影響。

後來更想到宋代譜牒之學發達，志磐此舉可能受到俗世家譜的影響，而仕邦對譜牒之學茫無所知，因函劉子健夫人王惠箴博士（The Traditional Chinese Clan Rule. 一書的作者）求教，蒙王博士覆示稱家譜列世系表起於宋代歐陽修和蘇軾，自後全國家譜作風一律如此。

仕邦讀羅香林先生蒲壽庚研究一書（中國學社出版），書中圖片部頁一刋福建德化新發現的蒲壽庚家譜中「蒲氏世系圖」的照片和同書同部頁十八刋廣東南海甘蕉蒲氏家譜中「遠祖宗支圖」的照片，均作直線圖表方式，與統紀的「佛祖世繫表」相若，然而家譜行直線圖表可能是後來的方式，如上述的甘蕉家譜即明誌爲淸光緒三十三年所重修，而章學誠校讐通義外篇的「與馮秋山論修譜書」言及「世系之圖」應「系以墨線，指掌可明」；同書同篇「宜興陳氏宗譜書後」稱「世系僅用墨線鈎聯，名雖爲表，其實圖也」，所謂「墨線鈎聯」即直線圖表，這說明此方式是淸代家譜所流行的。而宋時家譜未必如此。因爲王博士在信中言及她著書時所據美國哥倫比亞大學庋藏的中國家譜以屬於淸代的最多，明代的已少見，宋人家譜未見到。

後來仕邦讀章氏遺書（商務版）册三文集六的高郵沈氏家譜序，稱「宋人譜牒，今不甚傳，歐蘇文名最盛，譜附文集以傳」云云，因檢歐陽文忠全集卷七一歐陽氏譜圖序所附的「譜圖」，發現它是以表格方式構成，跟新唐書的宰相世系表的結構相若。又檢蘇軾之父蘇洵的嘉祐集，其卷一三蘇氏族譜亦僅將族人名字依世次先後作所謂「旁行斜上」的層次排列，並未繪上聯繫先後關係的直線。歐蘇二氏譜的形式如此，則踵隨歐蘇的宋人家譜即使有世系表，也不見得是屬於直線圖表的方式。

本研究所東南亞研究室出版「承天明鄉社陳氏正譜」一書，是明末南移於越南順化的一個華僑家族底家譜（見陳師孟毅承天明鄉社陳氏正譜考畧一文，刋是書卷首），其譜例稱「參酌宋朝歐、蘇二氏譜」，並申明「古譜必有圖，而後世次明若網之有綱，今考舊譜與今各支譜爲圖一卷」，可惜是譜例雖存而譜圖早佚，無法據此上溯歐蘇舊規。不過章學誠家譜雜議一文（見章氏遺書册三文集八）已指出「後人撰輯家譜」往往「動引歐蘇譜例，眞無謂也」，則陳氏正譜雖稱「參酌宋朝歐、蘇二氏譜」，不過託古自重而已，即使譜圖流傳，亦未必能借以窺見歐蘇譜的舊貌。於是統紀的「世繫表」是志磐受外界影响而採直線圖表方式；還是志磐首創此法而影響了後來史學家和譜學家們的蹤迹？這問題只好存疑以俟將來。

註三五　**史表的功能**　潛研堂文集卷三八萬先生斯同傳畧云：

> 杜都門十餘年，士大夫就問無虛日，每月兩三會，聽講者常數十人，於前史體例，貫穿精熟，指陳得失皆中肯。馬班史皆有表而後漢、三國無之，劉知幾謂得之不爲益，失之不爲損。先生則曰：史之有表，所以通紀傳之窮。有其人已入紀傳而表之者，有未入紀傳而牽連以表之者，表立而後紀傳之文可省，故表不可廢，講史而不讀表，非深於史者也。

萬斯同道出史表的功能是「通紀傳之窮」，其論確屬一針見血。錢大昕在傳中特別引述他對史表的見解，大概認爲這是萬氏史學精要之所在。

萬斯同本人固然撰寫過許多史表（大部份收在歷代史表五十九卷中），而他在京師杜門期間「士大夫就問無虛日，每月兩三會，聽講者常數十人」，他的理論擴散於學界是可想見的。觀乎二十五史補編六鉅冊中所收的「史表」佔一百五十種，「志」及其他僅有九十三種；而一百五十六種史表中，淸人撰的即有一百二十四種。從這簡單的統計，也看出淸人的勇於撰表，而其中大部份且撰於萬氏身後（參梁任公先生淸代學術概論萬有文庫本頁五五，及顧頡剛先生當代中國史學一書上編「近百年中國史學的前期」第一章第二節「舊史表的補訂」）。

然而淸人的重視史表，却非完全由於萬斯同的鼓吹，在萬氏前後及同時，都能找到類似的理論，爰引一二以見。顧炎武日知錄卷二六「作史不立表志」條畧云：

表所繇立，昉於周之譜牒，與紀傳相爲出入，凡列侯將相三公九卿，其功名表著者既系以傳，此外大臣無積勞；又無顯過，傳之不可勝書，而姓名爵里存沒盛衰之跡，要不容以遽泯，則於表乎載之。又其功罪事實，傳中有未悉稱者，亦於表乎載之，年經月緯，一覽瞭如，作史體裁，莫大於是。而范（後漢）書闕焉，使後之學者，無以攷鏡二百年用人行政之節目，良可歎也。不知作史無表，則立傳不得不多，傳愈多，文愈繁，而事跡反遺漏而不舉。歐陽公知之，故其譔唐書，始復班馬之舊章云。

二十五史補編冊一、頁〇〇〇一，有清梅文鼎爲王越讀史記十表所作的序文（撰於康熙五十八年已亥），畧云：

太史公義例皆特創，爲歷代史書所宗。其世家、列傳以及八書，既各自爲首尾而挈其要於本紀，又復爲十表以經緯之，然後千數百年之平陂得失如指諸掌。顧後之作史者多缺表，何也！

同書冊五、頁五九〇九，有清胡德琳序周嘉猷南北史年表（序撰於乾隆四十八年癸卯），畧云：

司馬氏易編年爲紀傳，而八書之外又立十表，或年經而國緯，或年緯而國經，或主地，或主時，或主世系，有深意也。范書以後缺焉，故熊氏方有後漢年表之作，而歐陽子唐書又有宰相世系表。

同書同冊，頁〇一三五，有清夏燮校漢書八表序（撰於「歲在閼逢掩茂之夏」，即同治十三年甲戌），畧云：

史之有表，創自龍門，蓋仿周譜爲之，遂爲歷代史家之所不可廢。表之自爲一體，可以考紀、傳、志之異同焉，可以補紀、傳、志之闕軼焉。且據表以正紀、傳、志之誤與據紀、傳、志以正表之誤者，恆得失相半焉，然則表曷可廢乎？

上引諸文之所論，無疑均能夠道出史表的功能，但都不及萬斯同那樣能一語指出史表的作用與價值，仕邦認爲諸說僅能用來作「史之有表，所以通紀傳之窮」這句話的註釋，故在正文中僅引萬氏的話。至於「表」如何在紀傳體史書中達成

「通紀傳之窮」的效果，請更參本文註七一。

關於萬斯同對史學其他方面的理論，請參杜維運先生萬季野之史學一文（收在中國學術史論集冊二，中華文化出版事業委員會出版）。

志磐立「表」與宋代紀傳體的作風　上面對史表的功能既已作詳細的考述，然志磐知道史表的功能而加以運用，無疑是受到歐陽修新唐書的影響（前面所引日知錄與南北史年表序，都說明歐公立史表是「復班馬之舊章」，唯是歐公在新唐書中並未闡明史表的功能，故仕邦先述淸人的理論以明之）。自新唐書四表（宰相、方鎭、宗室世系、宰相世系）出，宋人所撰的紀傳體史書頗受影響，如北宋馬令南唐書卷三十的建國譜，就是表列南唐各州並注其土地得失的年代。南宋蕭常撰的續後漢書，其卷三爲「建安以來諸侯表」；卷四爲「章武以來吳魏表」。又郝經撰於宋代的另一續後漢書，其卷一是年表（已佚）。則志磐書中有表，當然也關乎歐公以來的修史風氣。

註三六　中國佛教史籍概論頁一一二。

註三七　**志磐與魏書**　統紀通例中的「釋引文」裏面列有「儒中諸書」，所列書目無魏書在內，似乎志磐並未接觸過魏收的著作，而統紀法運通塞志卷三八北魏孝靜帝興和四年條的正文兩處引用「魏書佛老志」，並且明誌「魏收撰魏書，其志佛老曰」云云，可見磐公撰述時是接觸過魏書的。

註三八　**諸志居末的正史**　魏書諸志居末純然緣於諸志晚成之故，這點周一良先生魏收之史學一文曾論及，見龍門書店影印中華書局本魏晉南北朝史論集頁二三七。仕邦按，正史中除了魏書以外，舊五代史輯本也是諸志居紀傳之後的，但這不是薛居正原書的本來面目。據百衲本舊五代史卷首的「編定舊五代史凡例」中申明：「薛史原書體例不可得見」，這既然是輯本，自不可據以推測原本的面貌。又四庫提要卷四十六的舊五代史提要據玉海引中興書目，稱薛史「爲紀六

十一、志十二、傳七十七」。若中興書目所記屬實，則舊五代史原本是「志」在「列傳」之前，輯本蓋邵晉涵等改爲「志」在「傳」後而已。

此外，一部史書的「志」是否居末，也往往因版本之異而有所不同，例如晉司馬彪的續漢書諸志附於劉宋范曄的後漢書中合刻，百衲本是續漢志居後漢書列傳之後，武英殿本則續漢志居前。故正史的「志」位置先後，本無多大意義，不似志磐將諸志居統紀之末的別具深心。

表志居末的其他紀傳體史書　至於不屬於「正史」範圍內的其他紀傳體著作中，仕邦却發現好幾種一如志磐統紀的將「表」和「志」放在紀傳之後，而它們的作者們有此安排，亦似志磐之有所暗示，故附此一併論及。

第一種是撰於南宋咸淳八年的郝經續後漢書九十卷（郝經著書確實年代的考證見註四一），其卷八三至九十爲道術、歷象、疆理、職官、禮樂、刑法、食貨、兵等八錄，這八錄仿史記的「八書」。郝經把諸「錄」放在最後的原因，是由於其書雖然紀述東漢末至晉初的歷史，而八錄所述則往往超乎斷代，如道術錄自伏羲講到佛教，兵錄分爲道、制、陳、教、法、柄、將、地、機、氣、占、攻、守、謠兵、夷兵等十五項，完全是講用兵之道，與當時史事無涉，故置紀傳之末以暗示八錄的內容不盡關書中所述的時代，其用意與志磐將諸志居末；以暗示所記不盡關天台宗史迹，可謂不謀而合。

第二種是清魏源撰元史新編九十五卷，其卷五七至六三爲「表」，分宗室世系、諸王、三公、宰相、氏族五表，卷六四至九五爲「志」，分曆、地理、河渠、禮、樂、選舉、百官、食貨、兵、藝文、外國等十一志。「外國」所以不入列傳，是由於同書卷十七爲太祖平服各國傳；卷十八爲太祖、憲宗兩朝平服各國傳，魏氏大抵不欲將元朝未能降服之國與已降諸國混淆之故。

第三種是清屠寄撰蒙兀兒史記一六〇卷，其卷一四八至一五九是「表」，分宗室世系、諸王、公主、蒙兀氏族，色目氏族、三公、宰相、行省宰相等八表，卷一六〇是唯一的「志」——地理志。

魏、屠二氏何以將「表志」位置「紀傳」之後？仕邦在兩人書中均未檢出何任說明，不過，他們著書在鴉片戰後滿清愛新覺羅氏異族政權弱點畢露之後（參蕭一山先生清代通史商務民五二年臺初版第四冊頁一七九二至一八〇〇，又一九四二至三），大抵他們都不約而同地覺得蒙古奇偓溫氏以外族入主中國，其情況跟南北朝時鮮卑拓跋氏的佔有華北頗相同，故均倣魏書體裁替蒙古王朝修史；以寓貶斥之意，這無疑是一種民族精神的表現。

被尊為「正史」的紀傳體諸志居末均無深意，而非屬正史的紀傳體有此作風都發現別具用心，可謂有趣的對照。

註三九　**明史不收前代書目的理論**　明史卷九六藝文志序略云：

四部之目，昉自荀勗，晉宋以來因之。前史兼錄古今載籍，以為皆其時柱下之所有也。明萬歷中，修撰焦竑修國史，輯經籍志號稱詳博，然延閣廣內之藏，竑亦無從偏覽，則前代陳編，何憑記錄？區區掇拾遺文，冀以上承隋志，至贗書錯列，徒滋譌舛，故今第就二百七十年各家著述，稍為釐次，勒成一卷。

序為清代史官倪燦所作，這篇序亦收在二十五史補編第六冊頁八〇一五至一六倪氏撰的「宋史藝文志補」卷首，倪氏所代表的官家意見，是認為焦竑在明代亦未能偏覽宮內藏書，則修藝文志而兼錄「前代陳編」亦不過「區區掇拾遺文」而「徒滋譌舛」，故志中但收有明一代的著述。

明史的先世同調　明史藝文志這一措施，是跟唐劉知幾的理論有點淵源，史通卷三書志篇論及「藝文志」時已提出：

夫古之所制，我有何力，而班漢定其流別，編為藝文志，續漢已還，祖述不暇，夫前志已錄，而後志仍書，篇目如舊，頻煩互出，何異以水濟水，誰能飲之者乎？愚謂凡撰志者必不能去，當變其體，唯取當時撰者。

明史藝文志之所爲，似乎實行了劉氏的理論。而在劉知幾之前，已有嫌書目「頻煩互出」而實行省畧的目錄學著作，這就是釋道宣的大唐內典錄，拙著中國佛教史傳與目錄源出律學沙門之探討一文的中篇頁三四四至六（刊新亞學報七卷一期）有論及。

註四十　統紀卷二十五山家教典志序。

註四一　**統紀以傳記體修「志」和它的同調**　關於統紀兩立教志採傳記體裁寫成這一點，德國 Herbert Franke 教授已有論及，見中日史學家一書頁一三一。

至於志磐何以採此方式修立教志？本文其他部份已分別作詳細論列，故本註從畧。不過，在紀傳體史書中採此方式的，統紀並非唯一的一種，因爲撰於宋度宗咸淳八年（這年代的確定見後）的郝經續後漢書卷八三的道術錄，也是由許多中國古代聖賢和思想家的簡單傳記組成，其道術錄序稱：

推本伏義至於孟子，以明道術之正，自荀卿至於楊雄，以明道術之差，自楊墨至於仙佛，以明異端之禍，故總爲道術篇云。

郝氏將許多思想家的傳記編之於「錄」，是由於他們都非續後漢書所述自東漢末至晉初時的人、無法置之列傳之部，用意與志磐不欲將佛教異宗人物編入天台宗僧人的列傳中相同。不過，這裏先要說明的；是郝氏著書雖在磐公成書的三年後，但未必受到統紀的影響，說見後。

郝經撰續後漢書年代的考證　續後漢書撰於何時？金毓黻先生中國史學史第七章認爲是撰於宋景定元年以後，但並未確定其年代。其實，郝經本人已將著書年代明白寫出來，續後漢書序稱：

中統元年，詔經持節使宋，告登寶位；通好弭兵，宋人館留儀眞，不令進退、束臂把節，無所營爲，乃破稿發凡，起漢終晉，以更壽書（指三國志）。十二年夏五月，令伴使西珪借書於兩淮制使印應雷，得二漢（書）、三國（志）、晉書，遂作正史，十三年冬十月書成。

郝經在序中明誌從收集史料到改寫陳壽的三國志成爲續後漢書是由元中統十二年至十三年，但元世祖使用「中統」年號僅四年便改元「至元」，何來「中統十二年」？原來郝經被宋人羈留後，並不知道蒙古已經改元。

何以言之？元王逢梧溪詩集卷一有「讀國信大使郝公帛書」一首，詩中有「雪霜蘇武節」與「不知年號改」之句，並且詩的前面有序一篇述其事，畧云：

「霜落風高恣所如，歸期囘首是初春，上林天子援弓繳，窮海纍臣有帛書。中統十五年九月一日放雁，獲者勿殺。國信大使郝經書於眞州忠勇軍營新館。」書蓋如此。公使宋，爲賈似道拘幽十有六年，此書當在至元十一年，是時南北隔絕，但知紀元爲中統也。公手書尺帛，親繫雁足，雁奮身入雲而去，未幾，虞人獲之苑中，以所繫帛書託近臣以聞。書今藏諸祕監，河南王客劉澹齋云。

王逢所記雁足繫書携至北方的事，元史卷一五七和新元史卷一六八郝經傳均有載，雖然郝經這首詩和有關故事也許是元朝政府仿漢代蘇武的故事（參漢書卷五四蘇建傳附子武傳）製造來表揚郝經的忠節，因爲郝文忠公全集卷首載翰林國史院呈請封贈中有「方之蘇武，功則過之」之語，但集中不特未收這雁足詩，而同書卷三九附錄的元袁桷「題郝伯常雁足詩」也不見於淸容居士集，並且王逢也說郝經的帛書「今藏諸祕監」，未見原件。不過，即使這故事出於捏造，它却透露了郝經被拘留時消息隔絕，不知北方已經改元。這是中國歷史上分裂期間常有的事，如東晉時前涼統治者張天錫以「涼州刺史」身份奉晉正朔，當時因南北異地，不知晉已改元寧康而仍沿用晉以往的咸安年號（見拙作論兩漢迄南北朝河西之開發與儒學釋教之進展一文頁一三〇至一，新亞學報五卷一期），就是一個例子。

若郝經因不知元世祖已改元而仍治用舊有的中統年號，則着手著書時的「中統十二年」應相當於元世祖至元八年（一二七一）即宋度宗咸淳七年。而續漢書序稱本年着筆著書前向「兩淮制使印應雷」借三國志等書，仕邦檢淸吳廷燮南宋制撫年表（在二十五史補編册六）卷上淮南東路條，稱咸淳七年至九年這三年中任職兩淮安撫制置使的正是印應雷，這證明續後漢書確在印應雷任內即宋咸淳七、八兩年內完成，郝經由於守節，故使用元世祖年號而不知改元一事爲確。

郝文忠公全集卷首附錄了淸王汝楫於嘉慶十五年庚午（一八一〇）撰的郝文忠公年譜，譜中亦繫借書於印應雷在宋咸淳七年辛未郝經四十九歲時，但王氏未說明他何所據而云然，故仕邦不憚詞費考述如上。

據統紀卷五四的「刋板後記」所誌的日期爲「咸淳（七年）辛未」，正是郝經借書修史之時，很可能他通過印應雷的幫忙而讀到志磐的書，從而效法磐公兩立教志將人物傳記編入「道術錄」中，但寫考據文字最忌使用「必」字，假如認爲甲乙在丙之後而三人理論相若；便唱言「甲乙必獲見丙之文」一類話是最危險不過的武斷，況且統紀刋板後是否當時便馬上風行全國，亦是待考的問題，由於沒有史料爲證，故仕邦不敢假定郝經曾受志磐的影響。

宋史道學傳的先驅

章學誠丙辰箚記畧云：

宋史爲元人所撰，疵病甚多，然有特筆創例，可爲萬世法者，如道學儒林，分爲二傳，前人多訾議。儒術至宋而盛，亦至宋而歧，道學諸傳人物，實與儒林諸公迥然分別，自不得不如當日途轍分歧之實迹以載之。

章學誠稱許宋史依「當日途轍分歧之實迹」分立道學儒林二傳，認爲這是脫脫等的「特筆創例」，而宋史之所以立道學傳，其思想實在與郝經續後漢書之立道術錄的精神是彼此相通的。宋史卷四二七道學傳序畧云：

道學之名，古無是也，三代盛時，天子以道爲政教，四方百姓日用是道而不知，道學之名，何自而立哉？文王周公旣沒，孔子有德無位，旣不能使是道之用漸被斯世，退而與其徒定禮樂，使三五聖人之道，昭明子於無窮。孔沒，曾子獨得其傳，傳之子思以及孟子。孟子沒而無傳，兩漢而下，儒者之論大道，察然而弗知，語焉而弗詳，異端邪說，起而乘之，幾至大壞千有餘載，至宋中葉，周敦頤出於舂陵，乃得聖賢不傳之學，作太極圖說（下畧）。

道學傳序稱孔孟所傳三皇五帝之「道」自漢以後「幾至大壞」，直到宋代始由道學家們再續「聖賢不傳之學」。而續後漢書卷八三道術錄序畧云：

道具於人心，周於日用，故上世聖人躬行實踐，不以爲言。自伏羲畫八卦；造書契，而道術始有傳。次歷神農、黃帝（中畧）於是周公傳之孔子，孔子傳之顏、曾，曾子傳之子思，子思傳之孟子，自是而後，失其傳矣。異端逢湧，波秦浸漢，董仲舒請罷黜百家，終不能用眞儒，於是漢四百年雜而不純，老佛之盛，復兆端三國，自是而道術亡矣。

道術錄序所言也是孔孟所傳伏羲以來之「道」後來如何衰亡，而在開頭說「道具於人心，周於日用，故上世聖人躬行實踐，不以爲言」跟宋史道學傳序開頭說「三代盛時，天子以道爲政教，四方百姓日用是道而不知」豈非辭異而義同？則彼此都在强調「道統」，故仕邦認爲郝經的道術錄可謂宋史道學傳的先驅。脫脫修宋史時所領導的史臣們是否受郝經影響？今不得而知，而郝文忠公全集卷首的「封贈誥詞」記載郝經身後於元成宗大德九年和元仁宗延祐四年受過兩次封贈，則郝文忠公應該是這些史臣們所歆羨的對象，一如某人稱唐時岑文本歆羨六朝庾信所受的榮寵。這些史臣們熟讀郝氏著作也不爲奇的。

註四二　**「正統」與「閏位」的一般觀念**　一般觀念中對中國古史中分裂時期的「正統」和「閏位」的計算法，如南北朝時視南朝爲正統；五代十國時目十國爲閏位，多少是受到資治通鑑的影響。陳援菴先生二十二史朔閏表雖然在例言中申明正閏之說「今日實無辨論之價値，惟當列國分立之際，本表限於篇幅」而「祇得取史家通例，任擇一國列之」，但實際上所「擇」之國是循着通鑑的正閏標準的。

然而，司馬溫公其實是反對這種所謂「正閏」的觀念的，通鑑卷六十九魏文帝黃初二年三月條畧云：

臣光曰：有民人社稷者，通謂之君。合萬國而君之，立法度班號令，而天下莫敢違者，乃謂之王。王德旣衰，强大之國能帥諸侯以尊天子者，則謂之霸。秦焚書坑儒，漢興，學者始推五德生、勝，以秦爲閏位，在木火之間，霸而不王，於是正閏之論興矣。及漢室顚覆，三國鼎峙，晉氏失馭，五胡雲擾，宋、魏以降，南北分治，各有國史，互相排黜，南謂北爲索虜，北謂南爲島夷，此皆私己之偏辭，非大公之通論也。臣愚誠不足以識前代之正閏，竊以爲苟不能使九州合爲一統，皆有天子之名而無其實者也，豈得獨尊奬一國謂之正統，而其餘皆爲僭僞哉！然天下離析之際，不可無歲時月日以識事之先後。據漢傳於魏而晉受之，晉傳於宋以至於陳而隋取之，唐傳於梁以至於周而大宋承之，故不得不取魏、宋、齊、梁、陳、後梁、後唐、後晉、後漢、後周年號，以紀諸國之事，非尊此而卑彼，有正閏之辨也。

在司馬溫公以前，歐陽修亦提出過同樣的理論，其事劉子健先生撰歐陽修的治學與從政一書頁五二（新亞研究所出版）已有論及，此從畧。從溫公等反對「正閏之辨」的這番話，反映出此說的支配潛力，因爲帝王們必然强調自己的天下是「正統相承」於前朝的，雖然亦有卓識的史家如歐陽與溫公等不同意這種論調，但修史時仍不得不因五代是「大宋」所承的前朝而取五代爲正統。

不過，通鑑取五代爲正統容易了解，而曹魏與南朝對趙宋而言，都是綿遠的前代，溫公爲何取其年號「以紀諸國之事」？何況上接五代的隋唐之所以得國，是從北朝的系統而來的！文史通義內篇二文德畧云：

昔陳壽三國志，紀魏而傳吳蜀，習鑿齒爲漢晉春秋，正其統矣，司馬通鑑仍陳氏之說。而古今之譏國志與通鑑者，殆於肆口而罵詈，則不知陳氏生於西晉，司馬生於北宋，苟黜曹魏之禪讓，將置君父於何地。

章學誠「苟黜曹魏」則溫公「將置君父於何地」一語，對通鑑何以採曹魏與南朝年號「以紀諸國之事」是很好的提示。原來「正統」不特從前朝算起，還要上溯前朝以前的朝代是否能與本朝貫串成「一脈相承」，通鑑所以稱「晉傳於宋以至於陳而隋取之」，是緣於東晉南北朝當時的一般觀念；是以江左爲正朔所歸，即北朝君臣亦默認這點（參陳援菴先生通鑑胡注表微一書夷夏篇的晉孝武帝寧康三年、太元七年、宋文帝元嘉二十八年、梁武帝大同三年諸條「表微」之所論），故溫公取隋唐承南朝之統。而南朝上承東晉，晉的天下由曹魏而來，故「曹魏之禪讓」是不能「黜」的，不然趙宋與前代一脈相承的正統便接連不上，

由於通鑑的影響力，形成了以後史學界視南朝爲正統而目北朝爲「索虜」的觀念。

正閏的另一標準　然而在隋唐時代，却曾有過以北朝爲正統而視南朝爲「島夷」的觀念。大唐內典錄卷五後周宇文氏傳譯佛經錄，其序畧云：

世襲亂離，魏晉更霸，各陳正朔，互指僞朝，國史昌言，我是彼非，故北魏以江表爲島夷，南晉以河內爲獯鬻。

周承魏運，魏接晉基，餘則偏王，無所依據。

內典錄這篇序稱北周、北魏屬正統，而認爲其餘的（包括北齊和南朝）是「無所依據」的「偏王」，對「正閏」的看法與通鑑不同。原來一方面由於內典錄是唐初的作品，唐室繼隋而有天下，隋的帝業取自北周，北周則因北魏而得國，故內典錄便將北魏算作晉的承繼者，在唐朝的立場而言，應該視北朝爲正統。至於北齊和南朝的陳，都是被北周和隋所征服的國家，故在征服者的眼中僅能算作「偏王」。

其次是內典錄的作者釋道宣（五九六——六六七）是一位生於江左（他父親是陳朝的吏部尚書）而跑到唐代統治核心的「關隴集團」（此名詞據陳寅恪先生唐代政治史述論稿一書）中心勢力所在的首都長安去弘律的僧人（參拙著中國佛教史傳與目錄源出律學沙門之探討一文中篇頁三〇七至三一一，新亞學報七卷一期），換言之，道宣是以被征服地區的人而跑到征服者的中心地區去作宗教活動。那麽以他的身份在勝朝的首都著書，自然不便稱南朝爲正朔所在，他於內典錄中亟亟强調北朝是正統，我們是不難就其處境而了解的。

註四三　四庫總目卷一四五子部釋家類存目提要。

註四四　**兩志的詳畧**　「淨土」與「諸宗」分立兩志，並且兩者詳畧不同，如淨土立教志中爲立傳的有二百九十人（計爲蓮宗七祖、蓮社十八高賢、蓮社百二十三人中的十人，往生高僧一百三十四人；高尼七人、雜衆五人、庶士二十三人、女倫四十三人、惡輩五人），另爲「往生禽魚」立傳，並且抄錄了淨土宗的文獻「廬山法師碑」、「廬山法師影堂碑」、「東林影堂六事」等，佔了三卷。

而諸宗立教志中，每一宗派都不過替數人立傳（禪宗六人、華嚴宗八人、密宗二人、法相宗二人、律宗二人），又僅以一卷概括之。彼此厚薄懸殊至此，是一個頗有趣的問題。

志磐對「諸宗」的觀感　統紀何以厚此薄彼？這應從志磐對異宗的觀感上探討。本書卷二十九諸宗立教志對所述的每一宗皆有一小序，現依次排比如下：

達摩禪宗序畧云：

直指人心，見性成佛，至矣哉！斯吾宗（天台宗）觀心之妙旨也。謂之教外別傳者，豈果外此爲教哉！誠由此道以心爲宗，離言説相，故强爲此方便之談耳。不然，何以出示楞伽，令覽教照心耶？

賢首（華嚴）宗序畧云：

鎧菴（即最先撰釋門正統的吳克己，見註三）之評謂：法界觀別一緣，謂五教（即五時）無斷伏分齊。然則若教若觀，徒張虛文。圭峰（華嚴宗五祖宗密法師）之修釋門，未免妄談止觀，自餘著述，矛盾尤多。

慈恩（法相）宗序畧云：

慈恩玄贊之作，觀心虧闕，豈足以通一實之典。當天台之興，南三北七為之掃迹矣，豈容慈恩崛起於四海永清之後（因玄奘所譯的解深密經，有「三時」之說，與天台宗的「五時說法」之說相抵觸），是不得不議也。

瑜伽密教序畧云：

持密語以希驗者，非與夫解第一義者妙心一悟；當座而決。是以潔齊三業，精明軌儀，誦專數言，課充億萬，而始獲一感。而於護國救世，尤為至要。

南山律學序畧云：

鹿園初會，多士未純，以故漸制諸戒，用清三業，維南山律師，遠受佛寄，專典毘尼，所以正為末代之機宜也。入道之士，何莫由斯。三學（戒、定、慧）相仍，茲為初步。

從上面所引諸序，知道磐公對禪、華嚴、法相三宗均不予好感，他認為法相宗的理論與天台有所牴觸，華嚴宗不免「妄談止觀」，禪宗由於是宗門大敵的關係，更否定其「教外別傳」之說；並謂禪家心性之學是套自天台宗的「觀心妙旨」。

至於對密宗和律宗，則較具好感。磐公稱許密宗能「護國救世」，而仍嫌其持修之道太煩；不若天台宗「妙心一悟，當座而決」。律宗則因戒律為釋子所必遵，並且天台宗也重四分律，（這可以從本卷律師元照傳中述天台高僧神悟處謙指示照公「汝當明法華以弘四分」一語見之），故他對南山宗亦無貶詞。

由是知志磐對於佛門異宗，是具惡感的多而具好感的少。按，前讀中國佛教史論集冊二所收孫正心先生「天台思想的淵源與其特質」一文，其第七節專論天台思想對各宗派的影響，可惜未及參攷上述這位台宗史家所論各外宗與天台思想的同異，不然，當更增錦上添花之效。

志磐偏重淨土宗的原因　志磐對諸宗的觀感，已如上述，然而他特別給淨土宗另立一「志」，並且位置諸宗之前，何以故？本書卷二十六淨土立教志序畧云：

凡在具惑，而能用三觀智顯本性佛，如四明（知禮）師之言曰：心境叵得故染可觀淨。不礙緣生故想成相起。唯色唯心故當處顯現。斯觀佛三昧之正訣，唯明宗得意者能行之。而獨於念佛之法，無問僧俗，皆足以取一生之證，信哉！

從這段話，知道台宗「中興之祖」的四明知禮認爲他們「觀佛三昧」的教義非要「明」本「宗」而「得」其「意」的人不能實行，不若淨土宗的念佛之能使「無問僧俗，皆足以取一生之證」，甚同意「念佛」的修持方式。同書卷二十七本志爲立傳的「往生高僧」中，竟然有「宋法智知禮法師」的名字，而傳中所記的事迹爲：

述妙宗鈔，釋天台觀，曾於每歲二月望日，建念佛施戒會，動逾萬人，又撰心解，明一心三觀，顯四淨土之義。後召大衆說法，驟稱佛號數百聲，奄然坐逝。

這段記事跟同書卷八法智尊者本紀完全相同，知這不是同名的另一法智知禮，則這位中興之祖，其思想是深契淨土的。

不特此也。往生高僧傳中所羅列的許多僧人，也是本書本紀、世家、列傳中爲立詳細傳記的人物，今表列之如下：

南岳慧思、智者智顗（卷六本紀）
章安灌頂（卷七本紀）
寶雲義通、法智知禮（卷八本紀）
慈雲尊式、興國有基（卷十世家）
淨慧思義、辯才元淨（卷十一列傳）
神照本如、廣慈慧才（卷十二列傳）
神悟處謙、樝菴有嚴（卷十三列傳）
明智中立、桐江擇瑛、一行宗利、慧覺齊玉、憲章仲閔（卷十四列傳）

表中羅列的十九人中，包括了三祖慧思、四祖智顗、五祖灌頂、十六祖義通和十七祖知禮。可見天台宗的具有淨土思想是長遠的傳統，而世家、列傳所載的人物都是宋僧，亦反映宋代台宗淨土思想的瀰漫。

志磐於淨土立教志之末（卷二十八）稱：

今並刪削繁文（指戒珠等所集的各種往生傳），獨著平時念佛；臨終往生之驗，俾修淨業者有所慕焉。

是磐公本人也深契淨土；而且有志提倡念佛修淨業，則統紀將淨土與諸宗分別撰「立教志」，並且淨土志居前，也可知其意了。

由於志磐替志中修淨業的人立傳的原則是「獨著平時念佛；臨終往生之驗」而不及整個生平，故能夠在短短的三卷中爲二百九十人立傳。

宋代淨土思想彌漫的一例證　走筆至此，想起從前讀Stanley Weinstein氏評陳觀勝先生Buddhism in China: A

Historical Survey 一書的書評，認爲宋代的天台宗仍有孤山智圓、四明知禮；律宗仍有允堪、元照等人物，不同意陳先生所著頁三八九稱宋代僅有禪、淨兩宗仍然活躍之說（見Bulletin of the school of Oriental and African Studies Vol. XXIX Part 2. 頁四一五至六）。

現在從上面所考看來，宋時天台宗人物的思想存着如此强烈的淨土意味，連有意著書標榜台宗爲佛教正統的志磐也無法諱言史實，則天台宗也是淨土思想的活躍範圍。至於律宗方面，淨土立教志的「往生高僧」中有「宋靈芝元照律師」的往生異迹，雖然由於卐字續藏全部迻台灣影印的關係，無法讀到藏中乙編第十套的芝園正、續集及芝園遺編這三種元照律師的文集；而不能檢知照公有無淨土思想，而蘇東坡文集卷四十釋教二十三首中有阿彌陀佛頌，其序稱：

錢唐圓照律師普勸道俗歸命西方極樂世界阿彌陀佛，眉山蘇軾敬捨亡母蜀郡太君程氏遺留簪珥，命工胡錫采畫佛像，以薦父母冥福，謹再拜稽首而頌。

元照普勸道俗歸命西方而影響蘇軾捨亡母簪珥以畫佛像一事，釋氏稽古畧卷四繫之於宋哲宗元祐四年，由這件事，知道元照律師也是弘揚淨土的。

從上面所考，知道宋代台、律兩宗其實是淨土思想影響下的宗派。連Weinstein氏所舉的四位僧人中就有兩人（天台宗的知禮和律宗的元照）被證實是深契淨土的。就宋代佛教思想潮流而言，陳觀勝先生從大處立論，所言並非不能成立的。

「往生禽魚」立傳的問題　本註開頭交代了「淨土立教志」有「往生禽魚傳」，傳中計有鸚鵡一，鸜鴿二、魚一。給能夠發聲念佛的禽或魚立傳，恐怕是志磐的創舉。大藏經史傳部三，有三種淨土宗的傳記，第一種是往生西方淨土瑞應傳一卷（不著撰人，末稱：「天德二年，延曆寺廣海沙門日延勸導傳寫之傳焉。」據羅振玉重校訂紀元編，天德是日本村上天皇年號，其二年（九五八）相當中國周世宗顯德五年），第二種是宋戒珠（九八五——一〇七七）撰的淨土往生傳三卷，這兩種都不載禽魚往生事迹。換言之，統紀以前的淨土史籍僅載「人」的往生事迹。

第三種是明袾宏的往生集三卷，其卷二有「畜生往生類」，計有鸚鵡一，鴝鵒二，事迹與統紀所收的全同，另外有一引述菩薩處胎經所載的「龍子念佛」神話，可見袾宏之記畜生往生，是效法志磐的。至於易「魚」爲「龍子」，大概宏公覺得鸚鵡與鴝鵒都能做人聲念佛，而統紀所載羣魚口宣佛號，不免神奇過甚，故有此改易，龍化爲魚是民間故事所常見，宏公也許緣此得到改寫的靈感。

發聲念佛的問題　志磐給禽魚立傳，是由於它們能夠「口宣佛號」，這是中國佛教界最流行的修持方式，不過「念佛」的原義並非如此。阮葵生茶餘客話卷十四念佛條畧云：

> 今人念佛名，手持戒珠記遍數。按木槵子經（按，此經在大藏經經集部四）云，昔有國王名波波梨，白佛言，我國家寇疫、穀貴，民困不安。佛言。大王若欲滅煩惱，當貫木槵子一百八個，常自隨身，心稱南無佛陀，南無達摩，南無僧伽名，乃過一子，如是漸次千萬，身心不亂，獲常樂果。此雖邪説，然止云心稱，不似近日愚婦聲唱呶呶不已也。

阮葵生指出連木槵子經所提倡的「心稱佛號」也是邪説，則「念佛」本義決非如此。雖然阮氏未作進一步的説明，而湯錫予先生文化思想之衝突與調和一文（見往日雜稿）頁一二三有云：

> 通常佛教信徒念阿彌陀佛，不過「念佛」本指坐禪之一種，**並不是口裏念佛**（口唱佛名）。又佛經中有「十念相續」的話，以爲是口裏念佛名十次，不過「十念」的念字乃指着**最短的時間**，和念佛坐禪以及口裏念佛亦不相同。中國把念字的三個意義混合，失掉了印度本來的意義。

從錫予先生這番話，知道「念佛」的本義與後來的混淆。而這種混淆，似乎唐初已開始了，法苑珠林卷二十敬佛篇的念佛部畧云：

譬喻經云：昔有國王煞（殺）父自立，有阿羅漢知此國王不久命，尋往化之，勸教至心稱南無佛，七日莫絕，王便叉手一心稱說，晝夜不廢。至於七日，便卽命終，魂神趣向阿鼻地獄，卽便大聲稱南無佛，獄中罪人聞稱佛聲，皆共一時稱南無佛，地獄猛火卽時化滅，一切罪人皆得解脫。

珠林引述這段佛經可注意的；是同時描述了「心稱」與「聲稱」這兩種念佛形式，珠林作者釋道世是唐初人，「口宣佛號」的念佛形式起碼在當時已有世公作此鼓勵，故降至宋代發聲念佛的盛行而有志磐爲撰「淨土立敎志」，亦無足怪了。

本註所論，蒙　嚴師歸田啓發至多，因爲起先仕邦認爲本文僅論紀傳體的性能，對這個關乎宋代敎派的問題初欲置之不論，後經　歸田師誨示其中尙有可發揮之處，鼓勵繼續探討，終而有上述的豐富收穫，謹附此誌謝。

註四五　統紀通例中的「釋志」。

註四六　同前註。

註四七　**明史的圖**　清阮葵生茶餘客話卷十「修明史六十年」條稱：

本朝修明史，曆志內增圖，歷史所未有，其詳核實過從前。

阮氏謂「歷史所未有」，不可，因統紀在數百年前已使用揷圖，若改這句話爲「正史所未有」則甚確。

明史曆志所載的圖，計爲卷三一的「割圓孤矢圖」、「側立之圖」、「平視之圖」、「月道距差圖」及卷三三的「二至出入差圖」，都是些平面幾何圖。明史這種新創制就時代言，是跟西洋曆算之學已傳入中國有關。

曆志增圖與西洋曆算的輸入

何以言之？章學誠乙卯劄記（商務版章氏遺書第六冊）頁七一畧云：

杭大宗曰：明氏曆志，爲錢塘吳任臣分修，總裁者，睢州湯中丞斌也，繼以崑山徐司寇乾學，經嘉禾徐善，北平劉獻廷，毘陵楊文言，各有增定，最後以屬餘姚黃聘君宗羲，又以屬梅宣城文鼎。

章氏所記參預修明史曆志的有上述諸人，其中湯斌、徐乾學、劉獻廷、吳任臣、梅文鼎等參修之事在清史稿他們的列傳（見第五十、五一、六八、二七一、二九三）都有述及，而其中梅文鼎是清初研究西洋曆算最有成就的人，李儼先生中國算學史（商務民二十六年版）頁二四八至九；與方豪先生中西交通史（中華文化出版事業社版）第四冊頁十八至九都特別述及他。又清史稿列傳二七一劉獻廷傳畧云：

參明史館，其論方輿書，當與各疆域前測北極出地，定簡平儀制度爲正切線表。

是劉獻廷也是對數學有認識的人。此外，章氏述及的徐善亦爲數學家，李儼先生另一著作中國算學史論叢（正中書局民四十三年版）頁二七八和二九七至三〇三收錄了徐氏與梅文鼎二人的數學著作目錄。從參修諸人的學養看，則明史增入幾何圖，亦可知其故了。

註四八　**史書應有「圖」的理論**　通志卷七二圖譜畧的索象篇畧云：

見書不見圖，聞其聲不見其形，見圖不見書，見其人不聞其語。圖至約也，書至博也，即圖而求易，即書而求難。古之學者，置圖於左，置書於右，索象於圖，索理於書，故學亦易爲功。後之學者，離圖卽書，尙辭務說，故學亦難爲功。

同書同卷明用篇畧云：

圖譜之用者十有六，一曰天文，二曰地理。（中畧）星辰之次，舍日月之往來，非圖無以見天之象。山川之紀，春夏之分，非圖無以見地之形。天官有書，書不可以仰觀，地理有志，志不可以俯察，故曰：天文地理，無圖有書，不可用也。

以上鄭樵的意見，志磐很可能受到影響，雖然統紀的「釋引文」中沒有將通志列入，但從註三七所述磐公與魏書的關係，則受通志影響的可能性不是沒有的。又文史通義內篇一、書教下畧云：

天象、地形、輿服、儀器，非可本末該之，且亦難以文字著者，別繪爲圖以明之。蓋通尙書春秋之本原，而拯馬史班書之流弊，其道莫過於此。

是章學誠認爲紀傳體應有「圖」始能拯其流弊，其作意跟鄭樵先後輝映。

註四九　**揷圖的應用**　關於中國出版書籍的附有揷圖的歷史，請參李書華先生中國印刷術起源一書（民五十一年新亞研究所出版）頁九七、一五一至二、一六一至二及一七三。又參王伯敏先生中國版畫史一書（一九六一年上海人民美術出版社版）頁一三至四及頁三四。

註五十　統紀通例中的「釋志」。

註五一　統紀卷三三法門光顯志序。

註五二　中國佛教史籍概論頁一二三。

註五三　參拙作「書目答問編次寓義之一例——佛教書目之編次」一文，刊新亞學術年刊九期。

註五四　**釋門的類書**　統紀之立「會要志」，可說是受到兩個影響。第一是佛教本身類書的編纂發達，如現存的唐釋道世法苑珠林，北宋釋贊寧僧史畧、釋道誠釋氏要覽；南宋釋法雲翻譯名義集等都是。並且，北宋時就有過一部書叫「釋氏會要」。

關於「釋氏會要」

大藏經目錄部有高麗沙門義天編纂的「新編諸宗教藏總錄」，其卷三有載：

輔教篇三卷　契嵩述
釋氏會要四十卷　仁贊述
右繞行道正儀章一卷　允堪述

「釋氏會要」一書僅於此有著錄，這部書的作者仁贊事迹無考，故不知作於何代。而新編諸宗教藏總錄的作者義天是天台宗第十九祖從諫慈辯的法裔，統紀卷十四有傳，畧云：

僧統義天，王氏，高麗國文宗仁孝王第四子，辭榮出家，封祐世僧統。（北宋哲宗）元祐初入中國問道，及見天竺慈辯，請問天台教觀之道，禮智者塔，爲之誓曰，已傳慈辯教觀，歸國敷揚，願賜冥護。

傳稱義天是約相當中國北宋時人，「釋氏會要」亦當流行於北宋而爲義天所著錄。

然而義天搜訪的是高麗見存的內典，故三卷的卷首均明誌「海東有本見行錄」，「海東」是古代高麗僧人行文時對本國的一種別稱，如覺訓所撰的高麗僧史便叫「海東高僧傳」，換言之，這部「釋氏會要」僅流行於高麗，而作者仁贊也可能非華僧。不過，義天將仁贊的書與中國北宋時禪宗沙門契嵩（禪林僧寶傳卷二七有傳）及律宗沙門允堪（統紀卷二九律宗立教志有傳）的著作放在一起，大概因爲三書都撰於宋代的關係。並且在北宋以前的佛教史籍（包括類書），無有以「會要」爲名的，仁贊取此名冠自己的著作，無疑是受到宋代會要撰修發達的影響。

宋代「會要」的撰修　原來「會要」之名，始於唐代的蘇冕，而這種書撰修大盛於兩宋（見金毓黻先生中國史學史第六章第三節及李宗侗先生中國史學史第七章第三節）。宋會要輯稿冊一卷首有國立北平圖書舘於民二十五年十月發表的「影印宋會要輯稿緣起」，畧云：

歷代史籍中之有斷代的會要，自唐貞元中蘇冕纂修唐會要始。自是以降，會要體史書與編年體之實錄；紀傳體之國史，鼎足而峙，皆足代表一代或一朝之故實，而趙宋一代，會要之輯，前後共歷十次，成書凡二千二百餘卷，開歷代會要體未有之紀錄。

兩宋會要撰修的發達，固然影響了釋門中的仁贊，而志磐何嘗不受此影響，故管見以爲統紀立「會要志」除了佛門本身的第一影響外，還要加上俗世會要撰修的第二影響。

註五五　統紀卷五一歷代會要志序。

註五六　同註十八引冉雲華先生一文頁八一。

註五七　五代史記卷七二的「四夷附錄」序。

註五八　參前註。

註五九　**關於「歷朝憲章類誌」**　歷朝憲章類誌原本現今保存於北越首都河內，本文引用的是　陳師孟毅所珍藏的輾轉錄鈔而得的鈔本。仕邦所見到的有十八卷，計爲國用誌（卷二九至三二）、刑律誌（卷三三至三八）、文籍志（卷四二至四五）、邦交誌（卷四六至四九）。

本書由於是一部不完全的鈔本，並無序文或後記，無法知道著作年代。而書中各卷的記事中注明年代的，最晚一條爲卷三三刑律誌的「歷朝刪定之綱」，所誌年代爲「顯尊景興三十八年」，「顯尊」即越南黎朝的顯宗皇帝，其景興三十八年（一七七八）去黎朝傾覆的黎愍帝昭統三年（一七八九）尚有十二年（參日本岩村允成氏著、許雲樵先生譯的安南通史星洲世界書局一九五七年版頁一五六至一六三）。則潘輝注可能是黎朝末年的人。

然而其書卷四二的文籍志序稱：

夫有黎之興，斯文日盛，三百餘載，制作備詳，文獻甲於中州，典章乘於後代。

這番話固然像當時人捧本朝的恭維話，蓋自黎太祖順天元年（一四二八）到顯宗景興三十八年，也有三百五十年的歷史，固然合於序所言的「三百餘載」，而黎朝尚未覆亡。但潘氏行文時不用「我黎」或「本朝」而用「有黎」，則倒像所講的是前朝之事，也可能他是繼黎朝而有天下的阮朝時代的人。

仕邦認爲潘輝注使用「有黎」二字，有兩個可能，一是潘氏本用「我黎」或「本朝」，而爲阮朝刻書時所改，一如通鑑胡注所發生的問題（參陳援菴先生通鑑胡注表微一書的「本朝篇」），一是潘氏爲黎、阮之際的人物，著書已在新朝而述前朝之事，一如越南另一部史書滄桑偶錄。

滄桑偶錄上下卷，越南范松年、阮敬甫仝編輯，書爲本研究所東南亞研究室所藏。其書卷首有馮翼撰的序文，稱「二公生於黎末，所遇者滄海而變」，又稱偶錄爲「李、陳、黎、鄭（諸朝）以來，上下數百載，間有國史所未詳，稗官所未載」的一部書，換言之，滄桑偶錄是阮朝時追述前代諸朝的一部書。而歷朝憲章類誌無一條阮朝記事，大概亦屬此類。今以史闕有間，未能確定潘氏的時代，故僅能作如上的推測。

註六十　**編年史能否保存典章制度的問題**　正文所引，見於鈔本歷朝憲章類誌卷四二文籍誌頁十五，潘輝注是爲了爲黎朝的黎貴惇寫成第一部紀傳體的越南史書「黎朝通史」而發此感慨。

仕邦引用此條，並非自憙於得見珍本，而是爲了中國以前也發生過類似的問題，如周一良先生魏收之史學一文的頁二四四（見魏晉南北朝史論集）曾言及北魏孝文帝時：

高祐李彪等始奏編年體遺落時事，三無一存，故奏請從遷、固爲紀表志傳之體，太和十一年十二月，詔秘書丞李彪、著作郎崔光改析（崔浩所修之）國記，依紀傳之體，而仍其舊名。

就是一個例子。

然而，中國紀傳體的史書自漢晉以來便非常發達（讀隋書經籍志史部卽知），就算北魏李彪等人遇到這問題，他們所感覺到的嚴重性自不若其國向來沒有紀傳體的越南史家潘輝注的感覺來得深切（潘氏著書的目的，完全是針對保存典章制度的問題），故特別借重這位越南史家的話；來說明紀傳體這一傳統史學體裁的優點。

潘氏見解的商榷　潘輝注指出編年體無法保存過去的典章制度，這句話需要有所申論，因爲司馬溫公的資治通鑑，一般認爲是能夠紀述典章制度的一部編年史，如通鑑卷二一二，唐開元十二年條胡注畧云：

溫公作通鑑，不特紀治亂之迹而已，至於禮樂歷數；天文地理，尤致其詳。讀通鑑者，如飲河之鼠，各充其量而已。

張舜徽先生認爲「胡注雖僅在正處發其凡，推之全書，莫不如此」（中國歷史要籍介紹頁一四二），由於通鑑有這蘊藏，故宋代的沈樞卽將溫公書中的典章制度資料輯錄並改寫爲通鑑總類二十卷。

不過，通鑑撰以寫前，中國早有汗牛充棟的史書，不特十七史中有不少的「志」，而專講典章制度的史書亦非少數，溫公著書時當能博採兼收，故保存許多典章制度的史料於通鑑之中。換言之，非先有中國的史學背景，編年史是做不到這一步的。

至於一向僅用編年方式修史的越南，因爲沒有其他體裁的史書保存典章制度的史料，則不免遇上潘輝注所指出的嚴重問題。就算通鑑能記載典章制度，也不免「殊傷闕畧」與「得精而遺其粗」（見張須先生通鑑學頁二一九）之嘆，是知越南潘氏所言是確切之論。

章學誠的補救辦法　章學誠提出史書另編「別錄」，認爲如此則編年史亦可做到有「書志」的作用。文史通義外篇一史篇別錄例議畧云：

今爲編年而作別錄，其大制作，大典禮，大刑獄，大經營，亦可因事定名，區分品目，注其終始年月，是編年之中可尋書志之矩則也。

章氏的見解無疑有其卓越之處，但這僅是一種建議，直到現在還未經有志修史的人所實行過，故不能據此認爲編年史可保存典章制度。

註六一　**越南的主要史籍**　現存紀述越南自太古以迄黎朝的史書中，大越史記全書和越史通鑑綱目是最主要的兩部書。它們相當於越南古代的正史。前者是集合越南陳朝黎文休、黎朝潘孚先、吳士連、范公著、黎僖等史臣所修撰的各種均名爲「大越史記」的編年體史書刪削成編，故稱「全書」，本研究所東南亞研究室所藏爲日本引田利章氏校訂本、埴山堂出版。後者是阮朝史臣潘清簡、范愼遹等奉阮翼宗嗣德八年（一八八五）上諭「筆削褒貶，一準紫陽綱目書法」（見本書卷首）編纂而成的編年史。本文註五九假定歷朝憲章類誌作者潘輝注是越南黎阮之際的人物，他也許未見越史通鑑綱目，但黎文休、吳士連諸人的「大越史記」不容不見，故他說「我越之史惟有編年」。

註六二　宋書卷十一律志序（參清郝懿行晉宋書故的「宋書律志」條），沈約之說爲史通書志篇所本。

註六三　**史志增減的自然因素**　關於「志」在紀傳體中的增減，一般以爲或緣於當時未有某類典章制度存在，或當時有某類典章制度存在；而修史時缺乏有關史料，由於上述情形，都可造成某部史書缺乏某類的「志」。例如稱爲「捺鉢」的畋漁生活方式是契丹「立國規模」之所賴，故二十五史中唯遼史有「營衛志」，這便是關乎典章制度存在與否的問題，又如新唐書和五代史記均歐陽永叔所修，而前者有藝文志，後者便沒有，這便是關乎史料是否缺乏的問題。上兩例均屬於史志增減的自然因素。

史志增減的人爲因素　除了上述的自然因素之外，還有由於人爲因素而造成某部史書中是否有某類的志，今舉三例如下：

（一）「遺規」的限制　古時修史有許多須要遵守的「遺規」，仕邦曾聞　牟師潤孫談及柯鳳孫先生親言所修新元史中不立藝文志的原因，是爲了「藝文志」其實是大內的藏書目，這是班固據劉歆七畧以修漢書藝文志以來的「遺規」，現今元代宮闕藏書目錄已不可覩，故雖有清錢大昕搜輯而成的「補元史藝文志」也不能採用云。這就是第一種的人爲因素。

按，管見以爲這些「遺規」「家法」等等在今日都屬於不合時宜的史學觀念，我們若根據它們去了解往日的史學方法，從而推陳出新；以求古爲今用則可，假如生於現世紀而依然固步自封地墨守這些足以妨礙進步的繩規則大可不必。假使看不到某朝代的宮內藏書目便不容撰寫某朝代之史的藝文志，則二十五史補編所收；甚至台灣師大國文研究所集刊創刊號中新撰的許多補諸史藝文志的價和貢獻豈非都應被否定了嗎？事實上，我們都明白絕非如此，如梁任公先生利用清丁國鈞補晉書藝文志來說明晉代「玄學之外，惟有史學」（中國歷史研究法台灣中華書局本頁十七），就是這些補藝文志價値的一個簡單有力的例證。又梁先生清史商例初稿（見飲冰室專集第八册）認爲若修清史藝文志時應該「廣收」和「博搜」，可見接受過新思想的史家固未主張必據清宮庋藏自限。柯鳳孫先生的理論，不過代表過去史家們的保守性格，柯先生終生以遺老自居，如此堅持是無足怪的。

（二）史家鑒識的限制　史家鑒識的高下，也影響史書立某類的史志與否。例如「兵」爲守土衞國所必需，軍事制度的張弛關係國運甚大，雷海宗先生甚至認爲中國長期積弱「最少由外表看來東漢以下永未解決的兵的問題是主要的原因」（中國的兵一文頁四七，清華社會科學一卷一期），而二十五史中最先立「兵志」的是新唐書，以前諸史都沒有（

雖然廿二史劄記卷一認爲史記的「律書」即「兵書」，但僅屬忖測之辭）。舊唐書成於後晉，早在歐公著書以前，何以舊唐書沒有「兵志」？當然這也許是史料的問題，廿二史劄記卷十七新唐書增舊唐書處條畧云：

> 五代紛亂之時，唐之遺聞往事既無人記述，殘編故籍，亦無人收藏，雖懸詔購求，而所得無幾，故舊唐書援據較少。至宋仁宗時，則太平已久，文事正興，人間舊時記載，多出於世，故新唐書採取轉多。

但趙翼所舉歐公書增劉昫舊作之處，僅屬「紀」與「傳」的內容，並未言及兩唐書體例的同異。並且趙氏稱五代時搜求不易的僅是「遺聞往事」和「殘編故籍」，未有論及記載典章制度的官方文獻有無顯隱的問題。觀乎兩唐書都能立許多「志」，可見官方文獻如唐六典等並無如何散佚，則歐公能立「兵志」；不是史料能獲得與否的問題。

按舊唐書成於軍無歲寧的五代，當時的史官們竟未能反省到當世紛亂之局是緣於唐代府兵制度破壞以後再經藩鎮割據之之局（參　錢師賓四國史大綱第二十四、二十七、三十各章）而禍延到他們身上，而必待歐公始注意到「兵」的重要性而立「兵志」，這就是史家鑒識高下的問題。

唐長孺先生撰唐書兵志箋正一書，其序文畧云：

> 人所共知，宋皇朝自建立以來，一直堅持重內輕外的政策，兵志的中心思想便在於此，作者一再叮嚀決不能把兵柄交給將帥。兵志是很贊美府兵的，然而還是從重內輕外這一角度出發，並不像很多人那樣注重軍費開支的節省。

從唐長孺先生這番話看，則歐公立「兵志」，同時可代表宋人在大局已定之後的痛定思痛的表現。

（三）偏見的影响　人的偏見也能影響修史時立某類的「志」與否。例如佛教能在中國建立其基礎以至延綿二千餘年迄今，東晉是一個最重要的時代，陳觀勝先生Buddhism in China: A Historical Survey 一書第三章的題目便叫作"Initial Contact and Response: Buddhism Under the Eastern Chin Dynasty"。魏書已立釋老志，晉書更應該立釋老志，而晉書並沒有。

假如說唐初修晉書時晉代的佛教史料早已散佚，則幾部完成於唐初（即修晉書的同時）的佛教典籍如釋道宣的廣弘明集、大唐典錄和釋道世的法苑珠林諸書裏面固然必闕晉代佛事的記載，而晉書卷九十五藝術傳中也不能替佛圖澄、單道開、僧涉、鳩摩羅什、曇霍等五位蕃漢沙門立傳了，可見不立釋老志非關史料不足的問題。

晉書所以不立釋老志，周一良先生認爲是史臣們出於「儒家排抵佛老異端之心」（見魏收之史學一文）。除了史臣們本身的儒家偏見以外，仕邦想到還有一層，就是晉書是房玄齡等奉唐太宗之命修撰（見舊唐書卷六六房玄齡傳），而唐太一向討厭佛教（見湯錫予先生往日雜稿中的「唐太宗與佛教」一文和陳援菴先生刋於史語所集刋二本一分的「大唐西域記撰人辯機」一文），史臣們又安敢立釋老志於晉書？這就是說，晉書所以不立釋老志，除了史臣們本身的偏見以外，還加上「人主」的偏見之故。

註六四　佛祖統紀序。

註六五　同前註。

註六六　同註六二。

註六七　此點蒙　唐師君毅誨示。

註六八　**紀傳體「呆滯」的商榷**　紀傳體之所以被認爲機械呆板公式化，往往是學者對官修正史的詬病所引起，如文史通義外篇一史篇別錄例議曾指出：

史遷創例，非不知紀傳分篇，事多散著；特其書自成一家，詳畧互見，讀者循熟其文，未嘗不可因此而識彼也。降而晉（書）隋（書），降而宋（史）元（史），史家幾忘書爲紀事而作，紀、表、志、傳將以經緯一朝之事，而直視爲科舉程式，胥吏案牘，所謂不得不然之律令而已。

章學誠對官修史書的指摘，是緣於他贊成修史應屬專家之學而反對成於衆手（參　錢師賓四中國近三百年學術史第九章「章實齋」的「專家與通識」一節），其實在數百年前，劉知幾已在史通卷二十忤時篇中指出「籍以衆功」修史的「不可有五」了。

不錯，官修史書免不了有劉、章二氏論的毛病，但這往往由於史官處置失宜，非關紀傳體本身的缺陷。反過來說，官修正史也有它的優點，楊蓮生先生在所著The Organization of Chinese Official Historiography: Principles and Methods of the Standard Histories from the T'ang Through the Ming Dynasty.一文（收在中日史學家一書中）頁五四至五八指出自宋以來，官修正史在方法上實在有許多改進和簡化。杜維運先生著「與西方史家論中國史學」一書更認爲「中國官修正史是一極優良的史學傳統」（見其書第四章第二節）。

註六九　**佛教史籍的史學地位**　冉雲華先生嘗慨嘆於金毓黻、李宗侗兩先生的中國史學史都未論及佛教的史學發展，而注意及此的僅有陳援菴先生的中國佛教史籍概論（見德意志東方學會學報一一四卷二期頁三六○）。冉先生的觀察是對的，因爲中國佛教本身有其史學傳統，而僧人修撰教史，其所採的體裁與作風都時刻受到俗世史學潮流的影響，如魏晉南北朝時人物傳記的撰寫發達（參　錢師賓四畧論魏晉南北朝學術文化與當時門第之關係一文，刊與亞學報五卷二期）而導致了佛門中亦撰寫名僧傳和高僧傳，自宋代通鑑學興起後佛門中亦多編年史（如隆興佛教編年通論、釋氏通鑑、釋氏資鑑、佛祖歷代通載等），又南宋自朱熹通鑑綱目倡導了以「書法」爲主的一派史學；而佛門中亦出現了科分六學僧傳、高僧摘要等等，都是例子。換言之，中國佛教史學其實是中國史學的一條重要支流，是從事研究中國史學史的人所不應忽畧的。不過，這條支流仍有待於探討和開闢，拙作中國佛教史傳與目錄源出律學沙門之探討一文（刊於新亞學報六卷一期；七卷一、二期），僅是參加這方面探索的初步嘗試而已。

註七十　見大藏經續諸宗部十二、頁四四，佛照禪師語錄卷下所引。

註七一　**「表所以通紀傳之窮」的一例證**　前面註三五曾論及淸萬斯同對史表功能的闡述，萬氏本人寫過一部歷代史表，其中有各朝代的「大事年表」，功用與呂澂先生所述日本元亨釋書中的年表相若，但歷代史表是獨立而非麗附於紀傳體的史書中，故單從萬氏這部著作，將無法了解他本人所鼓吹「表所以通紀傳之窮」的眞義。假使我們要另從紀傳體一類的著作中探求之，元亨釋書似乎是合適的，因爲元亨釋書有傳、表、志，而其年表的作用頗似佛祖統紀的「法運通塞志」，因爲若僅據書中各僧傳，將無從完全反映日本佛敎盛衰與俗世的關係，而其年表正好補此不足。然而由於元亨釋書在香港無緣拜讀，上述不過據呂澂先生所述而作的忖測。

不過，從現代的史學著作中，仕邦意外地找到了在一部史書中達成一如萬斯同所言「表所以通紀傳之窮」的事實，這就是羅爾綱先生太平天國史稿卷三的「捻軍抗淸表」。

何以言之？因爲羅爾綱先生有志給淸代太平軍起義的事迹以「正史」體裁修一部史書，而太平天國「享國」甚暫，所以本紀部份除了天王洪秀全之外，勉强加入幼天王洪天貴。而太平天國的「天京」陷落後，仍有奉「太平天國」年號的捻軍繼續與淸兵作戰達四年之久，故羅先生特別給太平天國反淸運動的繼承者捻軍這四年的戰史立一紀事年表，並且在凡例中申明：

幼天王殉國於太平天國甲子十四年冬，但太平天國史蹟則至戊辰十八年梁王張宗禹軍覆徒駭河始已。若將幼天王殉國後大事繫於本紀則與史例有悖，若削而不書則爲失載，故本書幼天王本紀斷至殉國時，而其後捻軍史蹟則另立捻軍抗淸表於表部之首，緊接本紀之後，以續本紀未竟之紀年焉。

捻軍抗清表既然是爲了「續本紀未竟之紀年」，豈非「表所以通傳紀之窮」的有力證明嗎？因述元亨釋書的年紀事表，附論其事於此。

註七二　**元亨釋書的年代及撰人問題**　「元亨釋書」之所以命名，據呂澂先生所述是由於它記事至「元亨年中」而止，「元亨」是日本後醍醐天皇年號，其元年相當中國元英宗至治元年辛酉（一三二一），即其書最早也要到十四世紀中葉纔修成。

關於這部書的撰人，呂澂先生說「或云係凝然，或云係師練，今猶無定論」，這兩位日本僧人的傳記在香港無緣得見，但仍可畧考知兩人的年代。今先述凝然，大藏經續諸宗部三有五教章通路記，其卷四十九有附記一條（在頁五九○），稱：

應長元年辛亥六月七日，於東大寺戒壇院內述之，華嚴宗沙門凝然，春秋七十二。

應長爲日本花園天皇年號，其元年相當於中國元武宗至大四年（一三一一），凝然在應長元年時爲七十二歲，若十年後之元亨元年時仍健在，則屆八十二高齡。元亨共有三年，設若凝然撰元亨釋書於元亨以後，最低限度已有八十五、六歲，以耆年而完成此體例複雜的僧史，雖然不是沒有可能，但可能性未免太微了，何況這部佛教史據呂澂先生所述，是費了十七年功夫修成的。

繼述師練，大藏經續諸宗部十一，有聖一國師住東福禪寺語錄，題「圓爾辨圓語，嗣孫師鍊纂」，語錄卷首有小序一篇（在頁十七），末稱：

元德三年二月初五日，三聖孳孫師鍊敬序。

元德是日本後醍醐天皇年號，其三年相當於中國元文宗至順二年（一三三一），正好在「元亨年中」之後。則師練撰元亨釋書的成份，自然較凝然爲高，大藏經同部頁四十四所錄的元亨釋書佛照禪師傳（參註七十）就是題「濟北沙門師鍊撰」。此外朱雲影先生日本史學與中國史學一文（收在中日文化論集續編册一）頁七四也認爲這部書是師鍊的作品。

由於元亨釋書的成書和傳說的兩位撰人的時代都相當於中國元代的中葉，故仕邦認爲這書是受到佛祖統紀傳入日本後的影響而產生的一部宗教史。據陳固亭先生五代與兩宋中日關係述要（收在中日文化論集續編册一）一文論及兩宋時中日僧人通過宋代商舶往返兩國間的活動直到南宋端宗景炎三年（一二七八，即統紀成書的十年後）仍進行，並且通過僧徒和宋商之手；不少內典與儒書流入日本（見頁一六五至一七七，參朱雲影先生中國歷代商業活動對日韓越的影响一文頁七十至二，師大學報第十三期）。則統紀通過宗教與商業兩種活動而流入日本是很自然的事。

雖然朱雲影先生在中國史學與日本史學一文頁七五引日本丸山二郎「關於元亨釋書的考察」認爲這部僧史是「依史記、漢書體裁編述的日本僧侶的全史」，但朱先生在同文頁七四已指出師鍊熟悉中國僧史而「談到中國的高僧時，師鍊無所不知」。而中國的佛教史籍中除了天台宗所撰的釋門正統與佛祖統紀採紀傳體的複雜體裁著書之外，其餘的大多屬結構簡單的僧傳，師鍊要編著一部僧史，與其謂他從史、漢的體裁方面獲得靈感，不若謂從他所熟悉的中國佛教史籍中的某些現成著作中獲得靈感爲近理，故仕邦不同意丸山氏的考察，而認爲卽使師鍊曾參攷史記和漢書，也緣於從佛祖統紀獲得紀傳體結構的概念後，進一步研究這兩部始創紀傳體裁的著作以爲著書的借鏡而已。

註七三　日本天台宗僧人對志磐的崇敬　海潮音文庫第二編「天台宗」（民二十年八月出版）有日本梅谷孝永撰天台宗之法系一文，其第二節「關於天台宗之法系」畧云：

佛祖統紀一書爲支那天台宗唯一之歷史（仕邦按，他不知有釋門正統），余此次遊歷寧波郊外四明東湖，參拜統紀著者志磐法師。志公於宋咸淳年間著此紀述，爾後台宗歷史則無聞矣。老衲在上海覺園淨業社之招待會中邂逅現代天台巨擘諦閑大師。

同文第三節「佛祖統紀之天台法系」畧云：

列叙世系，此十祖興道尊者，乃我宗傳教大師嗣法之唐道邃法師也。

梅谷氏自稱「老衲」，又謂天台宗爲「我宗」，可見他是日本現代的天台宗僧人，他來華後特地往寧波參拜志磐，則他對這位本宗先世大史家的崇敬可見。而這種尊崇的表現，正反映日本釋門中人對統紀一書的重視，觀乎彼邦於一九三八年將統紀譯成日文（見遠東十卷一期冉雲華先生文頁六二），足作旁證。

附錄：佛祖統紀目次

諸師列傳（十卷）	卷十一至二十
諸師雜傳	卷二十一
未詳承嗣傳	卷二十二
表：	
歷代傳教表	卷二十三
佛祖世繫表	卷二十四
志：	
山家教典志	卷二十五
淨土立教志（三卷）	卷二十六至二十八
諸宗立教志	卷二十九
三世出興志	卷三十
世界名體志（二卷）	卷三十一、三十二
法門光顯志	卷三十三
法運通塞志（十五卷）	卷三十四至四十八
名文光教志（二卷）	卷四十九、五十
歷代會要志（四卷）	卷五十一至四

王維行旅考

莊申

王維的一生，游踪頗廣。就他自己的詩文看來，他曾東至濟州，南至潤州。在西北高原，他曾壯遊居延，而且橫越內蒙沙漠。在關中，他西至大散。在中原，他南下襄陽。在西南，他穿越三峽，由鄂入蜀。又道出褒斜，由蜀而陝。王維的這些行踪，如能把保存在他詩文裡的材料，綜合排比，細心考索，似乎無不都是明顯可尋的。可是關於王維的行旅，千餘年來，學者向無論述。呂佛庭先生雖於其近著「中國畫史評傳」內在討論到王維的時候，認爲「摩詰一生足跡所至，不出陝西、四川、河南、湖北四省的籍圍」（註一），似乎對於王維的行旅，已有定論，其實他的觀察如果不是不正確，至少是不夠仔細。因爲他雖知道王維曾至河南，但卻不知王維是因爲赴貶山東而行經河南。同樣的，該書雖說王維「在陝西所遊最遠的地方是黃花川」，但卻不知道王維之行經黃花川是爲遠赴甘肅的凉州。看來直到目前爲止，王維一生的行旅，不曾爲人澈底瞭解。王維在開元九年（七二一）中舉，同年授太樂丞。開元十年或次年（七二三），被貶官濟州。他一生中戲劇化的四出長安，就以這次東行濟州爲始。本文亦以王維的濟州之行爲起點，而對他一生的行旅，試作全面性的考察。

（一）貶官濟州

（一）東行河南

濟州，在今山東茌平縣西。所以王維的行赴貶所，是東行。由長安向東，出潼關，就是河南。在河南境內，王維首先經過有名的金谷園舊址（註二），然後到達洛陽。金谷園是晉代石崇與其豔姬綠珠的故居（註三）。洛陽則是歷代要地，也是唐代東都。可是在王維的詩文中，對於上述二地，他都沒有什麼特別的描述。由洛陽再向東，他行抵滎陽。由滎陽再向東行，到達鄭州，其地即今之鄭縣。這時除了他由家裡帶出來的僮僕之外，王維舉目無親。在「宛洛望不見」與「他鄉絕儔侶」的情況之下，他感到孤寂。何況早當他在滎陽的時候，已因河南方言的有異於關中音系而有陌生之感（註四）？

王維大概由鄭州，折向東北，到了滑州，其地即今滑縣。當時滑州在大河之南，而黎陽在大河之北。所以滑州屬河南道，黎陽屬河北道。滑州與黎陽雖然隔河可見，可是由滑州渡河到黎陽，就是由河南道到河北道。在越境之前，是有「過所」的手續待辦的（註五）。所以王維初到滑州時，雖然他的朋友丁寓住在黎陽，但他只能隔河相望而已（註六）。大概在辦好應辦的手續之後，王維遂得渡河訪丁寓於黎陽。這一點似乎可用他自己的詩作來證明。按其「王右丞集」卷三有「丁寓田家有贈」詩。詩中有「晨鷄鳴鄰里」與「微明渭川樹」等句，所述爲晨景。同詩又有「新晴望郊郭，日映桑榆樹」等句，所述似爲午景。而詩中卻無晚景之描述。大概王維曾在丁寓的田家宿一夜。次日中午就不得不離開黎陽而渡返滑州，而繼赴貶所。

在「丁寓田家有贈」一詩的最末四句是：「道存終不忘，迹異難相遇。此時惜離別，再來芳菲度。」顯而易見的，在舉目無親的，漫長的征途上，能夠在他的朋友的田家小憩一宿，也許頗能減少王維的疲勞，而使他的心情，暫得愉快。但在短暫的愉快之後，他卻不得不再繼續地的行旅。上引詩的最後四句，正是王維那種痛苦的心情的眞實寫照。」

有一點值得注意。王維在未至黎陽之前於「隔河憶丁寓」之詩的詩題裡（見註六），稱丁寓爲故人。王維在開元九年中舉時，不過年方弱冠。即使他在開元七年許到長安後，立即結識丁寓，他們的交游，到開元十一年爲止也不過四年左右。看來王維似不宜以故人二字來稱呼丁寓。也許當他們結識以後，丁寓離京，隱於黎陽田家。所以在行經滑州時，王維才專程渡河，留宿話舊。因爲這次相聚，是他們別離後以的重逢，王維才以故人目之。可是丁寓之名，此後絕見於王維的詩文。王與丁的交游究竟如何，似乎還須別的材料始能寫定。

（二）行抵濟州

由滑州復向東北，抵今山東。在山東境內，王維所經行的第一處，應是鄆城。按「王右丞集」卷十九有「送鄆州須昌馮少府赴任序」。序中有句云：

「予昔仕魯，蓋嘗之鄆。書社萬室，帶以魚山濟水，旗亭千隧，雜以鄭商、周客。有鄒人之樂以厚俗，有汶陽之田以富農。」

這幾句話雖是追憶他在山東時的見聞，但他曾住過，至少曾經過鄆州，殆無可疑。而序中魚山一地，又可與其集卷六之「寄崇梵僧」一詩相關。該詩云：

「崇梵僧，崇梵僧，秋歸覆釜春不還，
落花啼鳥紛紛亂澗，戶山牕寂寂閑，
峽裡誰知有人事，郡中遙望空雲山。」

據趙殿成在崇梵僧三字下註文所引江鄰幾「雜志」，崇梵僧爲寺名，近東阿覆釜村。東阿在唐代稱爲魚山。據「唐書」卷三十八「地理志」，魚山在唐代屬鄆州。而鄆州適在滑州與濟州之間。既然滑州與魚山皆於王維詩中可以考見，所以在王維行赴濟州的征途中，曾經魚山，殆可了然。當王維經過魚山的時，似乎適逢當地居民祭祀魚山神女的典禮。今「王右丞集」卷一有「魚山神女祠歌」二首；一是「迎神曲」，一是「送神曲」。看來王維好像曾經參與神女的祭禮。

由魚山沿順黃河，再向北行，王維終於到達他的貶所——濟州。他在濟州的職位是司倉參軍，就現存史料考察，他對於這一職位，大概擔任了四年。這一點，拙著「王維交游考」（註七）已有詳論，茲不贅述。在王維羈客濟州期內，除了他的老友祖詠，曾由洛陽遠道相訪外，他還結識了一些新的朋友。「王右丞集」卷五有「濟上四賢詠」詩。詩中所述崔錄事，成文學、與鄭、霍二山人，都是王維在濟州的時期的新友人。可是這幾個人的名字，除上揭詩外，不再見於王維的一切著述。此外，當他在開元十四年（六二六）離開濟州以後，未再重遊其地。而他與這濟上四賢的交遊，也就在無形中斷絕了。

（二）越東探親

王維在開元十四年，辭掉濟州司倉參軍的官職後，隱於河南嵩山。但就現存史料看來，在他離開濟州以後與退隱嵩山之前，似曾有越東之行。他的這一行旅的時、地、因、也都斑斑可考。但近千年來，王維的越東之行，卻從未被發現。這豈非異事？

「王右丞集」卷十五有「淮陰夜宿」詩二首。據「唐書」卷四十一「地理志」，唐代淮南道有楚州、淮陰郡。郡轄山陽，鹽城，寶應，淮陰等四縣。唐代淮陰縣在今江蘇洪澤湖之東北，其地今猶沿舊名。同集同卷又有「夜到潤州」詩。詩云：

「夜入丹陽郡，天高氣象秋，海隅雲漢轉，江畔火星流。
城廓傳金柝，閭閻閉緊洲，客行凡萬夜，新月再如鉤。」

詩中秋字，點出時令，值得注意。關於這一點，下面將另有述。據「唐書」卷四十一「地理志」，丹陽郡即江南道潤州。郡轄丹徒、丹陽、金壇、延陵等四縣。諸縣今皆沿舊稱，在今江蘇省鎮江之南。「王右丞集」卷十五又有「下京口埭夜行」詩。詩云：

「孤帆度綠氛，寒浦落紅曛，江樹朝來出，吳歌夜漸聞，
南溟接潮水，北斗近鄉雲，行役從茲去，歸情入雁羣。」

所謂京口埭，在唐代屬丹徒縣。淮陰在長江之北，丹陽在長江之南。看來王維是由淮陰南下，渡過長江而再向南，才到丹陽的。到了丹陽以後，大概王維的行旅是繼續向南，以達浙東，即今浙江沿海一帶。前述「淮陰夜宿」詩的第二首，似乎可以用來證明這一看法。茲錄該詩全文如下：

「永絕臥烟塘，蕭條天一方，秋風淮木落，寒食楚歌長，
宿莽非中土，鱸魚非我鄉，孤行舟已倦，南越尚茫茫。」

詩的最後兩句，很值得注意。第一，詩中「孤行舟已倦」之句，與上引「下京口埭夜行」詩中的「孤帆度

綠氛」之句，所記的舟數相同。由此可知王維在由淮陰到丹陽的這一段航程中，都是單獨一人。此外，由他遠行越東，而無隨從的事實來推測，王維由蘇而越的行旅，似非公務，而純是爲了私人的事情。第二，「南越尚茫茫」的越，似乎是他此行的目的地。如果此行的終點不是浙江，那麽，南越茫茫，又與他有什麽關係呢？反之，他有提到越，而由淮陰到丹陽，逐漸向南，也正是南下越東的路線。把以上所舉出的這些地名連貫起來，再與上述的推測相互配合，作能認爲王維似曾下越東。而他這一行程的目的，則在探望他年幼的弟弟與妹妹。

「王右丞集」卷四有「別弟妹」詩二首。茲並錄二詩如下：

一、「二妹日成長，雙鬟將及人，已能持寶瑟，自解掩羅巾。
今昔別時小，未知疎與親，今來始離恨，拭淚方殷勤。」

二、「小弟更孩幼，歸來不相識，同居雖漸慣，見人猶未覓，
宛作越人語，殊甘水鄉食，別此最爲難，淚盡有餘憶。」

同集同卷又有「休假還舊業便使」詩。也極重要。再錄此詩全文如下：

「謝病始告歸，依依入桑梓，家人皆佇立，相候柴門裡。
時輩皆年長，成人舊童子，上堂嘉慶畢，顧與姻親齒，
論舊忽餘悲，目存且相喜，田園轉蕪沒，但有寒泉水，
衰柳日蕭條，秋光清邑里，入門乍爲客，休騎非便止，
中飯顧王程，離憂從此始」。

上引三詩，分屬二題。然「全唐詩」卷一二二則以此三詩俱爲盧象詩。而三詩共協長題如下：

「八月十五日象自江東止田園，移莊慶會。本幾歸汝上。小弟幼妹，尤嗟其別，兼賦是詩三首。」

宋人計有功所編「唐詩記事」卷二十六亦以上引三詩爲盧象詩。然其詩題衍起首「八月十五日象」等六字。按此詩題既在宋代已缺六字，至清康熙時代編纂「全唐詩」時，何能追返已衍各字？根據這一邏輯推衍，「全唐詩」裡所記詩題的正確性，不無可疑。此外，這三首詩的作者，究竟是王抑盧，也還值得重新考定。據作者的判斷，上揭三詩應該皆出王維之手，而非盧象所作。作者的證據如左：

第一、盧象生平未嘗至越。他在開元時代前期任河南司錄員外郎，後遷齊、汾、鄭三州郡司馬。安祿山事變之後，又被謫官果州長史，再貶永州司戶，移吉州長史。於赴任途中，卒於武昌。就盧象一生中所曾任職的幾個地方看來，齊州屬河南道、汾州屬河東道，鄭州屬河南道，果州屬山西南道，永州屬江南道。在盧象自己的，和史籍內詩列爲盧象之作，但是這一判决却沒有文獻上的證明。易言之，計有功與「全唐詩」編者的看法，缺少必然性。

第二、在題爲「休假還舊業便使」詩中，有「衰柳日蕭條，秋光淸邑里」之句。這個秋字點出成詩的時令。前面已經指出，在「王右丞集」卷十五的「夜到潤州」詩的「天高氣象秋」句中，秋字點出時令。而在同卷的「淮陰夜宿」詩的「秋風淮木落」句中，點出時令的也是秋字。可見由淮陰經潤州是在秋天，而當王維到了越東之後，仍是秋天。在前揭三詩裡的三個秋字，是可以互相連貫，以證王維的越東之行，是在開元十四年之秋。因此可知，王維的遠行越東，似在探望他那已忘鄉音而「宛作越人語」的幼弟與兩個「雙鬟將及人」的妹妹。而他之可以遠遊及越，則因他已稱病辭官，暫得自由之身。

第三、如果要因爲盧象是山東汶上人，而欲以在「全唐詩」與「唐詩紀事」裡所記的長詩題裡的「自江東止田園，移莊慶會，未幾歸汶上」等句，作爲證據，從而證明前揭三詩應爲盧象所作，作者也可以用王維詩裡其他的材料來反駁這一看法。作者的證據有二：甲、「王右丞集」卷十四有「寒食汜上作」詩。詩云：

「廣武城邊逢暮雲，汶陽歸客淚沾巾，落花寂寂啼山鳥，楊柳青青渡水人。」

所謂汶陽，即今寧陽，其地在今山東汶上之東。唐代汜上，即今河南汜水，位在嵩山之北與黃河之南。王維離開越東之後，退隱於河南嵩山。大約一年之後，又離開嵩山，而到了汜上。這時王維雖然不是從汶陽直接歸來，但他在南赴越東的途中，既曾經過汶陽，那麼，他在汜上自稱爲汶陽歸客，似乎亦無不可。因此作者頗疑「唐詩紀事」與「全唐詩」兩書所記的汶上，或爲汶陽之誤。假使這樣的反駁可被首肯，汶上的地望，似乎不能用爲證據從而證明前揭三詩確爲盧象之作。乙、「王右丞集」卷十三有「雜詩」二首。其第一首全文如下：

「家住孟津河，門對孟津口，常有江南船，寄書家中否？」

前已述王維離開嵩山後，經汜上而至孟津。王維既在越東探親之後，隨即退隱嵩山，所以當王維住在孟津的時候，在時間上，離開他的越東之行，前後實不甚遠。由越東至洛陽（因孟津在洛陽附近）的路線，在唐代是由越至蘇，在今江蘇省境內再沿淮河而往西北，以達河南。所以在孟津的確可與越東各地傳遞家書，以慰遠情。如果王維沒有弟妹遠在越東，他怕不會在孟津吟出「常有江南船，寄書家中否」的詩句來吧？

根據以上的分析，王維之有越東之行，已不容辭。在時間方面，此行是在開元十四年或次年的秋天。促成這次遠行的原因，是利用辭官之後的自由身，探視幼弟與雙妹。至於此行路線，大概是先由濟州南下汶陽，由汶陽陸行向南，到今山東與江蘇省交界處，經運河而至淮陰。由淮陰他再沿運河以至長江北岸。過江後，至丹陽。可惜田丹陽再向南行以至於越的那一段最後的行程，因爲缺乏史料，現已不可考了。

（三）退隱嵩山

山東的濱海區域，在南北朝時代，本是道教的天師道的根據地（註八）。濟州雖然不是直接的濱海區，然其地距海亦不甚遠。很可能的，道教的長生或養生的思想與鍊丹服食的方術，就在王維任職司倉參軍於濟州的那幾年之內（開元十年至十四年，或開元十一年至十五年頃），對他發生了很大的影響。關於王維的道家生活與思想，詳見筆者其他文字（註九），茲不另述。

大概在開元十四年（七二六）或次年頃，王維辭掉了濟州司倉參軍的職位。當他離開山東之後，似曾先往越東探親。之後，便隱於嵩山。嵩山是中國五嶽裡的中嶽。其地在今河南登封之北與鞏縣之南。在唐代，嵩山、茅山、和天台山，是道教的三個最主要的重心。初唐與盛唐時代的許多重要道人家物，都曾在嵩山修道。譬如曾在上元三年（六七四）和調露元年（六七九）兩次爲唐高宗召見的潘師正（註十），即爲在嵩山修行的道士。在聖曆二年（六九九）曾爲武后召見、在景雲一年（七一一）曾爲睿宗召見、和在開元九年（七二一）爲唐玄宗所召見的司馬承禎（註十一），是潘師正的最重要的弟子，也是在嵩山修道的著名道士。與司馬承禎爲方外之交的李含光，在開元十七年（七二九）遇承禎於王屋山之前，亦曾在嵩山修隱二十餘年（註十二）。此外，與王維同時的著名詩人李白，也是醉心道家丹鼎方術的狂人。爲李白受籙的人是他的好友元丹丘。而李白與元丹丘也都嘗修道於嵩山（註十三）。王維辭掉他在濟州的官職後，既不逕返長安，也不探望與他相別四年的母親，却退隱於當時的道家中心嵩山，這一事實說明道家思想對他的影響之深，與他對鍊丹和長生之術的熱衷。

王維在嵩山隱居的時間（註十四），前後大致兩年（或由開元十四年或十五年到十六，即由七二六或七二七至七二八）。在這兩年之中，他結識的朋友，在學藝方面的，有張諲（註十五），在道教方面的，有焦煉師、賈道士（註十六），在佛教方面的，有乘如禪師和蕭居士。關於最後一點，似可以「王右丞集」卷十所收「過乘如禪師、蕭居士嵩邱蘭若」一詩爲證。從南北朝時代開始，中國的若干佛教徒是想以追求道家的長生養性之術爲手段，從而完成其瞭解佛教天台宗思想的目的（註十七）。在上述「過乘如禪師、蕭居士嵩邱蘭若」詩中，王維既以道家的老子來比喻他的釋門友人，而被喻的佛家弟子竟不以爲忤，可見在嵩山，佛與道之間的關係，不但十分密切，而且更是十分微妙。

由王維的詩作看來，在由開元十四年頃至十六年的這兩年之間，王維似乎並不曾長住嵩山。「王右丞集」卷七有「歸嵩山作」詩。詩云：

「淸川帶長薄，車馬去閒閒，流水如有意，暮禽相與還，
荒城臨古渡，落日滿秋山，迢遞嵩高下，歸來且閉關。」

看來他曾暫離嵩山，往遊鄰區。王維究曾何往，今雖不詳，但他的歸嵩之舉，至少寓有若干深意。譬如北宋神宗時代的著名畫家李公麟（一〇四九？——一一〇〇以後），就曾畫過「王維歸嵩圖」。其圖在北宋末年，曾被宋徽宗所得。而這一幅畫也著錄在徽宗御藏書畫目錄——「宣和畫譜」卷七。如果王維的歸嵩之舉，不會含有特別意義，而只是一個平凡的旅程，恐怕李公麟不會把它取爲一幅圖畫的主題吧？可惜王維的離嵩與歸嵩的時間，今不能詳。不過作者却認爲下述推測有其可能。因爲王維在離開嵩山以後，就逕返長安，重新開始他的政治生涯。在地理上，嵩山距離洛陽不遠。而洛陽又是唐代的東都。必有不少重要的政治上的人物在洛陽活動的。可能王維的暫離嵩山，就是他在嵩山隱居求道時期內最後一段日子裡，爲他的重返長安，而預作安排的一次旅程吧？

（四）初返長安

由嵩山到長安，有兩條路。一條是由嵩山先到洛陽，然後由洛陽採取他在赴貶濟州時所行經的，那條路線的相反方向。第二條是水行。據作者的分析，王維由嵩山返回長安的路線，是水路而非陸路。

如前述，嵩山距洛陽不遠。且爲唐代東都。王維既然決定重返長安，所以他離開嵩山之後的第一個目的地，可能即爲洛陽。「王右丞集」卷十三有「雜詩」三首。今錄其前二首如下：

一、「家住萬津河，門對孟津口，常有江南船，寄書家中否？」

二、「君自故鄉來，應知故鄉事，來日綺窗前，寒梅著花末？」

按孟津在洛陽北，是黃河南岸的一個渡口。由孟津口順黃河西上，過風陵渡，再接渭河，即可直達長安。由東都到西京，除了陸行以外，由孟津沿黃河而接渭水，實是最直接的水上通道。因此，在孟津實可聽到由西京傳出的消息。王維雖然落籍山西蒲縣（註十八），但他是很早就離蒲而家於長安的。事實上，長安就是他的故鄉。上揭「雜詩」第二首所謂「君自故鄉來」，就等於是說「君自長安來」的意思。王維既然決定重返長安，而移居孟津，當然急於要知道更多長安的事情。那麼，看來當王維「家住孟津河，門對孟津口」的時候，似乎常向由長安東來的旅客，打聽長安的消息。

「王右丞集」卷九有「登河北城樓作」詩。詩題所謂河北，非今河北省，而係今山西省平陸縣。其地在黃河北岸。據「唐書」卷四十一「地理志」，河北縣屬陝州。玄宗天寶元年（七四二），陝州太守李齊物因「平三門以利漕運」，而在河北掘得古刃（註十九）。刃上刻有古篆文「平陸」二字。河北遂因此刃銘而更名平陸。上揭王維詩既稱該地爲河北，而不稱平陸，可見該詩之寫成，當在天寶元年以前。此外，由孟津上船，沿黃河而西行，必經河北。然王維在開元十六年（七二七）重返長安之後，他不會再過河北。王維既嘗住孟津，又曾遊覽河北，所以無論從時間還是地理的因素來判斷，他由嵩山返回長安的路線，都應該是上述水路，而非陸路。

（五）西北壯遊與再返長安

（一）北上涼州

開元二十四年(七三六),王維年三十九歲。據「唐書」卷一〇三列傳五三「牛仙客傳」,仙客於其年之秋代信安王爲朔方行軍大總管。崔希逸則代牛仙客爲河西節度使。大概就在這一年,王維受崔希逸之聘,而爲其僚幕。河西節度使治在涼州,其地爲今甘肅省武威。故王維遂再度離京,遠行西北。由長安去涼州,有兩路可行。一條是由長安沿涇水而西北,過長武而至甘肅。再經由平涼,繞道六盤山,而遠接蘭州。另一條則由長安沿渭河西行,經大散關後至甘肅。再出天水而亦遙接蘭州。但由王維自已的詩作來考察,他北上涼州的路線,明顯可見的,非經涇水,而是取道渭河。這一點,作者認爲可由下述正反兩方面的證據而得證明。

在正面的證據方面,「王右丞集」卷四有「自大散以往,深林密竹,蹬道盤曲四五十里。至黃花嶺見黃花川」詩(此詩卷題過長,以下簡稱「見黃花川」詩)。其首句云:「危徑幾萬轉」。「王右丞集」卷三有「青溪」詩。其詩首四句云:

「言入黃花川,每逐青溪水,隨山將萬轉,趣途無百里」。

「見黃花川」詩所謂「危徑幾萬轉」,與「青溪」詩中所謂「隨山萬轉」,所述風景相同。而「青溪」詩中所及之黃花川,與「見黃花川」詩詩題中所述之黃花川,顯係同川。而兩詩所寫的危徑幾萬轉,全是陝西省境西部大散關附近的高原景緻。「王右丞集」卷六有「隴頭吟」詩。其詩全文如下:

「長城少年游俠客,夜上戍樓看太白,隴頭明月迴臨關,隴上行人夜吹笛。
關西老將不勝愁,駐馬聽之雙淚流,身經大小百餘戰,麾下偏裨萬戶侯,
蘇武纔爲典屬國,節旄空盡海西頭。」

據郭茂倩「樂府詩集」（註二〇），隴頭又稱隴頭水。又據趙殿成註所引「三秦記」，「大坂九回，上者七日乃越。上有清水四注，所謂頭隴水也」。因之，所謂隴頭水，就是由大坂上流下來的水。再據杜佑的「通典」，「大陂在天水郡」（註二一）。可見由大坂上流水下來的隴頭水，是在天水郡。那麼，描寫着隴頭明月和隴上行人的詩篇——「隴頭吟」，可能是當他道經天水時的詩作。王維既到大散關，又到天水，則此行顯是他行赴涼州時的路程。

在反面的證據方面，涇水沿岸諸地（如涇陽、邠縣、長武等地），以及平涼、六盤山等地，在王維的詩作中，均無片言隻字。因此，作者認為王維不像曾由涇水行赴甘肅。相反的，他報聘崔希逸於涼州的途徑，顯順渭水。

王維到了涼州以後，正式成為崔希逸的幕客。在這時期，他的官方職責為何，因為史料不足，現無可考。不過就王維自己的作品考察，在涼州的時候，他曾為崔希逸代筆而寫了不少文字。譬如「王右丞集」卷十七的「為崔常侍謝賜表」，卷二十七的「為崔常侍祭牙門姜將軍文」都是為崔希逸自己作的。卷二十的「讚佛文」是為崔希逸的第十五娘子寫的。同卷的「西方變畫讚」是為崔希逸的妻父李中祥作的。

此外，當他羈旅涼州時，似乎也還不是舉目無親。按「王右丞集」卷十四有「靈雲池送從弟」詩。茲錄該詩全文如下：

「金杯緩酌清歌轉，畫舸輕移艷舞回，自歎鶺鴒臨水別，不同鴻雁向池來」。

趙殿成的王維詩註在靈雲池三字下指出：

「高適集有『陪竇侍御泛靈雲池』、『陪竇侍御靈雲南亭讌』詩二首。其序云：『涼州近胡，高下其池亭。蓋以耀蓄落也。』」

根據趙殿成的看法，王維詩中的靈雲池，似乎就是高適在涼州時曾經游泛與飲讌的靈雲池。也即王維與高適詩中所提到的靈雲池，同是一處。王維在他的詩題裡既說送從弟，那麽，當王維在涼州的時候，他的從弟顯然也在涼州。此外，王維的「靈雲池送從弟」詩的最後一句也極重要。這一句涼提到鴻雁。雁是候鳥，秋涼則南飛。池上既可見雁，其時顯爲秋季。王維雖在開元二十四年之秋，到達涼州，但在開元二十六年之春，他已遠離涼州，道經楡林、新奏諸地而返長安了（詳下）。因此，當王維在涼州的靈雲台上爲其從弟送別時，應當就是他剛到涼州時的那個秋天。也許王維之得受聘於崔希逸，就是由於他這個從弟的推薦。否則何以王維初到涼州，他的從弟正好離開涼州？

王維到了涼州以後，看到許多前所未見的新事物。例如「王右丞集」卷八有「涼州郊外游望」一詩。在這詩中，他提到當地人「焚香拜木人」的風俗，和一種女巫舞。同集卷十四有「涼州賽神」詩。在這首詩裡，他提到羌笛。所謂羌笛，本是羌人的樂器。後來雖然亦爲漢人樂用，但其流佈，似祇限於西北邊塞。與王維同時的另一詩人王之渙，在其著名的「涼州詞」詩中就說（註二二）：

「黃河遠上白雲間，一片孤城萬仭山，羌笛何須怨楊柳，春風不渡玉門關」。

王之渙的詩題既是「涼州詞」，而詩中又提到羌笛，可見羌笛的使用，至少在涼州，還算普遍。據「太平廣記」所引「集異記」，王維本來「性閑音樂，妙能琵琶」（註二三）。而且他在進士中舉以後所授的第一個官職——太樂丞，也是與音樂有關的。然而王維所知道的音樂，是所謂宮樂。也即是宮廷中各種場合所需要的音樂。笛雖然也是宮廷的管絃樂團在演奏宮樂時所不可少的重要樂器（註廿四），但羌笛却不是演奏宮樂時所需要的。也即不是爲但知宮樂的王維所熟悉的樂器。大概當他在涼州親聆西北健兒的演奏，一定覺得十分新鮮有趣，所以他特別把在涼州所看見和聽到的羌笛，記在他的詩裡。

（二）西北壯遊

王維在涼州的時間雖然不長（大致是在開元二十四年秋至二十六年春之間），但他在西北高原的游踪，却是廣而且遠。「王右丞集」卷九有「使至塞上」詩。其詩全文如下：

「單車欲問邊，屬國過居延，征蓬出漢塞，歸雁入胡天，
大漠孤烟直，長河落日圓，蕭關逢候騎，都護在燕然。」

同集卷十又有「出塞作」詩。其詩云：

「居延城外獵天驕，白草連天野火燒，暮雲空磧時驅馬，秋日平原好射鵰。
護羌校尉朝乘障，破虜將軍夜渡遼，玉靶角弓珠勒馬，漢家將賜霍嫖姚。」

對於西北邊地景物的描寫，這兩首詩都很成功。但其中有兩句，特別值得注從。第一句是「使至塞上」詩裡的「大漠孤烟直」，第二句是「出塞作」詩裡的「白草連天野火燒」。作者認爲要了解這句詩的眞實性，首先得知道居延的地望。據趙殿成的註，王維詩中的居延，即古流沙。其地在今寧夏省西居延海（Gashiun Nor）之南。在考古學上，晚近喧赫一時的居延漢簡，即在該處出土。居延海之北爲阿洛坦大戈壁，西爲修爾騰霍勒

雷沙漠（Shirtan Holy Gobi），東南爲哈爾板戈壁和巴札蘭格沙漠（Batan Tsalang Desert）。在諸沙漠與戈壁之間，居延是惟一的綠洲（Oasis）。在涼州與居延之間，因有巴丹札蘭格沙漠相隔，二地並無交通。故由涼州去居延，必得先由涼州西北行至甘州（即今甘肅省張掖），然後再由甘州北上居延。

在居延與甘州之間，有由居延海流入的弱水，爲之貫通。然弱水亦適在前述諸沙漠與戈壁之間穿過。王維既曾「單車居延」，由此斷定他必曾取道甘州，行經巴丹札蘭格沙漠，與修爾騰霍勒雷沙漠之間的弱水與其支流的那一地區。在這一段行程之中，除可遙望狼心山與大青山，恐怕王維所可見到的，只是一片無邊無際的黃沙。如果他偶然目擊在沙漠中升起的一縷炊烟，那景象豈不正是王維在其「使至塞上」詩中所描寫的：「大漠孤烟直」嗎？

至於「出塞作」詩中的「白草連天野火燒」之句，似乎也應用這樣的地理背景來解釋。如前述，由涼州行赴居延，必須道經甘州。就在甘州西北的巴丹札蘭格沙漠的南端，是有名的蒙古草原。由弱水流域所見到的蒙古草原，必然是一片青草，遠接於天。等到秋天，西北風起，青草變枯，其色微黃而白。所以王維的詩裡要以白字來形容已枯的秋草，實是具有十分寫實性的描寫。此外，「王右丞集」卷十五的「隴上行」詩，也有相類的描寫。其詩文如下：

「負羽到邊州，鳴笳度隴頭，雲黃知塞近，草白見邊秋」。

可見因乾枯而變白的草原，對於王維的印象是很深的，西北草原，因多牧兒，秋日草枯，甚易燃火。當野火燒起無邊無際的草原，對於從未使至塞上的王維，想必有一種強烈難忘的印象。六朝時代的北方民歌「紫騮馬歌」，曾有「野火燒野田，野鴨飛上天」的描寫（註廿五）。這種率直無飾的民歌，與王維的「白草連天野火燒」，同樣都是描寫目擊草原野火時的印象的作品。總之，白草、野火、和大漠，都是西北草原特有的景象。王維如果不曾道經甘州，便不可能知道秋草色白。同時也就無法寫出「白草連天野火燒」的詩句來。同樣的，如果王維不曾經過巴丹札爾格和修爾騰霍雷等二沙漠而再上居延，他便無法寫出「大漠孤烟直」。以上的討論，固然是以地理的背景來分析王維詩篇中的寫實性的描寫的成功，但更重要的，却是可以根據「使至塞上」與「出塞作」二詩所記的地名與景色，而可推出王維的西北壯遊的一段行程。這樣的工作，是不曾爲前人所嘗試過的。

「王右丞集」卷六有「楡林郡歌」古詩。其詩如下：

「山頭松柏林，山下泉聲傷客心，千里萬里春草色，港河東流流不息，
黃龍戍上游俠兒，愁逢漢使不相識。」

按詩題所謂楡林郡，也就是唐代的勝州，其地在今綏遠省境河套附近的鄂爾多料左翼地。亦即今之內蒙古地帶。而詩中所述景物，都與內蒙一帶的風光相符。譬如：甲、唐代楡林在黃河南岸五里，與今綏遠省會包頭，隔河相望。由楡林望黃河，正是東流。這與詩也所謂「黃河東流流不息」之句正相脗合。乙、在地理學上，內蒙是亞寒帶。其地多松柏之林。這與詩中所謂「山頭松柏林」之句相符。丙、內蒙一帶，地多草原，向爲西北健兒之大好牧塲。南北朝時代的西北民歌「敕勒歌」對於這種草原的景色，有極幽美的描寫。其歌文如下（註二六）：

「敕勒川；陰山下，天似穹廬，籠蓋四野。
天蒼蒼，地茫茫，風吹草低見牛羊」。

這種使大地成爲一片茫茫綠色的牧草，也即王維「榆林郡歌」古詩中所謂使得千里萬里成爲一色的春草。王維如非親游其地，是不可能吟出這樣具有眞實感的詩篇，從而描寫西北草原的自然之美的。

現在需要知道的是，王維何時由涼州去居延。又在何時至榆林。這一點，前人從未討論，然取摩詰詩文細讀，他這段行程的時間，似乎也還略見消息。按「王右丞集」卷十七有「爲崔常侍謝賜物表」。茲錄該表文起首數句如下：

「臣某言，總管關敬之至。奉九月十五日敕，吐蕃贊普公主信物——金胡瓶等十一事，伏蒙恩旨，特以賜臣，捧戴慚惶，以抃以躍。」

「王右丞集」卷二十七有「爲崔常侍祭牙門姜將軍文」。祭文的開始幾句如下：

「維大唐開元二十五年，歲次丁丑十一月朔辛未四日甲戌。左散騎常侍河西節度副大使攝御史也丞崔公，致祭於故姜公之靈」。

按摩詰之受聘於崔希逸，是在開元二十四年。但據「唐書」卷九「玄宗紀」，崔希逸在開元二十五年三月，自涼州南率衆入吐蕃界二千餘里。唐代的吐蕃的主要領地，是現在西藏與青海。但在王維的詩文中，不見有關於吐蕃景物的描述。上引「謝賜物表」所繫九月十五日，雖未註明爲何年，但以王維的生平與事跡來推測，其文之寫作時間與實「祭姜將軍文」相同，皆爲摩詰開元二十五年的作品。這樣看來，也許王維是開元二十四年的秋天，由長安過隴西到涼州去的。但是當他到了崔希逸的幕裡，似乎並不曾住涼州。在他的「出塞作」裡，他說：「居延城外獵天驕，白草連天野火燒」。所謂白草，是指秋天的枯草（此於分析王維此詩描寫性的眞寫性的時候，已有所論）。所以這一句詩文所及的時令，是與同詩第四句「秋日平原好射鵰」所代表的時令相符合的。而詩中所說的居延，則指居延海畔綠洲。看來王維在到達涼州以後，又在同年，乘着秋高氣爽，而有居延之游。

前揭「榆林郡歌」詩裡的一句，大概向來未被注意。詩句是「千里萬里春草色」。特別值得注意的是詩裡的春字。按西北草原，冬有強風。其時無論作戰，殆或遠游，皆不相宜。在王維有關於西北景物的詩篇之中，沒有任何冬景的描寫。據此推想，王維大概在開元二十五年的冬季，已由居延囘到涼州。冬日的一片白雪，雖然富於詩情畫意，可是也許羈次軍旅，缺乏雅興，王維竟於冬景，一無描述。等到開元二十六年的春天，王維遠赴勝州，所以他在「榆林郡歌」古詩中會寫出「千里萬里春草色」的句子來。易言之，王維之描寫春草，是由於他看到春草，這正像他看到枯而微白的秋草，就描寫了秋草的情形，一無二致。由這些地方着眼，王維的詩，不能不說是富於寫實性的。

由居延到勝州，本以橫越內蒙的沙漠地帶爲捷徑。可是在開元時代，這片內蒙沙漠卻處在迴紇與突厥的政治勢力之下。此外在地理上，橫越這片沙漠，固是艱辛難行，在文獻上，也沒有關於在內蒙陸行路線的任何記載。王維既爲河西節度使的幕客，也即是唐朝的命官，他斷然不會不顧上述政治性的與地理性的危險，逕由居延向東，通過迴紇的政治勢力範圍，而直達河套。在另一方面，王維既在開元二十五年之冬或次年之春，已由居延回到涼州，看來他的勝州（即榆林）之行，似是以涼州爲起點，先東去靈州，再折往東北，經過宥州而至河套，然後再由河套再下勝州的。

據「唐書」卷九「玄宗紀」上，開元二十六年（七三七）三月，崔希逸引兵破吐蕃。「玄宗紀」對這一戰役的記載失之過簡，如以「唐書」卷一四六「吐蕃傳」裡所記的史實加以對照，可知希逸此役，實由於小人的「矯詔掩襲」。希逸雖獲大勝，但以失信於吐蕃，怏怏在軍。「俄遷河南尹」，行至京師，病死。希逸既死，岐州刺史蕭靈遂詔爲戶部侍郎判涼州事，代希逸爲河西節度使。王維的河套之行，據前引其詩作內容看來，是在春季。看來王維可能並未參與開元二十六年三月崔希逸引兵深入青海，痛擊吐蕃的戰役。相反的，大概在同年春季，王維已離涼州而赴河套。然而由於史料的缺乏，現在尚有十分重要的兩個方面，苦於判明。一是王維遠赴勝州的時間，一是遠赴勝州的原因。關於前者，王維既爲希逸所聘的幕客，很可能的，當希逸左遷河南尹之後，王維也隨着離開河西節度使的官署。如果此一推測合理，王維離開涼州的時間，如不與崔希逸同時，就應在希逸左遷之前。但王維如與崔希逸一同離開涼州，他必應與希逸一同直返長安，而無須遠赴勝州。根據這一理由來判斷，王維的河套之行，可能是在希逸左遷之前。關於後者，由涼州去勝州，須經過朔方節度使治下的靈州，和安北都護府治下的河套。如果沒有特別的政治上的或軍事上的使命，王維斷然不致過靈州，宥州而去河套。看來王維在崔希逸引入深入吐蕃之前遠赴河套，似受希逸之請而游說朔方節度使和安北都護府等兩方面，請他們嚴防迴紇和突厥，以免當希逸深入吐蕃之境時，背受迴紇或突厥之危。如不從這一方面加以推測，王維在崔希逸西擊吐蕃之際，獨赴河套，取道勝州而返長安，實在無可解釋。

（三）重返長安

當西北的炎熱的夏天快要來臨之前，可能王維已經離開榆林，南返長安了。「王右丞集」卷六有「新秦郡松樹歌」古詩。詩云：

「青青山上松，數里不見今更逢，
不見君，心相憶，此心向君君應識，
爲君顏色高且閑，亭亭迥出厚雲間。」

所謂新秦郡，其地在今陝西省神木縣四十里。據「唐書」卷三十七「地理志」，新秦本是勝州的一部分轄地。開元十二年，其地與連谷、銀城三地同置新秦郡。十四年，郡廢。天寶元年（七四二）復置。按開元十二年，王維貶官濟州。十四年，王如未辭官，則仍在濟州。如已辭官，則或在行赴越東的途中，或已行赴嵩山。由開元十六年到二十五年，在受聘於崔希逸之前，王維一直住在長安或郊區的終南山。總之，在以上所述的那些時間以內，王維都不可能曾遊新秦。新秦之名雖在開元十四年廢除，到天寶元年，才加恢復，但西北居民的保守性大，可能在改名之後與在復名之前，新秦居民，仍沿舊稱，而稱其地爲新秦。所以當王維在開元二十六年，經過新秦的時候，也根據一般的習慣，而照稱其以已廢之官名。

由新秦到長安，或經洛水而水行，或經延州（即今延安）而陸行，都是南行。王維由新秦返回長安的詳路，雖乏史實，以致難考，但他的西北壯遊，以長安爲中心，而繞了一個大圓圈，却大體上，是清楚可見的。（所謂大圓圈就是：由長安西出大散，過天水而涼州。由涼州繞甘州而居延。再由居延折返涼州而遠行榆林，由楡林而新秦。最後再由新秦返回長安）。

（六）川鄂之行與三返長安

（一）襄陽南選

當王維由西北壯遊歸來之後，大概不到兩年，他又在開元二十八年（七四〇），以朝廷的侍御史的身份，為辦理襄陽一帶的選舉事宜，而由長安首途襄州（其地為今湖北省襄陽）。即沿唐代長安與東南交通之主要幹線藍田武關道（註二七）。王維的這一行程，用保存在他自己的詩作裡的材料作為根據，也是歷歷可考的。按「王右丞集」卷二有「酬黎居士淅川作」詩。淅川在今河南省西南，居漢水支流丹江的北岸。其地距陝預交界處的紫荆關不遠。當地居民今猶沿舊稱，而名其地為淅川。「王右丞集」卷八有「漢江臨汎」詩。詩云：

「楚塞三湘接，荆門九派通，江流天地外，山色有無中，
郡邑浮前浦，波瀾動遠空，襄陽好風日，留醉與山翁。」

詩中既明言「襄陽好風日」，可見這首詩是他到了襄陽以後才寫成的。由丹江接漢水，正是順河而下。王維詩中既提淅川，又及襄陽，想見他由淅川到襄陽，必是水路。這樣看來，王維在開元二十八年，由長安南下襄陽的路程，前一半是陸行，後一半是舟行。前一半是由長安東南行，經藍田，到商縣。後一半是由商縣沿丹江過紫荆關，經淅州而至襄陽。當他由長安銜命南下襄陽時，王維是四十三歲。可是當王維抵達襄陽時，孟浩然已經病故，（註十三所揭拙著「王維交游考」於此已有所論）。可是呂佛庭先生却認為王維到了襄陽，「大

概是住在孟浩然家」（註二六）。作者認爲呂佛庭的判斷不是正確的。

「王右丞集」卷四有「渡河到清河」詩。詩云：

「汎舟大河裡。積水窮天涯，天波忽開拆，郡邑千萬家，

行復見城市，宛然有桑麻，迴瞻舊鄉國，淼漫連雲霞。」

在這首詩的註文裡，趙殿成引用「唐書」地理志裡的記載，認爲詩題裡的清河，是河北道背州的清河縣。其地今仍稱清河。在所謂「山東飛地」之東。作者不同意趙殿成的看法。可以用來反駁趙殿成的證據有三：

第一，如果這個清河是唐代貝州的清河，那麼，王維行經該處的惟一可能，是當他赴貶濟州的時候。但由河南的滑州經過山東的鄆州，是由河南到濟州去的最直接的捷徑。王維決不會在他的征途上，捨近求遠；由滑州北上貝州，再由貝州折而南下，以達濟州，而多繞一個大圈子。

第二，除了這一清河之外，王維的詩文沒有任何一篇提到河北道的其他地方。這與王維在赴貶途中，沿途就景賦詩的情形完全不一樣。山東與河北相距不遠，如果王維的游踪，曾及河北，他不會在河北境內，只吟上揭一詩，提及清河，而於達到清河之前與離開清河以後的，河北境內的其他諸地，隻字不提。

第三，「渡河到清河」詩的第一句是「汎舟大河裡」。如果這一清河確是貝州的清河，那就與王維詩中的地理性的描寫有違。山東飛地附近的清河，現在固無任何大河，就在唐代，黃河亦並不流經貝州（註二九）。那麽，王維怎能在貝州的清河，汎舟於大河？

根據這三點，作者認爲趙殿成把清河的地望置於唐代的貝州的判斷，絕不正確。這個清河的確切的地望，

作者認爲可能是在襄陽附近。理由如下：

在河南省的西南角，有排子河。河出郵縣之西，南流湖北。經過光化縣更側平野而向東南流。到了襄陽附近，改稱清河。王維既爲襄州的選舉事宜而到襄陽，在公務上，他極可能在襄陽附近各處考察。樊城是離襄陽最近也最重要的地方。可是如果王維想由襄陽到樊城去考察當地的選舉事務，事實上，他一定得先渡漢水。因爲襄陽在漢水之南，而樊城在漢水之北與清河之西。漢水在襄集丹江、河南、北河，瓦房河、堵河與清河之後，成爲一條大河，南注長江。假使王維眞曾由襄陽渡漢水到樊城，豈不正如其詩題所說的「渡河到清河」？也豈不正如這首詩的第一句所說的「汎舟大河裡」？作者把清河的地望置於襄陽附近，雖然也祇是推測，但比趙殿成的只信傳統記載，而提不出任何實際的地理上的證據的那種臆測，可能是較爲可信的。

這裡有一件事，似可順便提及。王維的晚年，住在曾屬武后時代的詩人宋之問（？—七一三左右）的藍田別墅。過着半官半隱的生活。也許他不經藍田而出紫荊關，便不會發現，或者不會注意到宋之問的藍田舊墅。因之，王維就不會在他的晚年，住在輞川莊。同時，如果他不住在輞川莊，便不會畫出有名的「輞川圖」，從而引起中國繪畫史上許多複雜的問題（註三〇）。因爲王維的襄陽之行，道經藍田，從而發現，且決定了他十年後在輞川的多年隱居，眞不能不說是一種巧合。

（一）西行入蜀

王維在襄陽一帶的公務完畢之後，他似乎不會直接返囘長安。「王右丞集」卷三有「送康太守」詩。詩文如下：

「城下滄江水，江邊黃鶴樓，朱欄將粉堞，江水映悠悠，
鐃吹發夏口，使君居上頭，郭門隱楓岸，候吏趨蘆洲，
何異臨川郡，還來康樂侯？」

詩中所及之夏口，在同集卷十三的「送楊少府貶彬州」一詩中也提到。此詩的全文如下：

「明到衡山與洞庭，若爲秋月聽猿聲，愁看北渚三湘近，惡說南風五兩輕，
青草瘴時過夏口，白頭浪裡出湓城，長沙不久留才子，賈誼何須吊屈平？」

二詩所謂夏口，在今湖北省武昌縣西黃鵠山下。至於「送康太守」詩中所謂黃鶴樓，更是武昌的揚子江畔有名的勝跡。在開元初年，與王維同時的崔灝，曾在黃鶴樓上寫成有名的「黃鶴樓」詩。詩文如下（註三一）：

「昔人已乘白雲去，此地空餘黃鶴樓，黃鶴一去不復返，白雲千載空悠悠，
晴川歷歷漢陽樹，春草淒淒鸚鵡洲，日暮江關何處是，烟波江上使人愁。」

而唐代的另一著名詩人李白（七〇一——七六二）也在開元二十一年（七三三）左右，爲襄陽鹿門山的隱士孟浩然（七四〇年卒）寫過「黃鶴樓送孟浩然之廣陵」詩。詩文如下（註三二）：

「故人西辭黃鶴樓，烟花二月下揚州，孤帆遠影碧山盡，惟見長江天際流。」

按漢水自襄陽東南流，至武昌滙入長江。王維既到襄陽，同時又描寫過黃鶴樓外的悠悠江水，看來他曾由襄陽順漢水而下，到了武昌。而上引那兩首送給康太守和楊少府的詩作，恐怕就是當他在武昌的那一時候寫成的。

王維在武昌停留的時間究竟多長，現不可考。不過他由長安到襄陽的目的，是在督察當地的選舉情形。所以他由襄陽至武昌，可能也是負責相同的選舉事務。看來他在武昌的居留時期，似也不長。大概在武昌的選務告一段落之後，他又沿順長江，西行入蜀。這一行程，似乎可由他的詩作之中，找得出來。「王右丞集」卷五有「燕子龕禪師」詩。其全文如下：

「山中燕子龕，路劇羊腸惡，裂地競盤屈，插天多峭崿，
瀑泉吼而噴，怪石看欲落，伯禹訪未知，五丁愁不鑿，
上人無生緣，生長居紫閣，六時自搥磬，一飲尙帶索，
種田燒白雲，斫漆響丹壑，行隨拾栗猿，歸對巢松鶴，
時許山神請，偶逢洞仙博，救世多慈悲，即心無行作，
周商倦積阻，蜀物多淹泊，巖腹乍旁穿，澗脣時外拓，
橋因倒樹架，柵値垂藤縛，鳥道悉已平，龍宮爲之涸，
跳波誰揭厲，絕壁免捫摸，山木日陰陰，結緇歸舊林，
一向石門裡，任君春草深。」

趙殿成的詩註曾據「唐驪山宮圖」而把燕子龕定在驪山。看來趙殿成於燕子龕的地望，判斷錯誤。據臧勵龢等編「中國地名大辭典」，燕子龕在四川雲陽縣四百里處。雲陽適在著名的三峽之側。由湖北到四川，雲陽是在三峽之外，但由四川到湖北，過了雲陽就進入三峽了。三峽的地理特徵有二，一是絕壁，二是猿聲(註三三

）。王維在「燕子龕禪師」詩中所說的「裂地競盤屈，插天多峭崿」就是對於三峽地帶的絕壁的描寫。詩中「行隨拾栗猿」句，雖沒形容猿聲的淒苦，總算提到了在三峽裡的動物。此外，如果再取同詩「蜀物多淹泊」之句合觀，這一個燕子龕恐怕不在長安附近驪山之下。相反的，王維詩中的燕子龕應該在長江的三峽附近的雲陽。根據這一看法，王維曾由武昌，取道長江，經過三峽而西行入蜀。

這一看法，似有旁證。「王右丞集」卷十三有「聞裴秀才廸吟詩因戲題贈」詩。詩全文如下：

「猿吟一何苦，愁朝復悲夕，莫作巫峽聲，腸斷秋江客。」

這首送給裴廸的詩，很可能是當王維在追憶巫峽裡的淒苦的猿聲時，以半開玩笑的方式寫出來，贈予他的密友的。所謂巫峽本是長江三峽之一，如由湖北入蜀，第一峽是西陵峽，第二峽是巫峽，第三是雲陽附近的瞿塘峽。王維既然到了雲陽附近的燕子龕，又在另一詩中提到巫峽的猿聲，所以看來王維曾經穿過三峽，是沒有問題的。

在經過三峽以後，王維到了唐代的渝州，其地即今之重慶。這一點，也可用他自己的詩作來證明。「王右丞集」卷十二有「曉行巴峽」詩。其全文如下：

「曉際投巴峽，餘春憶帝京，晴江一女浣，朝日衆鷄鳴，
山國舟中市，山橋樹杪行，登高萬井出，眺迴二流明，
人作殊方語，鶯爲舊國聲，賴諳山水趣，稍解別離情。」

詩裡的巴峽的地望，需加辨明。三國時蜀人譙周所著「三巴記」內曾有下語：

「閬、白二水合流，自漢中至始寧城下，入武陵，曲折如巴字，故日巴江。經峻峽中，謂之巴峽。」「三巴記」裡的閬水即今嘉陵江之上源。白水則羌水。李白曾寫過有名的「峨嵋山月歌」，其全詩如下（註三四）：

「峨嵋山月半輪秋，影入平羌江水流，夜發淸溪向三峽，思君不見下渝州」。

詩中的第二句，所指就是這一羌水。「三巴記」裡所說的始寧，爲今巴中縣，其地在今川北，而武陵則爲今涪陵，其地在今川東。把「三巴記」裡所說的地方與現在的四川地理相對照，可見古人曾把由川北到北東之間的江流有峽地帶，通稱爲巴峽。此外，巴峽似乎亦可專指重慶東面的明月峽。該峽在今銅鑼峽與巴縣的木洞之間。關於明月峽，在晋唐以來的著述之中，常可見及。晋常璩「華陽國志」巴郡志就記着：

「巴郡枳縣有明月峽」。

晋代的枳縣爲今四川長壽縣，其地在木洞之西北。李白「竄夜郎於烏江留別宗十六璟」詩（註三五）詩中最末二句是：「遙瞻明月峽，西去益相思。」王琦引李膺「益州記」在明月峽三字下作註如下：

「明月峽在巴縣東，……峽前南岸，壁高四十尺，其壁有圓孔，形如滿月，因以爲名。」

杜甫有「渝州候嚴六侍御不到，先下峽」詩（註三六）。對於這個峽字，仇鰲的詩註引唐「元和郡國志」云：

「渝州，古之巴國。……峽，明月峽也，在巴縣東八十里」。

看來王琦和仇鰲在註解李白與杜甫的詩的時候，對於明月峽的地理位置的認識，比晋代的常璩淸楚得多。

因爲常璩把明月峽放在長壽縣，顯然不正確。而王、仇兩家把明月峽的地望置於巴縣之東，大體上是不錯的。既然重慶在隋朝朝會稱巴峽（唐改稱渝州），而巴州的郡治是在巴縣，那麽，在重慶附近的明月峽，似乎也未嘗不可以巴峽來看待。總之，巴峽一詞，通常是指川北與川東一帶的長江兩岸的峽谷地域，但也可以用來呼稱重慶東面八十里的明月峽。在這情形之下的巴峽，代表是特例。

在王維的「曉行巴峽」一詩中，王維有「登高萬井出，望迴二流明」之句。句中所謂「二流」，恐怕是指在重慶西岸交匯的長江與嘉陵江。如果用這樣的地理觀念來瞭解王維的詩，很明顯的，這首「曉行巴峽」詩，是當王維在明月峽一帶的山區，遠望重慶城外的長江與嘉陵江合流，和朝霞映水的晨景。當他寫這詩時，衆鷄猶朝日鳴。

（三）三返長安

到了渝州之後，王維可能在那裡停留了一個時期，並且結交了當地的若干人士。譬如「王右丞集」卷八有「送李員外賢郎」詩。詩云：

「少年何處去，負米上銅梁，借問阿戎父，知爲童子郎，
魚箋請詩賦，橦布作衣裳，薏苡扶衰病，歸來幸可將」。

王維此詩既然是爲李員外的兒子到銅梁去而作，所以他寫此詩時可能正在重慶。因爲銅梁在重慶西北。由重慶在銅梁才能把動詞用上字來表示。看來這位李員外會與王維建立頗爲深厚的交誼。否則王維不至於寫詩送給李員外的兒子。王維何時離開重慶，現無可考，他如何回到長安，也無可考。不過却可根據已知的地理常

識，加以推測。王維既由湖北沿江入蜀，所以當他離開四川的時候，一定不會再順舊途。因爲如果由水道出川，必須再經三峽。而三峽一帶的交通，一向是以順流而下較逆流而上更困難的。此外，由陸路自蜀去陝，其距離亦較順江出蜀至鄂，再從他路轉道長安爲近。因此，王維離蜀的途徑，當爲陸路。不過這只是一項假設。

「王右丞集」卷六「送崔五太守」詩。詩的全文如下：

「長安廐吏來到門，朱文露網動行軒，黃花縣四九折坂，玉樹宮南五丈原，
褒斜谷中不容幰，惟有白雲當路冕，子午山裡杜鵑啼，嘉陵水頭行客飲，
劍門忽斷蜀川開，萬井雙流滿眼來，霧中遠樹刀州出，天際澄江巴字回？
使君年幾三十餘，少年白皙專城居，欲持畫省郎官筆，迴與臨邛父老書。」

此時所及之地名甚多，但無一不與川陝二省有關。而且如把其中若干地名相連，適可形成一條由川入陝的北行陸道。而這條陸道可能就是王維由川入陝時所行經的那一條。所以他可以很熟悉的把此路上各地的風光，一一描畫。大概是他的朋友崔五太守要由陝入川，所以王維才把他昔年所行經的路線，畧加描述，作爲他友人離開長安之前的餽禮。以上所述，雖是臆測，但詩中所述由川而北行路線或由陝而川的南行路線，却是明顯可見。茲即以「送崔五太守」詩也所及地名之前後爲序，而試推由陝而川的南行路線如下：

詩中提到五丈原，其地在今陝西郿縣西南。在五丈原附近有棧道順褒水而跨越秦嶺。南達褒城。這就是秦漢以來有名的褒斜古道。看來王維詩也「褒斜谷中不容幰」之句，也許就是對於褒斜道上行旅艱難的描寫。由褒城向西，可由嘉陵江的上源相連。嘉陵江流入四川以後，首先經過昭化，然後南流至重慶與長江滙合。在昭

化附近，危山如壁，形成有名的劍閣。劍北之北則爲劍門關與劍門驛。王維「送崔五太守」詩也所說的「劍門忽斷蜀川開」，可能所描寫的就是劍門關這一帶石山壁立的風景。看來如果王維不曾親游劍閣及其附近，他是無法獲得「劍門忽斷蜀江開」的印象的。

如把上述的路線反轉，王維可能是由重慶沿嘉陵江而北上劍門。然後再由劍門溯嘉陵江上源而達陝西南部的褒城。由褒城他沿順褒斜古道，翻越秦嶺，到達五丈原。經五丈原到郿縣後，無論是順渭河或取道而東行，都與長安不遠了。以上所述王維由川入陝的路線雖出臆測，但川陝之間的交通，確以連接重慶、劍閣、褒城、郿縣等數地爲最近之捷徑。此外，這條路線（除由褒城至郿縣一段棧道行程，今已難通以外），今日猶存。所以就是王維「送崔五太守」詩中所述各地，因爲並非是對他昔年所行路程的追憶，而不可思爲王維由褒入陝的行程的旁證，他由重慶返回長安的路線，還是應該假設爲上述那條先沿嘉陵江後沿褒斜道的那條路線的。

惟一值得考慮的一點是王維所述的褒斜谷，是否應該斷爲褒城與郿縣之間的褒斜古道。據嚴耕望先生的研究（註卅七），褒斜古道在唐代，「塞時多通時少，無甚重要」。此外，唐代另有褒斜新道。其途由褒城至甘亭關，轉向西北，經斜谷關，迴車戍而抵鳳州，再轉東北而出大散關。這條褒斜新道，實即拓拔魏時所開迴車道。嚴耕望先生並根據唐玄宗之幸與出蜀。及德宗與僖宗之幸蜀，皆取褒斜新道之諸事實，而認爲該道爲唐代之交通幹線。這樣看來，也許王維在到達褒城後，所採取的陸路是褒斜新道而不是褒斜古道。「王右丞集」卷四有「自大散以往，深林密竹，蹬道盤曲四五十里，至黃牛嶺見花川」詩。詩中黃花川在今梁泉附近，梁泉即唐代鳳州。其地爲唐代褒斜新道之中點。東北可出大散關，東南則聯甘亭關與褒城。所以王維在到達褒城之後，也可能因爲褒斜古道的塞多通少，行經新道，而未採取古道。王維詩題之述及鳳州附近的黃花川和大散關，就是他行經褒斜新道的最後一段的證據。

總之，王維的入蜀與三返長安的路線，因爲前人未有研考，作者所論，一爲排比「王右丞集」中所見材料之一鱗半爪，二則出自推測。如果所綜合的與所推測的，近乎情理，自屬幸事，如果不當，則盼高明大方，能再論定，尤爲所願。

（七）小隱淇水與四返長安

在壯遊西北而三度來歸之後，王維似曾在長安有過一段比較安定的長時期的居留。如果王維的三返長安是在開元二十七年（七三九）的春夏之交或夏天，那麽到天寶三年（七四四），王維曾連續不斷的在長安住了六年左右。當他初由西北歸來時，他在唐代的中央政府裡，前後担任右補闕和左補闕的職位。後來才昇任從六品上的兵部裡的庫部員外郎。

王維在開元十六年由嵩山初返後，因爲得到當時的丞相張九齡的賞識與提擢，而才能担任和杜甫曾經担任過的拾遺的官職。可是當王維由西北壯遊歸來，張九齡已因李林甫的排擠而被貶官於現在的湖北。張九齡的罷相與被貶，使得王維在朋黨對立的政治集團裡，忽然失掉支持。對王維更不利的是，取代張九齡之相位的，正是盛唐時代最陰險也最殘酷的李林甫。由王維的個性上看來，『他胆小怕事，軟弱而又重情感。當時他已是小有名望的人』（註卅八）。所以王維既然捨不得放棄他的政治生涯，却也不願與李林甫同流合汚。而另一方面，他既是張九齡的人，『李林甫對他當然不會放過。這使他內心充滿了矛盾』（註卅九）。

正當王維不知去從的時候，李林甫開始向王維表明他的態度了。這一場政治上的趣劇正可以王維自己的詩文來反映。「王右丞集」卷十有「苑舍人能書梵字，兼達梵音，皆曲盡其妙。戲爲之贈」詩。詩文如下：

「名儒待詔滿公車，才子爲郎典石渠，蓮花法藏心懸悟，貝葉經文手自書，楚辭共許勝揚馬，梵字何人辨魯魚，故舊相望在三事，願君莫厭丞明廬。」

詩題所謂苑舍人，就是苑咸。其人爲李林甫之心腹（註四〇）。所以王維的這首詩，表面上是讚美苑咸對於印度梵文（Sanscrit）的造詣高深，事實上，恐怕是他苑對咸的阿諛。對於李林甫的心腹人，王維豈能不敷衍一下，從而安定他自已的政治生命？這樣看來，王維之要把苑咸捧爲「名儒」或「才子」，不能不說是用心良苦。

大概李林甫知道了王維向苑咸技以誹詩的這一事實以後，就利用苑咸寫答詩回報王維的這一機會，而開始詢問王維的政治立場。苑咸的答詩有序。玆錄其序與詩如下：

「王員外兄以予嘗學天竺書，有戲題見贈。然王兄當代詩匠，又精禪理。枉採知音，形於雅作，輙走筆以酬焉。且久未遷，因而嘲及」。

「蓮花梵字本從天，華省仙郎早悟禪，三點成伊猶有想，一觀如幻自忘荃。」

詩序的前一半全是客套，不值一述。重要的是詩序的最後兩句：「久未見遷，因而嘲及」。意思是說「對於庫部員外郎的職位，你已經担任多年了；但却未見昇擢。這是很好笑的事。所以我特別寫這首詩來嘲笑你」。而苑咸的嘲詩也和此詩的詩序一樣，只限於最末二句：「應同羅漢無名欲，故作馮唐老歲年」。意思是說，「事實上，你應該和佛教的羅漢（Arhat）一樣；無名也無慾。但是爲什麽你却和漢代的馮唐一樣，希望到了九十八歲，還有人推薦你去做官？」

苑咸的嘲詩的意思很明顯，他是用指桑罵槐的方式來詢問王維的政治立場的。「究竟你是想跟我們合作（我們可以推薦你担任職位更高的官職）？還是識相一點，自動辭官，去過你無合無慾的羅漢式的生活？」王維在收到苑咸的答詩之後，當然明瞭苑咸的用意何在。所以他再寫一詩酬答苑咸，同時也在這首詩裡表明他的態度。王維的這首答詩也見於「王右丞集」卷十，詩題是「重酬苑郎中」。詩有序。其序如下：「頃輙奉贈，忽枉見酬。叙末云：且久不遷，因而嘲及。詩落句云：應同羅漢無名欲，故作馮唐老歲年。亦解嘲之類也」。至於答詩詩文，則如左錄：

「何幸含香奉至尊，多慚未報主人恩，草木豈能酬雨露，榮枯安敢向乾坤，
仙郎有意憐同舍，丞相無私斷掃門，揚子解嘲徒自遣，馮唐已老復何論！」

這詩的最後一句是「馮唐既然已老，就不必再提了」。而這一句也就是對苑咸對他提詢的「故作馮唐老歲年」的正式答覆。王維既已不復可論的馮唐自居，這就表示他對於國家已沒有可以效法的價值了。大概在王維寫成酬答苑咸的答詩不久之後，他就棄官離朝，而屛居淇水了。他這次東遊河南，小隱淇水，雖不能不說是由於被逼，但却不能不說是王維一生中四出長安的最後一次。

王維之隱於淇上，見於「王右丞集」卷七「淇上即事田園」詩。全詩如下：

「屛居淇水上，東野曠無山，日隱桑柘外，河明閭井間，

牧童望穿去，獵犬隨人還，靜者亦何事，荆扉乘晝關」。

對於這一淇水，趙殿成引孔穎達的「尚書正義」作註如下：「河內共縣，淇水出焉，經魏郡黎陽縣入河。按「唐書」地理志，天寶元年（七四二）相州魏郡改爲鄴郡。魏州陽武郡改爲魏郡。今河南省黃河以北有淇縣，正屬淇水流域。王維小隱所在的淇水，恐怕就是這個淇縣。「王右丞集」卷二十二有「魏郡太守河北採訪處置使上黨苗公德政碑」，碑中有「淇上留客，河間數錢」之語。可見此碑碑文是王維隱居淇水時寫的。這個苗公，似乎也可以查得出來是誰。「唐書」卷一一與「新「唐書」卷六十五皆有「苗晉卿傳」。據此傳文，苗晉卿在天寶三年閏二月，由安康郡太守傳魏郡太守，充河北採訪處置使。這一官銜與王維所寫的苗公德政碑裡所記的官銜相合，因此可知王維所寫的碑是爲苗晉卿寫的。王維既以詩文「振起開元中」，而他所隱的淇上又屬於魏郡，所以王維才會被請來作這篇德政碑的碑文的。至於王維在淇上隱居的時間，似也可由苗晉卿之魏郡太守的時間，而可定在天寶三年的閏春。

淇縣之東今爲滑縣，其地唐稱滑州，也即王維在開元十年或次年（七二二）在貶赴濟州途中，渡衞河訪丁寓的地方。可見王維之過滑州與隱於淇上，雖然地域相差無幾，但在時間上，却相差了二十餘年之久。等到天寶六年（七四七）陳希烈代替李林甫，出任左相以後，王維既然不再有政治上的恐懼，他的淇上小隱（天寶三年——天寶六年），也就隨着告終。至於他轉回長安的路線，如果不曾採取由嵩山返京時同一水道，就必是採

取初貶濟州時，由陜西至河南的那一段行程的相反路線。這兩條路線，無論是陸道水道，前面都已詳細說過，這裡當然不必重加贅述了。

附註

（註一）見呂佛庭「中國畫史評傳」頁六二，民國五十三年（一九六四），台灣，國防研究院。

（註二）按：「王右丞集」卷四有「宿鄭州」詩。詩云：

「朝與周人辭，暮汝鄭人宿，他鄉絕儔侶，孤客親僮僕，
宛洛望不見，秋霖晦平陸，田父草際歸，村童雨中牧。
主人東皐上，時稼遶茅屋，融念杼杼鳴，雀喧禾黍熟，
明當渡洛水，昨晚猶金谷，此去欲何言，窮邊徇微祿。」

詩中所謂金谷，就是晉代石崇與其艷姬綠珠的故居所在。

（註三）按：「晉書」卷三十三「石崇傳」：「崇嘗任太僕，出爲征虜將軍，假節監徐州諸軍事，假節監徐州諸軍事，鎭下邳。有別館在河陽之金谷……崇有妓曰綠珠，美而艷，善吹笛。孫秀使人求之，崇不與。孫秀乃勸趙王倫矯詔殺崇，崇正宴於樓上，介士到門，綠珠自殺於樓下而死。」

（註四）「王右丞集」卷四「早入滎陽男」詩。詩云：

「汎舟入滎澤，茲色洒雄藩，河曲閭閻隘，川中烟火繁，

因人見風俗，入境聞方言，言晚田疇盛，朝光市井喧。

漁商波上客，鷄犬岸旁村，前路白雲外，孤帆安可論。」

王維既稱用於滎陽一帶的語言爲方言，可見其必與關中音系有別。

（註五）日本滋賀縣圓城寺（一名三井寺）藏智證大師圓仁入唐所用「過所」二件。皆爲通過關口時所用（一用於潼關，一用於蒲關）。一爲大中九年越州都督府所發，一爲尚書司門所發。已故之日本漢學家內藤虎次郎嘗著「三井寺藏唐過所考」一文，萬斯年氏曾爲譯出，收於「唐代文獻叢考」，一九四七，上海。萬氏又在譯後記中說「唐代過所相當於今日的護照，而公驗則當時今日的證明文件」。作者認爲這樣的類比是正確的。也許王維在由河南道到河北道時，也有公驗的手續待辦吧。

（註六）「王右丞集」卷二有「至滑州隔河望黎陽憶丁三寓」詩。詩云：

「隔河見桑拓，藹藹黎陽川，望望行漸遠，孤峰沒雲烟，

故人不可見，河水復悠然，賴有政聲遠，時間行路傳。」

（註七）「王維交遊考」爲拙著「王維研究」之一章，其初稿嘗連載於「大陸雜誌」第三十四卷第四期至第八期，一九六七，台灣。

（註八）見陳寅恪「天師道與濱海地域之關係」，載中央研究院歷史語言研究所集刊第三本分第四，一九三三，北平。

（註九）見拙著「王維的道家生活與思想」，該篇初稿曾載「大陸雜誌」第三十三卷第八期，一九六七，台灣。

（註十）據：「茅山志」，上元三年，高宗幸東都，禮嵩嶽，召見先生，請作符書。辭不解。調露元年，高宗再紀嵩嶽，以車輿迎師正入嵩陽觀，復送至逍遙谷。

（註十一）司馬承禎，字子微，號道隱，卒於開元二十三年（七三五），每八十九。是盛唐時代最重要的道家人物。至其被召事，則據宋道士趙道一「歷世眞仙體道通鑑」。

（註十二）李含光，廣陵江都人。其父孝威，號貞隱先生，與司馬承禎爲方外交。據「茅山志」及「玄品錄」，含光嘗居茅山二十餘年。大曆四年（七六九）卒於茅山紫陽觀別院，年八十七。

（註十三）李白有「題嵩山逸人元丹丘山居」詩。又有「聞丹丘子於城北營石門幽居。中有高鳳遺跡。僕離羣遠懷，亦有棲遁之志，因敘舊以寄之」詩。詩中有「疇昔在嵩陽，同衾臥羲皇」之句。是證李、元二人皆嘗修道嵩山。不過李白在嵩山的修煉時間甚短，而丹丘則曾長隱於山而已。

（註十四）呂佛庭以爲王維「住」在嵩山的時間，「是在安祿山迎王維到洛陽以後。他既不甘心作僞官，而又沒有勇氣抗拒，因此才住在嵩山韜光隱晦。」說見其「中國畫史評傳」頁六十三。作者以爲這種看法是錯誤的。

（註十五）參考拙著「王維交遊考」。

（註十六）參閱拙著「王維的道家生活與思想」。

（註十七）參閱陳寅恪「天台宗慧思立誓發願文跋」，載中央研究院歷史語言研究所集刊第三本第三分。一九三三，北平。

（註十八）「唐書」卷一九〇王維傳：「王維，字摩結，太原祁人。父處廉，終紛州司馬，徙家於蒲，遂爲河東人。」

（註十九）此據「唐書」地理志。其地近年發現頗有考古價值的唐與唐代以前的摩崖題記。詳見中國田野考古報告丁種第八號「三門峽漕運遺跡」。一九五九年。據上引書，李齊物從開元廿九年十一月至天寶正月在人門北面的岩石中鑿出開元新河。

（註二〇）見「樂府詩集」卷二十一橫吹曲辭內所收「隴頭吟」。

（註二一）見「通典」卷一七三隴州條。

（註二二）見「全唐詩」卷二五三。此其「涼州詞」二首之一。

（註二三）在唐代以前，琵琶的演奏，一向由演奏者手執捍撥（Plectrum）撥動琵琶的絃，今日奈艮正倉中棚所藏紅牙撥二種，尚可見唐代琵琶撥之古制。（所謂「撥鏤」，爲唐代工藝美術的一種，蓋以象牙染成紅綠諸色，表面鐫以花紋。所染諸色，層層出現。或更可於花紋之上再傳他色者，尤爲工麗）。到了唐朝的演奏方法才有改變。首先改變的是捍撥的廢除。據劉餗的「隋唐佳話」，在貞觀時代（六二七——六四九）裴洛兒「廢撥用手」（但據「新唐書」音樂志所記，「初以手彈」者爲樂工裴神符。既此二裴皆太宗時人，疑洛兒爲神符之諢稱），時人稱其手彈琵琶爲「搊琵琶」。再據段安節的「樂府雜錄」，在開元時代，賀懷智曾使用一種很奇異的琵琶「其樂器以石爲槽，以鵾鷄筋作絃，而鐵撥之。」賀懷智的琵琶以石爲槽，異於開元時代一般琵琶妙以紫檀爲槽。其用鐵撥撥弦的演奏方式，雖與貞觀之前的彈法相同，然其鐵製捍撥則爲前代所無。王維雖「善琵琶檀」，但其演奏方式，應不外撥彈與搊彈等二種。

（註廿四）按「唐書」卷九「音樂志」二、唐代之官樂分坐立二部。立部之樂器爲何，未見記述，坐部則用玉磬、搊箏、臥箜篌、小箜篌、大琵琶、大五絃琵琶、小五絃琵琶、大笙、小笙、大篳篥、小篳篥、大簫、小簫、銅拔、和銅鐃、長笛、短笛、楷鼓、靴鼓、桴鼓。同志又記「西涼樂」，「蓋涼人所傳中國舊樂而雜以羌胡之聲也」。其樂所用之器除與坐部樂相同者外，又有笛與橫鼓、腰鼓、齊鼓、擔鼓等新樂器。然亦不用羌笛。

（註廿五）見郭茂倩「樂府詩集」卷二十五。

（註廿六）見上揭書卷八十六。此爲「敕勒歌」二首之一。原歌本自鮮卑語譯爲華語者。

（註廿七）唐代藍田武關道之陸程爲田長安東南行，踰藍田關、武關，至內鄉，又經臨湍，或經南陽至鄧州，再南至襄州。凡一千一百餘里。第代京師長安與江淮間之交通，除物資運輸及行李笨重之行李者取道汴河外，朝廷使臣及一般公私行旅之遠適江淮、黔下、嶺南者，皆取藍田武關道，利其逕捷。詳見嚴耕望「唐代長安南山諸谷道驛程述畧」，載「大陸雜誌」第三十六卷第十一期，民國五十七年（一九六八），六月，台北。王維既爲南選事赴嶺南，宜其行經藍田武關道而首下襄陽。

（註廿八）見註一所揭書頁六三。

（註三〇）拙著「王維研究」下編爲「王維輞川圖考」。待刊。

（註三一）見「全唐詩」卷一三〇。

（註三二）見「全唐詩」卷一七四。

（註三三）酈道元「水經注」：

「丹山西卽巫山者也。其間首尾一百六十里，謂之巫峽。蓋因此爲名也。絕巘多生檉、柏。懸泉瀑布，飛漱其間，清榮峻茂，良多趣味。每至晴初霜旦，林寒澗肅，常有高猿長嘯，屬引凄異，空谷傳響，哀轉久絕。故漁者歌曰：巴東三峽巫峽長，猿鳴三聲淚沾裳」。

（註三四）見「全唐詩」卷一六七。

（註三五）見「全唐詩」卷一七四。

（註三六）見「全唐詩」卷二二九。

（註三七）見嚴耕望「漢唐褒斜道考」，載「新亞學報」第八卷第一期，一九六七，香港。

（註三八）見盧懷萱「王維的隱居與出仕」，載「文學遺產」增刊第十三輯，一九六三。

（註三九）同上。

（註四〇）按「唐書」卷一〇六「李林甫傳」云：「林甫自無學術，僅能秉筆，有才名於時者，尤忌之。而郭慎微，苑咸，文士之闒茸者代爲題尺。」

附記：本文爲拙著「王維研究」之一章。全書都三十萬字，已付排。或期於本年秋季問世。此章承嚴耕望先生指正數事，本文所附王維行旅圖則由香港大學地理系之羅志雅、紀文鳳、劉顯雯、吳秀芳等四小姐合爲代繪。殊爲感激。一併誌謝於此。

一九六九年二月北平莊申記於香港大學。

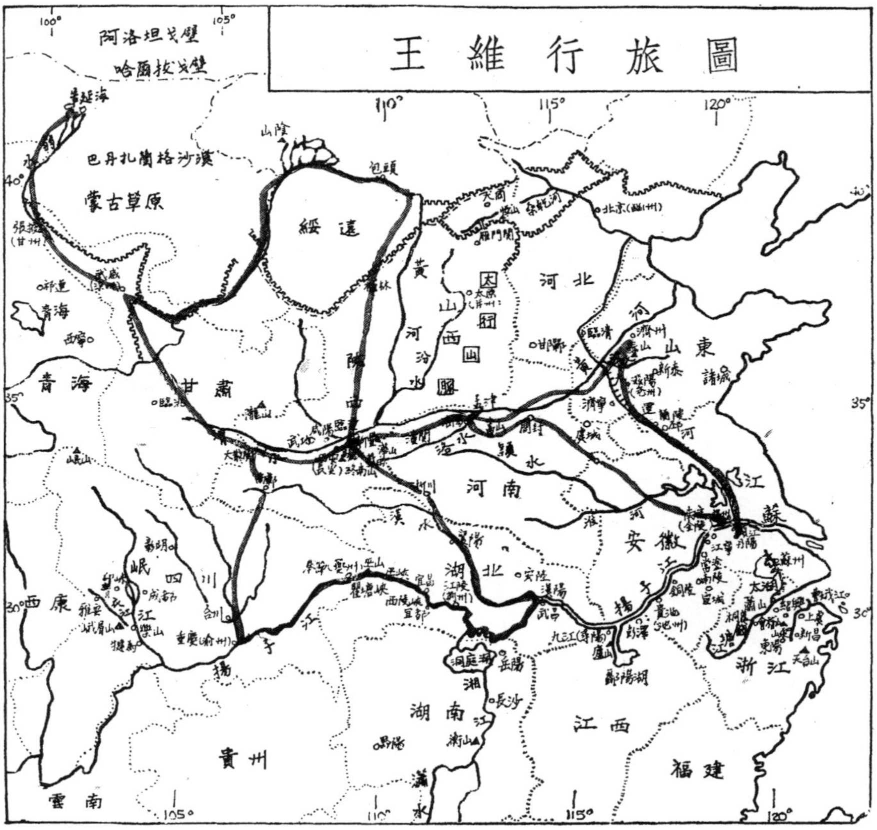

編按：原圖修復放大見圖錄冊，圖版十

朱子家學與師承

趙效宣

景印本・第九卷・第一期

一、前言

余昔為李綱年譜，讀韋齋集，知撰者朱松為綱之客，與綱志趣相同，亦以身許國之流也。文仿荆公、蘇、黃，學本六經、子、史，至二十七八歲後，轉治二程子之學，堪稱博大精深。蓋晦庵朱子即承其父韋齋之學，而能發揚光大者也。然無暇深究，僅存於心焉而已。迨及今夏，承法國吳德明教授（Prof. Yves Hervouet, Universite de Bordeaux,）囑為宋人著作提要，遂取韋齋集重讀之，粗成綱要以應命，然該文不能旁徵博引，於意未盡，乃卒成茲文。深冀世之碩學，有以正之。

二、家學

朱子遠祖，史料闕佚，詳不可考。今僅就現存有關朱氏家族之記載，知其親屬多儒者。如朱子之生母，據四部備要本朱子大全文卷九十四尚書吏部員外郎朱君孺人祝氏壙誌云：

先妣孺人祝氏，徽州歙縣人，其先為州大姓。父諱確，始業儒，有高行，娶同郡喻氏，以元符三年七月庚午(五日)，生孺人，性仁厚端淑，年十有八歸於我先君……及先君卒，熹年才十有四，孺人辛勤撫教，俾知所向……【註一】

幼承母教如此，繼蒙劉、胡諸君子異常器重，盡心教導，學業日進，不數年間，進士及第，授官職，仍向學不懈，卒成大儒，孺人之功甚偉。次為朱子祖母之家世，據正誼堂本朱子文集卷十八韓溪翁程君墓表云：

韓溪翁，先君子韋齋先生之內弟程君也……少孤，從先君子學於閩中……好讀左氏書，爲文輒倣其體……雜以國風雅頌之篇……君家自其大父某，始與鄉薦，父某，亦以郡學上舍當貢京師，皆不幸蚤卒。至君學益勤，……有子曰洵，好學而敏於文……今乃以特恩授信州文學，識者恨之。然洵故嘗從熹論爲學大要……熹祖母，君之姑，因謂君叔父。

蓋爲熹祖母兄弟之子。於韋齋先生爲表兄弟，朱子爲表姪。誠以古時女子教育尚未普及，女子知書識字者少，故遠及於其家人出身，藉以有助於明瞭其本人也。朱子母與祖母皆出自以儒爲業之家庭中，故對朱氏家庭教育當有密切關係。再爲朱子之祖父，據四部叢刊本韋齋集卷十二先君行狀云：

公諱森……世家歙州之黃墩……公少務學，科舉既廢，不復事進取。既冠而孤，他日歲時，子姓爲壽，舉先訓戒飭諸子，諄諄以忠孝和友爲本。且曰：『吾家業儒，積德五世後，當有顯者，當勉勵謹飭，以無墜先世之業。』……晚讀內典，深解義諦，時時爲歌詩，恍然有超世之志……

此蓋爲佛老思想之影響所致也。森有子松、檉、槔等三人。據四部叢刊本朱槔玉瀾集（不分卷）自作挽歌辭云：

伯氏尚書郎，名字騰九州，仲兄中武舉，氣欲無羌酋，棣華一朝集，荊樹三枝稠，堂堂相繼去，遺我歸山丘。

此爲季子槔之心聲，所爲詩文，見存於今，觀其所載，蓋亦深於道而不得時之佳士也。玉瀾集贈周功崇云：

閩海浮沈二十年，歸心日夜夢江天，謾題甲乙煩君看，若說功名只自憐，造物小兒知薄相，箇中老子已忘筌，一笻聞作東南去，豈欲求人左江邊。

又穀雨日云：

石渚收機巧，烟蓑建事功，越禽牢閉口，吾道寄天公。

其心灰意冷之概，畢露無遺，然治學念國之情，未或稍憩也。玉瀾集用東坡武昌寒溪韻三篇云：

中原膻腥雜夷夏，淮北城壘生莓苔，公平天與濟世具，曷不手引梟鸞開。

又云：

詩書邀我忽半世，車轂前却連崔嵬，試尋夷路到聖處，馬力已竭煩輿臺，去天尺五吐傑句，孔丘盜跖俱塵埃，坐疑蓬島尋丈爾，扁舟徑入浮雲堆。

此蓋失意之餘，常與僧道往還所致，然仍不失爲聖門之徒也。玉瀾集春風云：

一舉造物手，萬生和氣中，酒邊排雪意，詩裏要春風，了了誰孤起，滔滔我即空，試詢三世事，猶有讀書功。

此種言論，頗類孔門風乎舞雩氣象，與乃父森業儒而喜內典無二致。至其兄松，則更進一步與佛徒交往，然其學問則包羅萬象，博大精深，未嘗泥於一隅也。朱子大全文卷九十七皇考左承議郎守尚書吏部員外郎兼史館校勘累贈通議大夫朱公行狀云：

發憤折節，益取六經諸史百氏之書，伏而讀之，以求天下國家興亡理亂之變，……先後本末之序，期於有以發爲論議。措之事業，如賈長沙、陸宣公之爲者。

又韋齋集卷九上謝參政書云：

某少而苦貧，束髮入鄉校，從鄉先生游學，爲世俗所謂科舉之文者，……然獨喜誦古人文章，每竊取其書，玩之矻矻而不知厭……既冠，試禮部，始得謝去場屋，……復取六經諸史，與夫近世宗公大儒之文，反覆研覈，盡廢人事，夜以繼日者餘十年，其於古今文章關鍵之闔開，淵源之停滀，波瀾之變態，固已得其一二矣。

知韋齋確爲飽學之士，而其所學中，尤特喜詩。韋齋集卷九上趙漕書云：

蓋嘗以爲學詩者，必探蹟六經，以浚其源，……夫詩自二南以降，三百餘篇，先儒以爲二南周公所述，用之鄉人邦國，以風動一世，其餘出於一時公卿大夫，與夫閭巷匹夫匹婦之所作。其辭抑揚反復，蹈厲頓挫，極道其憂思佚樂之致，而卒歸之於正，聖人以是爲先王之餘澤，猶可見其髣髴，足以聳動天下後世，故刪而存之至今，列於六經，焯乎如日月。春秋之世，列國君臣，相與宴享朝聘，以修先君之好，往往賦古人詩以自見其意……

此爲詩經之功用及其重要，蓋如此。次爲韋齋先生對於當代諸儒之研究，其中特注重司馬光之學。韋齋集卷九上謝參政書云：

司馬文正公考正經史，深於治道……卓然有功於聖人之門，蓋嘗誦讀其詩書，考質於師友，而聞其畧矣。夫……尊德教，賤功利，獎名節，端委廟堂，則忠信恭儉，足以刑主德於四方，而朝廷尊。燕處於家，則孝友廉讓，足以化其國人，其酌古以準今，則治亂存亡之効，如食粟之必飽，食堇之必斃……

此其所以治司馬氏之學也。雖然，猶未能滿足私意，乃轉治程氏之洛學，追求爲聖人之門徑。韋齋集卷九上謝參政書云：

聞嘗自念，士之於學，要以求爲聖人而後止，推所以善其身者以治天下國家。此豈口耳筆墨之蹊徑所能至哉……竊聞往者三川之間，程氏兄弟，推本子思、孟軻，以中庸爲宗……卓然有功於聖人之門……

又同書卷七上趙丞相劄云：

行年二十七八，聞河南二程先生之餘論，皆聖賢未發之奧，始捐舊習，祓除其心，以從事於致知誠意之學。

又朱子大全文卷九十四皇考左承議郎守尚書吏部員外郎兼史館校勘朱府君遷墓記云：

遊官往來閩中，始從龜山楊氏門人爲大學、中庸之學。

又同書卷九十七皇考左承議郎守尚書吏部員外郎兼史館校勘累贈通議大夫朱公行狀云：

得浦城蕭公顗子莊、劍浦羅公從彥仲素而與之遊，則聞龜山楊氏所傳河洛之學【註二】，獨得古先聖賢不傳之遺意。於是益自刻厲，痛刮浮華，以趨本實，日誦大學、中庸之書，以用力於致知誠意之地。

又韋齋集卷九答莊德粲秀才書云：

聞之先生長者，禮記多魯諸儒之雜說，獨中庸出於孔氏家學。大學一篇，乃入道之門，其道以爲欲明明德於天下者，在致知格物，以正心誠意而已。

誠哉斯言也。韋齋識見及遠，體驗入微，故對洛學，別具獨到之心得。韋齋集卷九上謝參政書云：

夫達天德之精純，而知聖人之所以聖，誠意正心於奧突之間，而天下國家所由治。推明堯舜三代之盛，修己以安百姓，篤恭而天下平者，始於夫婦，而其極也，察乎天地，此程氏之學也。

雖未能盡道出洛學之曲折奧妙與夫工夫之所在，要亦未失其精義也。韋齋集卷九上李參政書云：

屛居讀書，於聖賢之事業，粗見首尾，雖未敢自謂有所樂乎此，蓋亦庶幾於不苟然者。

信乎其言也。據韋齋集卷九上李參政書云：「今方食侍祠之祿。」又朱子年譜，紹興十年（一一四〇）條有云：「時韋齋爲吏部員外郎，以不附秦檜和議，出知饒州，請祠於家。」寓閩之建陽。知是文在紹興十年後作，而韋齋自二十七歲（政和四年，一一一四）既已發心治洛學，至是幾二十年間，所知必多，所得亦精，故自信不疑，大肆推廣聖道。韋齋集卷四送仲猷北歸二首云：

一丘胸次有餘師，空此淹留歲月遲，黃墨工夫憐我倦，簞瓢風味要君知，新詩落筆驚翻水，俗學回頭笑畫脂，伊洛參同得力句，還家欲舉定從誰？

又同書卷三寄陳隲元云：

低回強酬酢，高論形敢出，緬懷參同子，蚤入伊洛室。

其於洛學之傳播，與夫敬愛崇信之情，盡可窺知。惜天不假年，四十七歲而亡，教化未能及遠，僅及身而滅，識者悲之。此外爲對其哲嗣熹之期待。韋齋集卷六洗兒二首云：

行年已合識頭顱，舊學屠龍意轉踈，有子添丁助征戍，肯令辛苦更冠儒。

觀此詩，韋齋心中似有無限感觸，然儒本爲朱氏之祖業，故於降生後，總希能負起朱氏家庭之使命。而如何教育其完成使命，豈能輕忽？韋齋集卷三餽歲云：

鷄豚取牢柵，門戶隨小大，去鄉二十年，憶此但愁臥，兒癡元未識，但索梨飣坐。何時鴉識村，莫作驢轉磨。不須志四方，教子求寡過。

乃修己安人之學也。蓋爲韋齋先生對朱子將來之期許。誠亦果不負所望，才氣過人，言動俱出韋齋意料之外。韋齋集卷六夜坐云：

九秋風露浩難平，伍子祠南鶴唳清，坐聽兒曹談往事，世間更覺總忘情。

韋齋尚有一女，故云兒曹。蓋爲紹興二年（一一三二）春，建寇逼境，携家之福州之作也。又叢書集成本黃勉齋先生文集卷八朝奉大夫文華閣待制贈寶謨閣直學士通議大夫謚文朱先生行狀云：

幼穎悟，莊重能言，韋齋指示曰：『此天也。』問曰：『天之上何物？』韋齋異之。就傅，授以孝經，一閱封之，題其上曰：『不若是，非人也。』嘗從羣兒戲沙上，獨端坐，以指畫沙，視之，八卦也。少長，厲志於聖賢之學。

年譜繫於十歲，蓋爲初治儒學也。又指畫八卦，繫於八歲。而指天，則繫於四歲。其智慧之高遠，不喻可知。十一歲後，則受學於家。四部叢刊本晦庵先生朱文公文集續集卷八跋韋齋書昆陽賦云：

『爲兒甥讀光武紀，至昆陽之戰。熹問何以能若是？爲道梗概，欣然領解，故書蘇子瞻昆陽賦畀之。』紹興庚申（十年，一一四〇），熹年十一歲，先君罷官行朝，寓建陽，登高丘氏之居。暇日，手書此賦以授熹，爲說古今成敗興亡大致，慨然久之……

知父子授受之間，不僅講解，且有問答討論，介紹當代之名人作品，並手書以授之，足證韋齋對其子期待之殷切。蓋以盛年之際，與時宰政見不合，而退居於家，治學外，教子讀書，亦爲奉行其家庭之使命。故朱子幼時聞見宏富。正誼堂本朱子文集卷九臥龍庵記云：

> 臥龍庵在廬山之陽，五乳峰下，予自少讀龜山先生楊公詩，見其記臥龍劉君隱居辟穀木食……則固已知有是庵矣。

龜山爲程門高足，歸里後，教授東南子弟，主傳程氏之學，故閩中倡程學者，皆其門下士也。又同書卷五與留丞相書云：

> 熹自少鄙拙，凡事不能及人，獨聞古人爲己之學，而心竊好之，久以爲是乃人之所當爲而力所可勉，遂委己從事焉。

爲己，爲履道而行，己欲立而立人，己欲達而達人，己立己達皆爲己也。故云修己以安人，修己以安百姓，是爲程氏所治儒學中之要意也。叢書集成本黃勉齋先生文集卷八朝奉大夫文華閣待制贈寶謨閣直學士通議大夫謚文朱先生行狀云：

> 自韋齋先生得中原文獻之傳，聞河洛之學，推明聖賢遺意，日誦大學、中庸，以用力於致知誠意之地，先生蚤歲已知其說，而心好之。韋齋病且亟，屬曰：『籍溪胡元仲，白水劉致中，屏山劉彥沖三人，吾友也，學有淵源，吾所敬畏。吾即死，汝往事之，而惟其言之聽，則吾死不恨矣。

知朱子自幼已從韋齋習河洛之學，且心好之。故韋齋臨終託孤於三君子，三君子者，治司馬光、二程夫子之學者也。質而言之，即韋齋生平所治之學也。促令朱子往就學之，輒足繼承其志，死亦無恨矣。否則，不必託也。松胞弟榫玉瀾先生猶在閩中，焉能捨而不顧乃兄之孤兒寡婦耶？

二、師承

朱子之師承，前賢言之鑿鑿，確無可重述之必要。然以行文之便，無法避免，故畧及之。至於韋齋歿後，朱子之問學，依時間先後之序，約分前後兩期，後期者，問學於延平李先生也。前期爲自紹興十三年（一一四三）父松逝世後，朱子遵父訓奉母投其父之友家就學。麗澤會（用望三益齋本重刻）本婺源江永考訂朱子世家云：

少傅公（劉子翬兄）爲築室里（崇安五夫里）第之旁，朱子奉母居焉，遵遺訓受學三君。

又朱榫玉瀾集自作挽歌辭云：

天涯念孤姪，携母依諸劉，書來話悲辛，心往形輒留。」

又朱子大全文卷九十屏山先生劉公墓表云：

蓋先人疾病時，嘗顧語熹曰：『籍溪胡原仲、白水劉致中、屏山劉彥沖，此三人者，吾友也。其學皆有淵源，吾所敬畏，吾即死，汝往父事之，而惟其言之聽，則吾死不恨矣。』熹飲泣受言，不敢忘。既孤，則奉以告於三君子，而稟學焉。

三人中影響最大者，首爲劉彥沖子翬。據上海涵芬樓本宋詩鈔屏山集鈔（不分卷）云：

子羣告以易『不遠復』三言，俾佩之終身，一日感微疾，即謁廟訣別家人，與朱子言入道次第而歿。

又朱子大全文卷九十屏山先生劉公墓表云：

熹時以童子侍疾，一日，請問先生平昔入道次弟。先生欣然告之曰：『吾少未聞道，官莆田時，以疾病始接佛老子之徒，聞其所謂清淨寂滅者，而心悅之，以爲道在是矣。比歸，讀吾書而有契焉。然後知吾道之大，其體用之全，乃如此。抑吾於易得入德之門焉。所謂『不遠復』者，則吾之三字符也。

是謂朱子得自屏山先生彥沖之眞傳，蓋如此。次爲白水劉致中先生。四部叢刊本晦庵先生朱文公文集卷九十聘士劉公先生墓表云：

先生學本爲己，而才周世用，……教誨熹如子姪……學子造門，隨其材品，爲說聖賢教學門戶，以及前言往行之懿，終日娓娓無倦色，自壯至老，如一日也……

觀其量材施教，對朱子之傳授則可想而知。復次爲籍溪胡原仲先生。晦庵先生朱文公文集卷九十七籍溪先生胡公行狀云：

日進諸生，而告之以古人爲己之學……熹於三君子之門……事先生爲最久……

蓋以彥沖、致中相繼物故，獨籍溪胡先生得享高壽（參見附表一），追隨幾二十年。胡先生與白水劉先生爲太學同學，且先後兩娶白水先生之女弟。至於從師亦大致相同。朱子大全文卷九十七籍溪先生胡公行狀云：

長從文定公學，始聞河南程氏之說……又學易於涪陵處士譙公天授……

又晦庵先生朱文公文集卷九十聘士劉公先生墓表云：

詣太學……陰訪伊洛程氏之傳，得其書藏去。深夜，同舍生皆熟寐，乃始揬篋解衾下帷，然膏潛抄而默誦之。聞涪陵譙公天授嘗從程夫子遊，兼邃易學，適以事至京師，即往扣焉。盡得其學之本末……一日，棄錄牒揖諸生而歸，道南都見元城劉忠定公，過毗陵，見龜山楊文靖公，皆請業焉。而劉公尤奇其材，留語數十日，告以平生行己立朝大節，以至方外之學，它人所不及，聞者無不傾盡，先生拜受其言，精思力行，朝夕不怠，久而若有得焉。則疇昔所聞一言之善，融會貫通，皆爲己用，而其踐履日以莊篤。

文定公，即以春秋名之胡安國。籍溪先生乃胡公從父兄之子，自幼從之學。元城劉忠定，安世也。正誼堂本朱子文集卷十四跋劉元城言行錄云：

元祐諫議大夫，元城劉公安世，字器之，受學於司馬文正公，得『不妄語』之一言拳拳服膺終身不失，故其進而議是朝者無隱，退而語於家者無媿詞。

知進於道者，於修身齊家治國有莫大裨益。而胡、劉二先生先後於太學中中途輟學歸里，專務於道，蓋爲是也。復次爲屏山先生，則私淑於伊洛之學者。朱子大全文卷九十屏山先生劉公墓表云：

先生少負奇才，未冠遊太學……以父任補承務郎……丐閑……歸……盡棄人間事……獨居一室，危坐或竟日夜，嗒然無一言，意有所得，則筆之於書，或詠歌焉以自適……與胡、劉二先生爲道義交，相見講學外，無一雜言。

又晦庵先生朱文公文集卷九十七籍溪先生胡公行狀云：

先生所與同志，唯白水先生，既與俱隱，又得屏山劉公彥沖先生而與之遊，更相切磨以就其學，而熹之先君子，亦晚而定交焉。既病且沒，遂因以屬其子熹於三君子之門。

此爲朱子所以就學於三君子之大概。次爲李延平先生。朱子大全文卷九十七延平先生李公行狀云：

既冠，遊鄉校……已而，聞郡人羅仲素先生得河洛之學於龜山楊文靖公之門，遂往學焉……熹先君子吏部府君亦從羅公問學，與先生爲同門友，雅敬重焉。

又國學基本叢書本羅豫章先生文集卷十韋齋記云：

齋成之明年，使人來求記於余，余辭以不能，則非朋友之義……

又正誼堂本李延平先生文集卷一達朱韋齋暨吳少琳書云：

侗再拜，上問韋齋監稅朱友……

又同書卷四附錄云：

延平於韋齋爲同門友。先生歸自同安，不遠數百里徒步往從之。

據朱子年譜謂，紹興二十一年（一一五一）春，公二十二歲，銓試中等，授左廸功郎，泉州同安縣主簿，始見延平先生。李延平文集卷一與羅博文書云：

元晦進學甚力，樂善畏義，吾黨鮮有。晚得此人，商量所疑，甚慰。又曰：『此人極穎悟，力行可畏，講學極造其微處，某因此追求有所省，渠所論難處，皆是操戈入室，須從原頭體認來，所以好說話。某昔於羅先生得入處，後無朋友，幾放倒了，得渠如此，極有益。渠初從謙開善處下工夫來，故皆就裏面體認。今既論難，見儒者路脈，極能指其差誤之處，自見羅先生來，未見有如此者。』又云：『此人別無他事，一味潛心於此，初講學時，頗爲道理所縛，今漸能融釋於日用處，一意下工夫，若於此漸熟，則體用合矣。』

誠哉斯言，朱子於同安簿秩滿後，專心於學，追隨延平先生，蓋欲游心於道也。朱子大全文卷八十七祭延平李先生文云：

道喪千載，兩程勃興，有的其緒，龜山是承。龜山之南，道則與俱，有覺其徒，望門以趨，惟時豫章，傳得其宗，一簞一瓢，凛然高風，猗歟先生，早自得師，身世兩忘，唯道是資，精義造約，窮深極微；嗟惟聖學，不絕如綫，先生得之，既厚以全，進未獲施，退未及傳，殉身以歿，孰云非天。熹也小生，丱角趨拜。恭惟先君，實共源派，誾誾侃侃，斂衽推先，冰壺秋月，謂公則然，施及後人，敢渝斯志。從游十年，誘掖諄至，春山朝榮，秋堂夜空，即事即理，無幽不窮，相期日深，見勵彌切。

斯言誠是。朱子自得延平之學，始達成韋齋昔日之宿念。而韋齋之學亦有承繼，其精神亦得永垂不朽。然世之論學者，多主朱子學於胡、劉、李諸師，鮮能及其家學之源流。故不避重複煩瑣而畧予申述以表出之。韋齋集劉性序云：

竊惟孔孟之道，至程子而復明，至朱子而大明。夫人有一行之善，一藝之美，未有不本於父兄師友者，而况於道，有以參天地之運，學有以紹前聖之統者乎？程太中能知周子，故二程之學繼孟氏，韋齋能友延平，故朱子之學繼程氏，則韋齋之書，學者可不學乎？竊窺韋齋篤志於伊洛之學，其視游、楊、羅、李，孰敢議其先後，若文詞字畫，又於荆公、蘇、黄皆取法焉。豈不以學之大，有既推原探本而極其端矣。至於曲藝小伎，亦莫不各有理而盡其心焉。不專一門，而惟是之從也。文公集羣儒之大成，紹周、程之正統，而於熙寧元祐諸公之是非得失，則未嘗有所偏主焉。豈亦本於家學而然歟！記曰：『三王之祭川也，先河而後海，或源也，或委也。』此之謂矣。

又萬有文庫本宋元學案卷十豫章學案云：

（黄）宗羲案豫章稱韋齋才高而智明，其剛不屈於俗。故朱子之學，雖傳自延平，而其立朝氣概，剛毅絕俗，則依然父之風也。

又韋齋集傳自得序云：

公之嗣子，今南康太守熹，能紹公之訓，早踐世科，而益憑志於伊洛之學，安貧守道，深山窮谷之中者三十餘年。

可見朱子治學心切，追隨諸師以求本末。李延平先生文集卷四附錄云：

文公學靡常師，出入於經傳，泛濫於釋老。自受學於李先生，洞明道要，頓悟異學之非，專精致誠，剖微窮深，晝夜不懈，至忘寢食，而道統之傳，始有所歸矣。

道統，自孔、孟、周、程、楊、羅、李以來之儒家正統也。至是歸於朱子，而達到集宋學之大成，不但完成韋齋先生之宿願，且亦奉行其祖父森之遺訓矣（參看附表二）。

四、結語

總上所論，知朱子之家學，對朱子治學，確有莫大影響。然從未爲學者所重視，蓋以韋齋逝世，朱子年方十四歲，尚未成人，識見未遠，乃爲忽而畧之，實則殊欠公允。朱子自幼聰穎過人，觀其初年之行事及延平李先生之讚許，足可証明。且韋齋愛子心切，豈能不關心其獨子之教育耶？何況自其祖父森遺命，世以儒爲業，韋齋兄弟既已奉行之矣。故朱子婿黃勉齋云：「自韋齋先生得中原文獻之傳，聞河洛之學，推明聖賢遺意，日誦大學、中庸，以用力於致知誠意之地，先生蚤歲已知其說，而心好之。」故朱子之學與韋齋所治學之途徑無何顯著差異，僅是工夫淺深之不同而已。例如朱子早年嘗「泛濫於釋老。」乃自其祖父而父及叔父均曾酷好之矣。再則韋齋喜司馬光之學，朱子曾仿溫公資治通鑑爲通鑑綱目。至於四書、洛學、六經、百氏、諸史等於其父子間，皆有相同之嗜好，以致把玩不倦，深究未已也。此外爲詩爲文，父子同學蘇、黃、荆公之筆法，語類卷百四十已有明言，今不煩贅述。由是知朱子於喪父後，雖從師問學，然襲韋齋治學途徑，擴大加深，考驗修正，推廣及人，達到乃父平生願望，遂集宋學之大成也。

附註

註一：朱子大全文卷九十八外大父祝公遺事云：「外家新安祝氏……有諱景先者，號二翁……諸子皆讀書，外大父，其第二子也，諱確……學試……多占上列，郡博士請錄其學事，時三舍法行，士子無不繇庠序以進，公從容其間……熹先君子於時亦爲諸生，年甚少……公獨器重，以女歸之……叔舅（夫人弟）嶠，少敏悟有文，長從先君子遊，聞伊洛之風而悅。

註二：朱子文集卷十八西山先生李公墓表曰：「西山先生李公者，龜山先生楊文靖公之門人也。龜山既受學於河南程氏，歸以其說教授東南。一時學者翕然趨之。

附表（一）

年代	年齡	大事	備註
紹興四年	五歲	入小學。	
七年	八歲	就傅。	
十年	十一歲	受學於家。	
十三年	十四歲	三月，丁父憂。	
十七年	十八歲	十二月，劉彥沖逝世。	秋舉建州鄉貢。
十八年	十九歲	登進士第。	
十九年	二十歲	二月，劉致中逝世。	
二十三年	二十四歲	夏，謁李延平先生於延平。	
三十一年	三十二歲	冬，見李延平先生於延平，始受學焉。	
三十二年	三十三歲	四月，胡原仲逝世。	

(二)附表

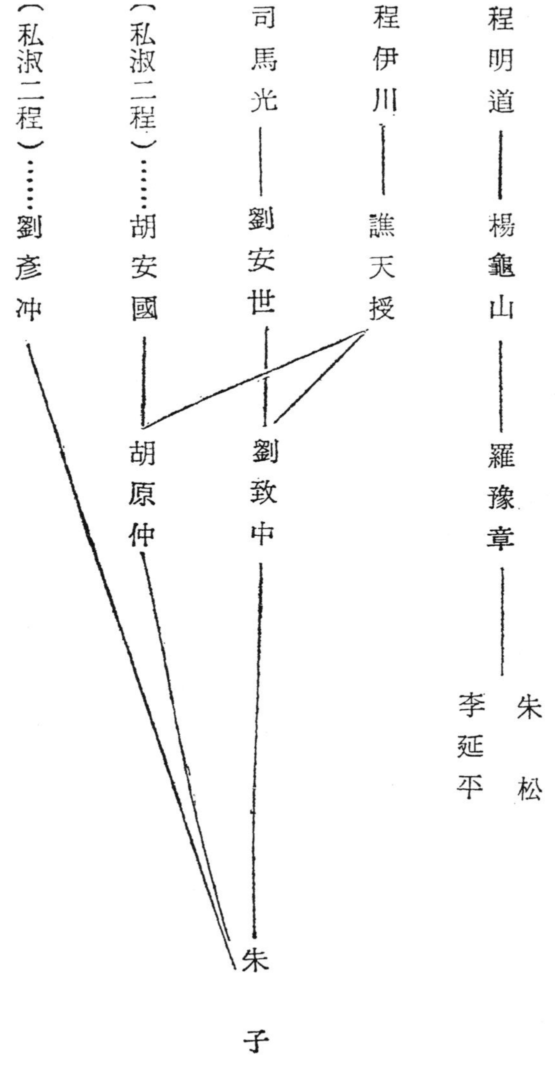
程明道
楊龜山
羅豫章
朱松
李延平
程伊川
譙天授
司馬光
劉安世
劉致中
(私淑二程)……胡安國
胡原仲
(私淑二程)……劉彥冲
朱子

北宋舉官制度研究（上）

金中樞

目次

一〇、舉自代
一一、舉刑部詳覆官，審刑院詳議官，大理寺詳斷官、檢法官、法直官
一二、舉館、閣
一三、舉學官
一四、舉兵武之職
一五、舉侍從官
一六、十科舉士

緒言

論北宋之舉官制，勢當傍涉北宋之官制。北宋官制，初承唐、五代之弊，（註一）「其官人受授之別，則有官，有職，有差遣，……其次又有階，有勳，有爵。」（註二）故其叢雜，實爲歷代之最。茲爲論舉官之便，特將其彼此極有關聯之階、官、職、差遣四者，扼要分釋如次：

（一）階，指階官而言。階官即散官，唐以來即有之；然非實官。當宋之初也，虛名既不足以砥礪天下，而太祖又懲五代藩鎮專恣，每留節度使於京師，而任朝官爲知州，爲通判，或州鎮有缺，即令朝官權知，稍後則州縣守令多帶中朝職事官外補，（註三）「由是內外所授官多非本職，惟以差遣爲資歷。」（註四）故史稱：「初未改官制，大率以職爲階官，而以差遣爲職。」（註五）此謂以「職」爲階官，即以「職事官」爲階官，亦即以「本官」爲階官也。（註六）本官既以「寓祿秩，叙位著，」（同註二）其勢不能不以差攝爲職，於是名實大淆。自眞、仁以來，議者多以正名爲請，然朝論異同，未遑釐正。（同註二）迄于元豐，始議更制。其時京朝遂首復散官爲階官，以易其本官。逮崇寧初，又換選人七階。尋經大觀、政和之損益，而寄祿之格始備，自開府至廸功凡三十七階。而武選亦詔易以新名，自太尉至下班祇應凡五十二階。（註七）

（二）官，指本官——職事官而言。如上所述，改制前，以其爲階官，而以差遣爲職。改制後，本官各還其職，悉改爲正官，而差遣之制遂罷。（註八）

（三）職，史稱：「職以待文學之選」，（同註二）則學士院諸學士至諸修撰直閣均屬之。（註九）改制

前，皆各有本官，藉以叙俸。別加職名者，一則勵其行義，二則別於本官。改制後，職任仍舊，且有帶本官者。（註一〇）

（四）差遣，史稱：「別爲差遣以事內外之事」，（同註二）則「本官」與「職」以外之官職皆是矣。惟官制行，內官祇有官職之分，而無差遣；外官即以差遣名官，且仍有繫京朝官（本官）銜者。而釐務亦比於差遣。（註一一）

北宋官制階、官、職、差遣之分既如此，則其舉官自亦當如此。故此下言舉官，凡關涉此處，則僅於舉某官下簡註所指，其詳請參閱緒言，以免重複，此本文之通例一。

又舉官，不知所舉官之職務，或該官之另外名稱，則不知所舉官爲何物。如詳釋之，又非本文所能及。故此下言舉官，率視其需要，畧加說明，藉合舉官之旨，此本文之通例二。

又舉官自有其思想宗旨，此余嘗撰「從司馬光十科舉士看北宋的舉官制度」一文，已說明其「上承儒家以來之傳統」，「質言之，即禮運所謂『天下爲公，選賢與能』之旨。」（註一二）考宋朝大詔令集所載舉官詔（見卷一六五、六），幾無一不然。即時人上疏請舉官，亦莫不懷此理想，如陳彭年請舉自代疏云：「爲邦之道，莫切於求賢，求賢之方，莫先於公舉，」（同下舉自代引書），即其一例。故此下所引詔疏，有關此類文字，悉從畧，此本文之通例三。

三通例既明，進請言當代「舉官之制」。所謂舉官之制，即「保任之制」也。宋史卷一六〇選舉志云：

保任之制，銓注有格，槩拘以法。法可以制平，而不可以擇才；故予奪升黜，品式具在，而又責官以保任之。凡改秩遷資，必視舉任有無以爲應否。至其職任優殊，則又隨事立目，往往特詔公卿、部刺史、牧守長官，即所部所知，揚其才識，而任其能否。上自侍從、臺諫、館學，下暨錢穀、兵武之職，時亦以薦舉命之，蓋不膠於法矣。（頁一）

此亦如北宋之官制，悉昉於唐、五代乃至其以前之舊，此泛觀十通所載此制可知。茲當言者，即據此以論北宋舉官之制，首呈兩大問題：(一)舉官種類，(二)舉官方法。就舉官種類言，據宋葉水心本集云，則有令錄、幕職、改官、京官、陞朝官、以及員郎等，（註一三）與此說不同，此吾人所當考論者一。就舉官方法言，據宋葉夢得石林燕語卷四云：「祖宗時，監司、郡守薦部吏，有其人則薦之。」（註一四）王栐燕翼貽謀錄卷四亦云：「國初州郡官屬，皆長吏自行奏辟。」（註一五）不僅舉地方官如此，即地方官陞入中央官亦然。李心傳建炎以來朝野雜記乙集卷十四云：「選人陞改，國初無定制。」（註一六）其時中央舉官，亦莫不然。故宋史本志云：「國初保任，未立限制。」（同上志）此蓋因有國之初，庶事草創，日不暇給。尋天下稍定，遂立制以繩其事。此謂「銓注有格，槩拘以法，而又責官以保任之，」即其意焉。此又爲吾人所當考論者二。他如舉官之興替變遷，或其有關者，亦當詳加考論。而本文限於篇幅關係，僅先損益年前在中文大學研究院的畢業論文，滙爲上篇，以解決其第一舉官種類問題；餘則俟諸下篇，並儘量分別舉例以製表，附於下篇篇末，以備參考。

註一：通考卷四七官制總序與宋史卷一六一職官志序語均謂宋承唐弊，蓋皆本諸宋舊史者。然宋會要職官三則云：「宋承五代之弊，官失其守，故守、職、差遣離而爲三。」（頁五二）

註二：同註一徵引通考、宋史職官序語。

註三：同注二，並參閱通考卷六四及宋史卷一六九。

註四：宋史卷一五八選舉志，藝文印書館據殿本頁三。

註五：長編拾補卷二二，世界書局新定本頁一四注引通鑑續編。宋史卷一五八選舉志，頁一九。

註六：通考卷六四：「按元豐未改官制之先，大率以職爲階官。以宰執言之，如吏部尙書（階官）、同中書門下平章事（職）、尙書禮部侍郎（階官）、參知政事（職）之數是也。然所謂吏部尙書、禮部侍郎者，未嘗專有所係屬，治其事則以爲職，不治其事則以爲階官，猶云可也。……」是知以「職」爲階官，即以「職事官」爲階官，亦即以「本官」爲階官也。

註七：本宋史卷一六九職官志，頁二五——三〇；並參閱通考卷六四職官考。其詳見宋會要職官五六神宗元豐三年九月十六日「世界書局輯本頁二）」，徽宗崇寧二年九月二十五日（頁二五），政和二年九月二十九日（頁三五——三八）及六年十一月十八日（頁四四）諸條。

註八：參閱金毓黻先生所著「宋代官制與行政制度，三。」（見文史雜誌二卷四期）

註九：詳見宋史卷一六二職官志。

註一〇：同注八；並參考宋史卷一六二職官志，頁二二。

註一一：同注八；以上所釋階、官、職、差遣四者。並請詳參金著二、三兩節全文，尤其是舉例。釐務見該著（六）官制雜釋。

註一二：詳見新亞書院學術年刊第九期所載該文三。

註一三：水心文集卷三，四部叢刊本頁一〇。

註一四：叢書集成本頁三八。

註一五：學津討原本頁一六。

註一六：叢書集成本頁五一九。

上篇 舉官種類

一、舉選人——改制前，各以其本官或差遣為階官；改制後，階、官分明。

選人於宋有七階，總稱「幕職州縣官」，此詳見拙著北宋選人七階試釋一文，今引其表如下：

北宋選人七階表

宋初以來舊官：總稱	概稱	簡稱	官名	崇寧以後新官	階官等級	資序歷程	備考
幕職	幕職	京府節察判官	三京（西京、北京、南京）留守判官，府（開封、應天、大名）判官，節度判官，觀察判官。	承直郎	第一階	第七階初任循一資，入第六階；次任二考以上，入第五階。第六階循一資，入第四階；第五階入第三階。第四	（一）按京府推官、判官，宋初以朝官充，見職官分紀卷三八，四庫全書珍本初集頁一七至二五。（二）諸
		支掌防團判官	節度掌書記，觀察支使，防禦判官，團練判官。	儒林郎	第二階		
		刺判及京府節察推官	（刺史州）軍事判官，三京留守推官，府推官，節度推官，觀察推官。	文林郎	第三階		

州		初等職官	防禦推官，團練推官，（刺史州）軍事推官，軍判官，監判官。	從事郎	第四階
縣官	令錄	令錄	縣令，錄事參軍。	從政郎	第五階
		知令錄	知縣令，知錄事參軍。	修職郎	第六階
	判司簿尉	判司簿尉	三京府軍巡判官，諸州司法參軍，司理參軍，司戶參軍，縣主簿，縣尉。	廸功郎	第七階

循一資，府為司錄，諸州為錄事，入第三階；兩資入第二階；三資入第一階。

（註一）

選人七階之制既明，進請言其舉事，宋大詔令集卷一六五云：

（太祖）建隆三年，二月，庚寅，詔……翰林學士、文班常參官曾任幕職州縣者，各舉堪為賓佐、令錄一人。（註二）

按茲舉，實本五代周制。（註三）顧此說與朝野雜記作二年舉幕職、令錄（乙集卷一四，頁五一九），不合。考續資治通鑑長編及十朝綱要所言同，亦作三年舉賓佐、令錄。（註四）抑雜記作舉幕職、令錄，實同會要、九朝編年備要及通考諸書；（註五）然諸書又同此作三年。宋史本紀與畢沅續通鑑俱本長編，其選舉志亦本通考。

（註六）是雜記繫年誤。玉海本雜記，（註七）亦誤。舉「幕職、令錄」與舉「賓佐、令錄」，其名雖異，而義實同。幕職、賓佐，即幕賓輔佐之意。此所以易「幕職」爲「賓佐」，蓋避與上文「幕職」重複，工其文也。

依據附表一觀察，此後舉幕職州縣官，或幕職官、職官，或知縣、縣令，皆循此例。

註一：新亞書院學術年刊第九期「從司馬光十科舉士看北宋的舉制度官」附錄。

註二：一九六二年北京中華書局版，頁六二九。

註三：通考卷三八：「周世宗顯德元年初，令翰林學士、兩省官舉令錄。……」（考三五七）是其例。

註四：長編見卷三，浙江書局本頁二，綱要見卷一，宋史萃編本頁七。

註五：會要見選舉二七之一。備要見卷一，鈔本頁八。通考見卷三八，浙江書局本頁四。

註六：宋史本紀見卷一。其選舉志見卷一六〇，頁一。畢鑑見卷二。

註七：玉海見卷一一八，道光二十三年長白覺羅崇恩刊本頁二二。

二、舉改官

改官於宋有二說：一則專指選人陞改，朝野類要卷三言改官云：

> 承直郎以下選人在任，須俟得本路帥撫監司、郡守舉主保奏，堪與改官狀五紙，即趨赴春班改官，謝恩，則換承務郎以上官序，謂之京官，方有顯達。（頁三五）

此謂承直郎以下選人，即上表所謂「選人七階」也。然此七階雖在任，亦非如此云求得舉主、改官狀，即可改為京官，而必須「用考第薦舉，方得改官。」（註一）宋史選舉志本通考，更明云：「選人初受任，雖能，法未得舉為京官；……歷任通及三考，而資序已入幕職、令錄，方許舉之改官。」（註二）改官以後，則為京朝官，故京朝官晉級，亦在改官系內。通考卷三八云：

陞改薦任之法，選人用以進資改秩，京朝官用以陞任。（考三六三）

通考晚起，故兼采前說。前後說雖畧有不同，其言舉官則一，而本文賅而存焉，要以前說為主。

如上所云，選人陞改，國初無定制，有其人則薦之。要其始舉，起於何時？尤當一探討之。玉海卷一一八云：

（太祖）開寶三年，命翰林學士及升朝官舉升朝一人，選人用舉主改官始此。（頁二二）

考此說，長編、會要均於此前三年——即乾德五年（西九六七）已載及之，詳見下節舉京朝官引文。抑觀該節引長編所謂舉主與被舉人，及其釋京朝官之說，迴諸此謂陞改之法，非但用舉主不始於此，且用之者，應為京官，非選人也；蓋選人，通常經京官而後升朝。質言之，即京官於乾德五年、已然用舉主陞陟矣。則選人陞改，當始於其同時，或更前矣。就此點言，下述舉知州、通判，謂乾德二年（西九六四），詔翰林學士陶穀等，舉幕職州縣官為藩郡通判，蓋即舉選人改官，或選人用舉主改官之始。石林燕語云：「祖宗時，……改官每歲殆無幾，自慶曆後，始以屬邑多寡制數，……改官人數遂增至數倍。」（卷四，頁三八）通考所謂「舊悉有制」，（仝上通考）蓋指慶曆以後事；然其後猶仍謂「舉選人改官」（註三），或謂「歲合舉官陞陟者」云云（註四）。其明令「舉改官」，據通考卷三八：「大觀四年（西一一一〇），裁減學國長貳歲舉改官」（考三六三）之說，知其由來已漸。觀諸附表二，其制益詳。

至舉改官與上述舉選人及下述舉知州、通判、京朝官等之關係分辨，當於下篇論舉官方法時詳及之。

註一：詳見宋會要職官八之六徽宗崇寧三年七月二十一日吏部狀。

註二：通考見卷三八，考三六三紹聖元年條。宋史見卷一六〇，頁一〇同條。

註三：如長編卷二七七神宗熙寧九年八月乙未條，是其例；會要選舉二八之一一所載同條，似脫「改官」二字。

註四：長編卷三九九，會要選舉二八哲宗元祐二年四月二十一日壬寅令，是其例。

三、舉知州、通判——改制前爲差遣，改制後則稱官

知州於五季「仍刺史之號」，（註一）宋「太祖始削外權」，（註二）乃「分命朝臣，出守列郡，」（同註一）遂有今名。知州而外，有知府、軍、監等。（註三）二品以上及帶中書、樞密院、宣徽院之職以兼其事者，則稱判。（註四）其職，「掌總理郡政。（註五）至於通判，歷代職官表謂其有類隋之通守，唐之別駕、司馬，金、元之判官。（詳卷五三）然考宋祖設通判，以儒臣臨制之，號稱監州官，（註六）「掌倅貳郡政，與長史均禮，」（同註六）其與列朝所謂通守、別駕云云者不侔矣。史稱：「乾德元年夏四月，……始命刑部郎中賈玭等通判湖南諸州；」（註七）「十一月，詔應諸道州府公事，並須長史、通判簽議連書，方得行下。」（註八）蓋即因「藝祖懲五代藩鎮之弊」。（同註六）「因削藩鎮而重知州之權，因重軍州而嚴通判之選。」（註九）其事勢雖相因，要「皆所以杜專擅之弊，而集權於中央也。」（註一〇）至通判之舉，

據宋大詔令集卷一六五云：

（太祖）乾德二年，七月，辛卯，詔……翰林承旨陶穀……等，於見前任幕職京官州縣官中，各舉堪爲藩郡通判官一人以聞。（註一一）

長編同此，作二年七月辛卯。（見卷五之一二）會要亦同，第未繫日。（見選舉二七之一）宋史、畢鑑均本長編。（註一二）則通考既同此說，而又於建隆四年複出，（註一三）非是。故舉通判，於宋實起於太祖乾德二年（西九六四）。

知州之舉，則晚於通判。宋大詔令集同卷云：

（太宗）淳化元年，四月，甲寅，詔：「……在朝知制誥以上官，每兩人共於常參官內保舉一人，堪充轉運使、副者；其員外郎已上，每兩人共於京朝官內保舉一人，堪充知州、通判者。（頁六三〇）

舉通判已於上述。舉轉運使，因其職掌不同，當另節申論。茲僅就舉知州言，關於此點，宋史本紀本長編，而署其舉主，與轉運使舉主合而爲一，（註一四）誤矣。蓋員外郎於宋爲從六品或正七品，（註一五）知制誥爲五品，（註一六）固不同耳。此關舉主資格問題，容後另詳。要其以淳化元年（西九九〇）爲舉知州之始，則一也。此後舉知州，或知大藩，或知府、軍、監，均循此例。附表三以其與通判合製，亦援此合舉之例。

註一：詳見通考卷六三，考五六九。

註二：詳見會要職官四七之一，並見職官分紀卷四〇，頁一三。

註三：歷代職官表卷五三言知府、州、軍、監等沿革頗詳，並謂：「其以知府、知州、知軍監稱者，實自宋始。」（叢書

集成本頁一四九八）

註四：會要職官四七之一：「二品以上及帶中書、樞密院、宣徽事者，稱判。」職官分紀卷四〇：「二品以上及帶（中）書、樞密院、宣徽院職事，並稱刺史。其刺史不赴任者，以它官知判州府事。」（頁一三）春明退朝錄：「國初，曹翰以觀察使判潁州，是以四品臨五品州也。同品爲知，隔品爲判。自後惟輔臣宣徽使、太子、太保、僕射爲判，餘並爲知。」（卷中學津討原本頁七）通考卷六三：「二品以上及帶中書、樞密院、宣徽使職事，稱判。」（考五六九）宋史本通考，所言同。（見卷一六七，頁二一）以諸書觀之，此處宣徽使應稱宣徽院爲當。蓋一則宣徽院有宣徽使及宣徽南北院使之稱，（見會要職官六之四四——四六，七之三五——三六；職官分紀卷一二，頁一六——一九）二則中書、樞密院於此亦未以官名。

註五：此本通考卷六三職官考。（考五六九）宋史卷一六七職官志亦本其說。（頁二一）然究其淵源，則出自哲宗正史職官志。其原文較繁，見宋會要職官四七之一二。

註六：詳見通考卷六三，考五七〇。宋會要職官四八：「宋以諸州府長史、司馬、別駕爲上佐官。」（頁一）

註七：長編卷四，頁七，乙酉條。通考作「乾德初，下湖南，始置諸州通判，命刑部郎中賈玭等充。」（卷六三，考五七〇）宋史職官志本通考，同。（見卷一六七，頁二二）會要作「太祖建降四年，四月，命刑部郎中賈琬等充荆南道諸州通判。」（職官四七之五八）是年十一月甲子改元乾德，「宋史卷一本紀，頁一五）謂建隆者，仍舊稱也。唯作賈琬，是其異。

註八：會要職官四七之五八，第依舊作建隆四年。通考亦依舊稱，並以「詔應諸道州府公事」，作「詔知府公事」；「方得行下」，作「方許行下」。（卷六三，考五七〇）宋史本通考，同。（見卷一六七，頁二二）今依上條，同繫于乾德元年，便之也。

註九：詳見歷代職官表卷五三，頁一五〇〇。

註一〇：此詞取方豪宋史。（一，現代知識叢書本頁三六）第著史者，大都有是看法，不備舉。

註一一：原詔計陶穀等四十五人，均有詳細官銜和姓氏，不備錄，見頁六二九。

註一二：宋史見卷一本紀，頁一七；畢鑑見卷四，頁七九。

註一三：分見卷三八，頁四及頁五。

註一四：宋史卷五本紀：太宗淳化元年，夏，四月，甲寅，詔「尚書省四品、兩省五品以上，舉轉運使及知州、通判。」（頁一〇）長編見卷三一，頁四同條。

註一五：職官分紀卷八：「國朝元祐令，……員外從六品。」（頁五〇）卷九：「國朝令，尚書諸司員外郎正七品。」（頁三四——七二；並見卷一〇，頁七——三〇；卷一一，頁六——二〇）

註一六：宋史職官八建隆以後合班之制：知制誥在中書舍人之下，「中書舍人正四品」，（職官分紀卷七，頁二四元祐令）是知制誥爲五品。觀職官分紀卷七於其前後所列官品，亦知其爲五品。

四、舉京朝官——階官

京朝官，即京官與朝官之謂，朝官一名升朝官，係階官之稱。考其名之所自來，據會要職官五九太宗太平興國六年九月十二日條：

先是常參官自一品以下，皆謂之京官；其未常參者，謂之未常參官。近代以常參官爲朝官，未常參官爲

京官，故有京朝官之目焉。（頁三）

長編卷二二丙午同條：

按前代常參官，自一品以下，皆曰京官；其未常參，止曰未常參官。今謂常參曰朝官；祕書郎而下未常參者，曰京官。（頁一一）

祕書郎與著作佐郎相埒（註一）。元豐更官制，易著作佐郎爲宣德郎（註二）。政和間，避宣德門，改爲宣教郎（註三）。亦即宣教郎以下爲京官。然其時中書省上奏，則諱言及此，猶祇謂「通直郎、脩武郎以上爲陞朝官」（註四）。脩武郎係武階官之稱，多存而不論。故老學庵筆記卷八云：「唐自相府以下，皆謂之京官，言官於京師也。其常參者，曰常參官。未常參者，曰未常參官。國初以常參官預朝謁，故謂之升朝官；而未預者，曰京官。元豐官制行，以通直郎以上預朝宴坐，仍謂之升朝官；而去京官之名，凡條制及吏牘止謂之承務郎以上，然俗猶謂之京官。」（頁一一二——一一三）實則後人修史亦謂承務郎以上爲京官。（註五）惟此說究嫌抽象。具體言之，應如下表：

新官（元豐改制以後）	舊官（元豐以前）
開府儀同三司	使相（謂節度使兼侍中、中書令，或同平章事）
特進	左右僕射
金紫光祿大夫	吏部尚書
銀青光祿大夫	五曹尚書

光祿大夫	左右丞
宣奉大夫大觀新置	
正奉大夫大觀新置	
正議大夫	六曹侍郎
通奉大夫大觀新置	
通議大夫	給事中
太中大夫	左右諫議大夫
	（以上爲侍從官）
中大夫	秘書監
中奉大夫大觀新置	
中散大夫	光祿卿至少府監
朝議大夫	太常卿、少卿、左右司郎中
	（以上係卿監）
奉直大夫大觀新置	
朝請大夫	前行郎中
朝散大夫	中行郎中

朝奉大夫	後行郎中
	（以上係正郎）
朝請郎	前行員外郎、侍御史
朝散郎	中行員外郎、起居舍人
朝奉郎	後行員外郎、左右司諫
	（以上係員外郎）
承議郎	左右正言、太常、國子博士
奉議郎	太常秘書、殿中丞、著作郎
通直郎	太子中允、贊善大夫、洗馬
	（以上係陞朝官）
宣教郎元豐本宣德郎政和避宣德門改	著作佐郎、大理寺丞
宣義郎	光祿衛尉寺、將作監丞
承事郎	大理評事
承奉郎	太祝奉禮郎
承務郎	校書郎、正字、將作監主簿
	（以上係京官）（同註五同卷，並畧加註明）

按石林燕語云：「元豐官制行，始詔侍從官而上，日朝垂拱，謂之常參官；百司朝官以上，每五日一朝紫宸，爲六參官；在京朝官以上，朔望一朝紫宸，爲朔參官，遂爲定制。」（註六）則常參官即侍從官，六參官即員外郎、正郎、卿監，朔參官即陞朝官。陞朝官以上，統稱朝官。朝官而下，則爲京官。

京朝官之舉，就朝官而言，蓋始於太祖乾德末。會要選舉二七云：

太祖乾德五年，三月，詔：……翰林學士及文班升朝官以上，各於見任、前任藩郡賓幕、京朝官、州縣正員官中，舉堪爲升朝官一人。（頁一）

長編以此繫之是月甲辰，所言畧異：（一）舉主「文班升朝官」作「常參官」，（二）被舉人資歷作「於賓幕州縣及京官內」。（卷八，頁五）宋史本紀摭其說，所言同。（見卷二，頁五）則就第一點言，足見宋初舉升朝官，即舉常參官也，與上引老學庵筆記諸書所說相合，固不若石林燕語諸書就元豐改制爲說之詳。然就第二點視之，按上級舉下級之原則（詳合論）似不應概括朝官、京官、選人三階，長編、宋史之說頗是，是所舉朝官，當在左右正言以次。如藉新階分辨，即承議郎以下之諸官也。（參見下文）

京官之舉，據長編卷三四云：

太宗淳化四年，秋，九月，丙午，詔翰林學士承旨蘇易簡，給事中陳恕，左諫議大夫魏庠、寇準，右諫議大夫趙昌言，起居舍人、知制誥呂祐之等於幕職州縣官中，各舉堪爲京官者二人。（頁八）

同條又稱：「時天下富庶，上勵精求治，聽政之暇，索兩省、兩制名籍，閱有德望者，悉令舉官。」考朝野類要：「兩省，給舍幷左右史也；」（註七）兩制，即內制翰林學士，外制中書舍人；（註八）與此說均合。唯限於德行名望者，方可舉官；要亦本儒家所謂「唯仁者，能好人能惡人」之旨。（註九）蓋其人不仁，則往往發於一己之私，何好惡賢愚之有？嚴舉主以要被舉者，係舉官之大本。又當言明者，即會要選舉篇於被舉人作「舉堪任京朝官者各二人」，（二七之六）說雖異，而言舉任京官則一。則舉京官，蓋始於淳化四年（西九九三矣）。

至仁宗慶歷中，始見舉正郎、員外郎以下朝官。宋會要選舉二七云：

仁宗慶歷四年，四月，二十六日，詔三司丞郎、給諫已上，兩省、待制已上，御史中丞、正卿監，歲得舉正郎已下朝官，不得過三人；起居郎、舍人、三司副使、知雜御史、少卿監，歲得舉員外郎已下朝官，不得過二人；左右司郎中、司諫、正言，三院御史，並館職、知諫院，天章閣侍講，三司判官，開封府推、判官，並員外郎已上，及正郎見任知州、有出身無贓罪者，並歲得舉太常博士已下朝官，不得過二人；安撫、制置、發運使，轉運使、副，提點刑獄朝臣，於本部內得舉正郎已下朝官，提點刑獄使臣，發運、轉運判官，得舉本部內員外郎已下朝官，並不限人數；仍於狀內開說其人堪充何任使，同罪以聞。（頁二七）

長編見卷一四八丁巳同條，所言同，惟於舉主「少監卿」作「少卿」，提點刑獄使臣以下舉官「並不限人數」作「並限人數」，以全詔文理及所謂「正卿監」與「少卿監」、限數與不限數推之，知其必誤。若自舉主正郎見任知州以下觀之，又見晉升地方官於中央爲當時舉官之一因。復自舉被雙方官階相較，尤足爲上述所謂「以上級舉下級」與夫「以本官爲階官」之又一實證。要之，此謂舉正郎、員外郎以下朝官外，又舉太常博士以下朝官。按太常博士於新階爲承議郎，則上述舉朝官，意其爲承議郎以下之階官，是矣。故自藝祖、太宗相繼啓京朝官之舉，厥後遂以爲常；惟元豐改制後，京朝官既復散官爲階官，以爲寄祿之格，徵諸附表四，似不復行。

註一：見宋史卷一六九職官志文臣換右職之制。

註二：見宋會要職官五六之二元豐三年九月十六日條；長編卷三〇八，頁八，乙亥條。

註三：詳宋會要職官五六之四三政和四年九月一日條。

註四：宋會要同卷，頁四二，政和三年十二月十八日條。

註五：通考卷六四職官考文散官承務郎條。宋史本此，所言同，見卷一六九職官志諸表。

註六：卷二，頁一四，此謂「常參官」、「六參官」，近似職官分紀所謂「常起居」、「百官大起居」。朔參官，近似春明退朝錄所謂唐之「朔望日朝」。（詳見職官分紀卷四九，頁一六——一八）

註七：卷二，頁一六，並云：「東省繳章，西省掌詞頭記注。」宋史卷一六一職官志門下、中書兩省言之較詳。

註八：卷二，頁一六，並云：「內制掌王言、大制誥、詔令、赦文之類；外制亦掌王言凡誥詞之類。」

註九：論語里仁第四，大學云：「惟仁人爲能愛人，能惡人，」與本章同意。

五、舉文武階職有學、行、事功可資獎進者

唐沈既濟言：「夫古今選用之法，……三科而已，曰德也，才也，勞也；……度德居官，量才授職，計勞

升秩。」（註一）今師其意，將北宋未明言舉任科目之舉官，歸爲一類，總其名曰：「舉文武階職有學、行、事功可知獎進者」。

所謂「行」，即「德行」之意，亦即沈氏之所謂「德」也。其舉官蓋始於太祖乾德中（西九六七），宋會要選舉二七云：

太祖乾德五年，三月，（乙巳），詔曰：「……諸道於部內官吏中，有才識優長、德行尤異者，節度使、留後、觀察使各舉二人，防禦、團練使、刺使各舉一人赴京，朕當躬自諮詢，以觀器業，勉思進善，用副朕懷。（註二）

此謂「以觀器業」云云，正與沈氏所謂「度德居官」相若。

所謂「學」，即「文學」或「才學」之意，亦即沈氏之所謂「才」也。其舉官蓋始於開寶中（西九七三），宋大詔令集卷一六五云：

太祖開寶六年，十一月，癸丑，詔……應文班常參官、進士及第者，各舉有文學者一人。

原詔又云：「設官分職，貴以才升；」故曰：文學或才學也。惟長編於此作「各舉有文學官一人」（卷一四，頁二一）會要作各舉有文學一人」，（選舉二七之三）以長編與此說相較，固有「有文學官」與「有文學者」之不同，並證明會要於此處必脫一「者」字，或官字。顧宋史本會要，而刪爲「各舉文學一人」。（卷三）此雖係一字之差，其意義迥不相侔。蓋所舉如爲有文學官，則不包括白衣人。反之，依此說，則有官無官人皆可舉。既舉之，當用之，此與沈氏所謂「量才授職」相若。

所謂「事功」，即「政術尤異」之類，亦即沈氏之所謂「勞」也。其舉官蓋始於太宗興國中（西九八一），大詔令集同卷云：

太宗太平興國六年，正月，丁卯，詔……應諸知州、通判及監管事務常參官等，如有履行著聞、政術尤異、及文學優贍者，委諸路轉運使各具二人，以姓名聞，當量材甄奬。

會要所言畧同。（見選舉二七之三）長編則損益原詔，作「令諸道轉運使察訪部內官吏有履行著聞、政術尤最、及文學茂異者，各舉二人。」（卷二二，頁一）然轉運使部內官吏，依建制當有大小，有常參官，當亦有京官與選人。今其以「部內官吏」四字包舉，與此引原詔限自「應諸知州，通判及監管事務常參官等」，頗有出入。且舉監管事務，特指明係常參官，常參官於宋初即朝官，顯見朝官以下，即京官與選人，不在所舉之內。就此點言，長編錯誤殊甚。此關被舉人之資格問題，當於下篇論舉官方法時另詳之）。特此條包括學、行事功三方面，學行既於上述，爰以爲舉事功之始。其「量材甄奬」云云，亦復與沈氏所謂「計勞升秩」近似。

綜合以上三舉觀察，其事雖肇造於藝祖，而大備於太宗。歸其大旨，要亦本漢唐以來所舉賢良方正、文學高第、茂材異等，與夫漢光祿四行（註三）之遺意。蓋既仕者，固可以此定考課之法；而未仕者，或可藉此開選舉之門。

厥後凡舉堪何任使，或相度任用，或可備升擢任使者，據附表五觀之，亦皆不出學、行、事功之範疇，統納入本舉內。

註一：通典卷一八選舉六，浙江書局本頁三。

註二：頁一——二；並見長編卷八，頁五，太祖乾德五年春三月乙巳條。

註三：詳見玉海卷一一四，頁二八漢光祿四行。

六、舉三司判官、勾當公事官、推勘官——差遣

宋初沿後唐制，併度支、鹽鐵、戶部爲三司。（註一）所部自使、副以次，即爲判官。史稱：

三司……使一人，以兩省五品以上及知制誥雜學士、學士充，……總鹽鐵、度支、戶部之事，以經天下財富，而均其出入。副使以員外郎以上、歷三路轉運及六路發運使充。判官以朝官以上、歷諸路轉運使、提點刑獄充。三部副使各一人，通簽逐步之事。三部判官各三人，分掌逐案之事。……三部勾院判官各一人，以朝官充，掌勾稽天下所申三部金穀百物出納帳籍，以察其差殊，而關防之。（註二）

是判官之職責甚大。然其時尚未見有舉官以判其事者。（註三）故舉判官，實自太宗（西九八二年）始。宋會要選舉二七云：

太宗太平興國七年，秋，八月，十九日，詔翰林學士承旨李昉等十一人，於常參官內，保舉三司判官及轉運使各一人。（頁三）

長編所言畧同。（註四）則會要於上年八月複載其事，誤。厥後舉判官，當循興國七年舊制。

其次，舉勾當公事官。宋會要職官五云：

仁宗康定元年，十一月，二十八日，權三司使公事葉清臣言：乞置推官四員。詔三司舉係通判資序朝臣

二人，充三司勾當公事。（註五）

按置推官，早始於乾德四年（西九六六）；其職權「總斷逐司公事，仍別給印。」（職官分紀卷一三，頁九）而「勾當公事官二員，……掌分左右廂檢計，定奪、點檢、覆驗估剝之事。」（宋史卷一六三，頁一四）「東京爲左計，西京爲右計，各置判官領之。」（職官分紀卷一三，頁四）是則請置推官四員，而詔舉三司勾當公事二人，蓋循當時（西一〇四〇年）之需要而定。

又次，舉推勘官。推勘官，宋史作「三司推勘公事一人，……掌推劾諸部公事。」（卷一六二，頁一四）其舉官，係英宗治平三年（西一〇六六）以前事。職官分紀卷一三云：

國朝治平三年，罷三司推勘官。初，三司舉京朝官一人，專領推勘事；至是，三司奏，以爲不便，罷之。（頁一〇）

「然議者不以罷之爲便」（仝上）但「元豐官制行，罷三司使，併歸戶部；」（註六）其舉事遂亦告終，此觀附表六尤明。

註一：舊五代史卷一四九職官志：「後唐同光……二年正月勑：鹽鐵、度支、戶部三司，凡關錢物並委租庸使等轄，踵梁之舊制也。天成四年，四月，詔廢租庸院，依舊爲鹽鐵、戶部、度支三司，委宰臣一人專判，至長興元年八月，以許州節度使張延朗行工部尚書充三司使，班在宣徽使之下；三司置使，自延朗始也。」（頁七，並見五代史記卷二六張延朗本傳）。宋孫逢吉職官分紀卷一三：「國朝建隆元年，以宣徽北院使李崇矩爲右監門衛大將軍充三司使。」（頁四）故宋史卷一六二職官志云：「國初沿五代之制，置使以總國計，應四方貢賦之入，朝廷不預，一歸三司

，通管鹽鐵、度支、戶部，號曰計省。」（頁一一）

註二：宋史卷一六二，頁一一——一二。其詳見職官分紀卷一三。

註三：職官分紀卷一三：「國朝開寶四年，殿中侍御史劉汝勵分判度支公事。五年，以殿中侍御史分判度支齊明爲度支員外郎充度支判官。」（頁七）此其例。

註四：長編作「詔翰林學士承旨李昉及庫部員外郎楊徽之等十一人，舉三司判官及轉運使各一人。」（卷一三，頁一一）此於舉主多「及庫部員外郎楊徽之」九字，係多餘。而於被舉人少「於常參官內保」六字，則犯資格限制之誤。

註五：頁四三；並見職官分紀卷一三，頁一〇。

註六：宋史卷一六二職官志，頁一四。

七、舉監司——轉運使、副使、判官、提刑、提舉、管勾、勾當公事諸官——改制前爲差遣（釐務），改制後則稱官。

宋以前，以監司稱刺史、都督及節度、觀察、團練諸使。（註一）至宋，則轉運使、副，判官，及提刑、提舉諸官，統稱監司。宋吳曾能改齋漫錄卷二謂監司稱職司曰：

本朝官制，由監司而稱職司，如提點刑獄、轉運、副使之類。（頁九）

又謂職司之職曰：

本朝官，至轉運、判官、提舉常平，謂之監司。（頁一〇）

此乃就南人之籠統爲言。實則，首稱監司者爲轉運使、副。宋沿唐舊，置轉運使、副，並增置判官；（註二）職專任重，遂有監司、漕司之稱。（註三）所謂「職專任重」，即職官分紀卷四七所謂「掌軍儲、租稅、計度及刺舉官吏之事。」（註四）然舉官以任轉運之職者，則亦若舉三司判官同始於太宗興國七年。其原詔已徵引於上文，茲不贅。其副使蓋始見舉於淳化元年（西九九〇）。宋大詔令集卷一六五云：

（太宗）淳化元年，四月，甲寅，詔……在朝知制誥已上官，每兩人共於常參官內保舉一人，堪充轉運使、副者。（頁六三〇）

會要同。（註五）長編則以舉主作「尚書省四品、兩省五品以上」。（卷三一，頁四）此謂知制誥以上。按宋史職官八：建隆以後合班之制，知制誥在中書舍人之下。而「元祐令，中書舍人正四品。」（職官分紀卷七，頁二四）是知制誥爲五品。與長編所言脗合。惟長編言被舉不及副使，漏矣。宋史本長編，（註六）於此亦漏。

至舉轉運判官，以所收史料觀察，似有待於哲宗時（西一〇八六）。長編卷三七五云：

哲宗元祐元年，四月，己亥，詔內外待制、太中大夫以上，舉第二任通判資序，曾歷親民差遣，堪充轉運判官者，各二員。（頁二）

是月戊子朔，（陳表）己亥十二日，會要作十一日，（見選舉二八之一五）或刊誤。所當注意者，即若干路之判官，有「與使、副連書行遣」之權。（註七）

此外，轉運司於神宗時（西一〇七〇），又有勾當、管勾官之舉。長編卷二一三云：

神宗熙寧三年，七月，己酉，詔許三路轉運司，舉知縣資序京朝官，充本司勾當，各二員。京東、京西、淮南、兩浙路各一員。（頁一四）

此職官分紀卷四七所言同。（見頁一一）並於同年八月條曰：

詔川廣等路轉運司，依京東等路、於京朝官知縣資序內、各舉一員，充管勾文字。（仝上）

此長編繫之是月戊寅日。並以「川廣等路」作「七路」（見卷二一四，頁二）依其上文所謂「川峽廣南福建七路」之說，當指益、梓、利、夔四路，（註八）與廣南東、西、福建三路也。而上述三路亦當指河北、河東、陝西三路。（註九）此以路分特定，較之上述使、副、判官諸舉條文，不惟其資序在判官之下，似亦非常制也。

其次，言舉提刑、提舉諸官。此舉雖晚於轉運；然常平建倉，則早在太宗淳化中（西九九二）。（註一〇）提刑置使，始於太宗淳化二年（西九九一），復於眞宗景德四年（西一〇〇七）陳綱與李及。（註一一）至天禧四年（西一〇二〇），遂有錢穀、刑獄任使之舉。是年九月己酉詔云：

王者……裁制國用，式賴於均通。糾虔天刑，蓋資於明愼。宜令翰林侍讀學士張知白，玉淸昭應宮副使林特，三司使李士衡，龍圖閣學士陳堯咨，樞密直學士薛暎、李及、馮元方、張士遜，兵部侍郞馬亮，給事中李應機、王隨，右諫議大夫段煜，於朝官內各舉堪充錢穀、刑獄任使二人。

此宋大詔令之說也。（卷一六六）長編、會要悉損其詔文，並以「馮元方」作「馬元方」。（註一二）考宋史卷三百一本傳，謂馬元方於眞宗時「以樞密直學士知幷州」云云，知二書所言是。長編又以「朝官」作「常參官」，惟不及「刑獄任使」，誤。宋史本長編，作舉常參官，而不及「堪充錢穀、刑獄任使」，（見本紀卷八，頁二〇）尤誤。所謂「錢穀、刑獄任使」，據宋史卷一六七職官志云：

提點刑獄公事，掌察所部之獄訟，而平其曲直；所至審問囚徒，詳覆案牘，凡禁繫淹延而不決，盜賊逋竄而不獲，皆劾以聞。及舉刺官吏之事。

提舉常平司，掌常平義倉、免役、市易、坊場、河渡、水利之法，視歲之豐歉，而爲之斂散，以惠農民，仍專舉刺官吏之事。

比觀上引詔文，若合一契。而神宗熙寧九年詔，言之尤明。（註一三）則舉錢穀、刑獄任使，類舉提刑、提舉諸官，審矣。至明以提刑舉官，蓋自仁宗皇祐四年（西一〇五二）始。長編卷一七三云：

仁宗皇祐四年，秋，八月，丙申，詔文臣御史知雜事以上、武臣觀察使以上、舉諸司副使至閤門祇候、堪提點刑獄任使者，各一人。（頁七；並見會選二七之二八）

迨仁宗景祐元年（西一〇三四）「始詔諸路轉運使與州長吏舉所部官，專主常平錢粟。」（註一四）「然猶隸漕臣。熙寧遣使提領，……蓋提舉常平之所始也」。（註一五）其明以提舉舉官，實肇自神宗元豐初（西一〇七八）。長編卷二九三云：

神宗元豐元年，冬，十月，甲寅，詔三司、司農寺各同罪舉升朝官五人，充諸路提舉官。（頁七）

是月壬寅朔，（陳表）會要選舉二八作十三日，同。（見頁一二）其職官四三作九月十三日，則誤。然提舉官，除提舉常平以外，又有提舉茶鹽、茶馬、坑冶、市舶等。（註一六）

此外，亦若轉運司有勾當、管勾官之舉。其始也，臨時專定。宋會要職官四三云：

神宗熙寧十年，十月，二十八日，詔茶場司許不依常制舉辟勾當公事官三員。（頁五〇）

迨元豐（西一〇八〇），始成定制。同書同卷又云：

神宗元豐三年，十二月，二十五日，詔提舉成都府、利州、秦鳳、熙河等路茶場公事官，每年合舉官三分減一。（頁五三）

此謂「公事官」、即「勾當公事官」之簡稱。同卷又云：

徽宗大觀三年，十月，十五日，工部狀：「江淮、荆浙、福建、廣南路提點坑冶鑄錢潭州置司幷新差江淮、荆浙、福建路提點坑冶鑄錢司事狀：『乞歲舉官，幷添置管勾文字一員，及勾當公事官，乞於京朝官選人內、於見任得替待闕待次人內、指名奏乞特差，……隨合入資序理任，其赴任得替，幷在任遇差出。……』今勘當，……自合遵依大觀元年二月十三日幷今年五月十五日朝旨、幷批狀指揮施行。……」詔……虔州提點司，許添差勾當公事官一員，……其勾當公事官奏舉請給等，依所乞。（頁一一二——三）

此謂於京朝官選人內奏舉，其資序當與轉運勾當同。而此序「管勾文字」在「勾當公事官」之上，其資序當亦如之。第舉常平管勾之類，則始見於哲宗紹聖初（西一〇九四）。同卷又云：

哲宗紹聖元年，五月，七日，太府寺丞高鈞言：「開封府界提舉常平司，請依元豐條復置管勾官二員，許本司舉差。」詔復置一員。（會選職官四三之七）

所請舉二員，而准一員，蓋循其需要而定。然返觀上條奏舉可給等，則舉管勾、勾當公事官，或亦常制也。

又次，言舉監當官。「監當官掌茶、鹽、酒稅，場務征輸，及冶鑄之事。」（宋史卷一六七，頁三一）「諸州監當，分差使臣，自太宗始；雍熙三年，始著於令。」（通考卷一四，考一四五）其舉官蓋始於仁宗慶歷時（西一〇四一）。長編卷一三二云：

仁宗慶歷元年，夏，六月，甲午，詔近制在京庫務，及諸處榷務，茶鹽等場，並舉官監當。（頁一六）

舉監當，一名舉監官。宋會要選舉二八云：

神宗元豐五年，十二月，十三日，提舉茶場陸師閔言：「乞川路買茶起綱場監官十員，並許不依常制指名奏差。」從之。（頁一四）

是爲特例。其實自有定制。宋會要職官四三云：

徽宗崇寧二年，三月，二十六日，江淮荆浙福建廣南路提點坑冶鑄錢司奏：「與廣南東路轉運司相度到，乞韶州路木場監官，今後許通舉常調職官令錄……。」（頁一二〇）

韶州路既如此，他處何獨不然？

又次，言舉使臣。茲舉頗早（西一〇一六），宋會要職官四四云：

眞宗大中祥符九年，九月，十八日，太常少卿李應機言：「廣州勾當市舶司使臣，自今後，望委三司使、副使、判官，或本路轉運使，奏廉幹者充選。」從之。（頁三）

按「市舶司掌市易，南蕃諸國物貨航舶而至者，初於廣州置司。」（會要職官四四之一）長編作「廣南」，即廣州也。以「廉幹」作「兼幹」，則誤。（見卷八八，頁七己未同條）惟只云「廉幹」，其官階如何不得而知。

考仁宗景祐五年知廣州任中師言：「少卿監以上知廣州並兼市舶使入銜，內兩通判亦充市舶判官，或主轄市舶司事管勾使臣。」（會要職官四四之五是年九月七日條）則該使臣在通判之下，甚明。觀元豐（西一〇七八）舉茶場使臣，尤有明白規定。會要選舉二八云：

元豐元年，五月，二十一日，提舉茶場李稷言：「三十六場大小使臣，殆及百員，乞不限員數，舉三班使臣。」從之。內歲許舉官十員，候三年茶法成序取裁。（頁一一）

職官四三所言同。（見頁五二）則長編自「乞不限員數」，直接「候三年茶法就緒取裁」，（註一七）蓋誤。又按三班使臣，即三班奉職與借職也。（註一八）觀「文臣換右職之制」，（見宋史卷一六九）知其資序在監官之下；蓋監官「通舉常調職官令錄」，（見上條）始則以朝臣爲之也。（註一九）

至正式以監司之名舉官，實有待於哲宗元祐初（西一〇八六）。宋大詔令集卷一六六云：

（哲宗）元祐元年，二月，丁卯，詔：「……應內外待制太中大夫以上，限詔到一月，各舉曾歷一任知州已上，聰明公正，所至有名，堪充監司者二人。……」（頁六三七）

長編所言同。（見卷三六五）會要作八日，亦同。是舉監司自此始。厥後舉監司，皆循此例。時分監司爲帥、漕、憲、倉，（註二〇）上述舉轉運、提刑、提舉諸官即其三。轉運使爲明清布政使所本，提點刑獄爲明清按察使所本，（註二一）提舉諸官近於布政使。（註二二）惟安撫使爲明清巡撫所自出，（註二三）即所謂「帥」，迄未曾舉，則從畧。此觀附表七甚明。

註一：通考卷六二：「按古者牧伯之任，後世之所謂監司也，隋以前多謂之刺史。自唐以刺史名知州，而後牧伯始別有以名其官。蓋唐之初，止有上中下都督府，其後則有節度、觀察、團練諸使。……中世以後，監司尤多。……」（考五六四，欲知其詳，可參閱原文。）

註二：詳見通考卷六一職官，考五五六；並見職官分紀卷四七，頁三——六。惟二書所言發運、轉運使、副之起始時間，及其名稱與人選，畧有出入，非本文所能及，當另考詳。

註三：宋會要職官四二：「（眞宗）大中祥符二年，四月，定監司舉主賞詔，……」（轉運使篇，頁五八）監司名官，蓋自此始。故東萊呂氏云：「國初未嘗有監司之目，其始除轉運使，止因軍興，專主糧餉，……班師卽停罷。……太祖開寶五年，命二參政事薛居正、呂餘慶並領提舉諸州水陸轉運使。明年，薛居正、沈義倫拜相，呂餘慶去位，遂以居正、義倫二相兼提舉水陸漕運事。累朝以武臣……文臣任帥守兼漕也。……（詳見通考卷六一，考五五六——八引文）又宋會要同卷崇寧三年九月二十一日……詔：「發運司官屬並權罷，……所管職事並令逐路漕司分認管辦。」（發運使篇，頁三一）漕司之稱，蓋自此始。

註四：頁五。詳見通考卷六一職官，考五五六——八。宋史卷一六七職官志約其說，見頁一二。歷代職官表言其職務演變及稱「漕帥」、「漕司」頗詳，分見卷六〇，頁一六七七；卷五〇，頁一〇四八；卷五二，頁一四六〇。

註五：選舉二七之四：太宗淳化元年，四月，詔知制誥已上，每兩人共於常參官內保舉一人，堪充轉運使、副者。

註六：長編卷三一：太宗淳化元年，夏，四月，甲寅，詔尚書省四品、兩省五品以上每二人共舉常參官一人，充轉運使。（頁四）宋史本此，所言畧簡。（見本紀卷五，頁一一）

註七：職官分紀卷四七：「（仁宗）天聖七年，六月，詔益、梓、廣南東、西四路轉運使，各置判官一員，與使、副連書行遣，位在同判之上。」（頁四——五）

註八：職官分紀卷四七：「國初平劍南有西川，但爲西川路；其後分爲西川東路。……開寶六年，又爲峽路。……咸平四年，分爲益、梓、利、夔四路。」（頁六）

註九：職官分紀卷四七：「河北、河東、陝西三路轉運使」云云。（頁一〇）

註一〇：長編卷三三：「太宗淳化三年，夏，六月，辛卯，分遣使臣于京城四門置場，增價以糴，令有司虛近倉以貯之，命曰『常平』，以常參官領之，俟歲饑，卽減價糶與貧民，遂爲永制。」（頁四）宋史本紀損益於此，作「置常平倉」。（卷五，頁一四）通考職官考則作「淳化中，建常平倉。」（卷六一，考五五九）宋置倉自此始。

註一一：通考卷六一職官考言提刑曰：「宋太宗淳化二年，以司門員外郎董循等一十一人分充諸路轉運司提點刑獄；四年，省。」（考五五八）「此初置外路提刑官，……猶隸轉運司。」（考五五九東來呂氏曰）長編卷六六：「眞宗景德四年秋七月癸巳，復置諸路提點刑獄官。……中書、樞密院擇官，具名進內。上……親選授太常博士陳綱、李權、李及……，遣之。」（卷六六，頁七）宋史李及本傳亦謂：「初置提點刑獄，內出及與陳綱二人名付中書，明日以綱使河北，及使陝西。」（卷二九八）故提點刑獄復置使，實自陳綱、李及始。通考、事物紀原謂始於李拱等（通考見同上卷頁；紀原見卷六，集成本頁一九），誤。

註一二：長編詳卷九六，頁一〇；會要詳選舉二七之一八同條。

註一三：會要職官四三之四：常平錢穀、莊產、戶絕田土、保甲義勇、農田水利、差役、坊場、河渡，委提舉司專管勾，轉運使、副、判官兼領。其河渠非爲農田興修者，依舊屬提點刑獄司。（十月十二日條。）

註一四：長編卷一一五，頁三，景祐元年秋七月壬子條。長編本末同此，但作詔「諸路轉運副使」云云。（卷四四，頁一〇）宋史本紀本長編，所言同。（見卷一〇，頁六）則通考作「令轉運司舉長史、舉所部官專領之」，（卷六一，考五五九）其上一「舉」字及「史」字，實爲「與」字、「吏」字之誤。

註一五：通考卷六一職官，考五五九。原注又云：「熙寧三年制置三司條例言：『河北、陝西已差官提舉常平廣惠倉，餘路欲差胡朝宗、……等，並爲提舉官。』」此蓋本會要。惟會要作熙寧二年九月九日制置三司條例言，其說尤詳。（見職官四三之二）故宋史職官志云：「熙寧初，先遣官提舉河北、陝西路常平，未幾，諸路悉置提舉官。」（卷一六七，頁一六）

註一六：見宋史卷一六七職官志，頁一六——一九；通考卷六一職官考，考五五九。其詳可參閱會要職官四三之二——四四之三九。此即釐務官之類。

註一七：長編卷二八九：神宗元豐元年，夏，五月，乙未，提舉茶場李稷言：三路三十六場大小使臣，殆及百員，乞不限員，候三年茶法就緒取裁。（頁一七）

註一八：通考卷六四職官考：「自內殿承制至三班借職爲使臣」。（考五七九——五八〇；宋史卷一六九職官志本此，同，見頁二七——三〇）又謂：「三班奉職、三班借職係使臣」。

註一九：通考卷一四征榷一：李重進以……樞密直學士杜韡監州稅。止齋陳氏曰：「以朝臣監州稅始于此。……然是時初未以此置官也。」（頁一四五）此使臣與上述監當官亦皆釐務官之類。

註二〇：轉運使稱漕司，注三、注四已言及。職官表卷五〇亦謂：「轉運使，宋時稱爲漕司。」（頁一四〇八）其卷五二又云：「謹案宋監司，以轉運及提刑爲最重，提刑實爲今按察司之職，即所謂憲司也。（頁一四六一）考宋朱彧萍州可談所謂「先公（朱服）帥廣」，與夫「湖南漕憲俱衣緋」之說，（卷一，叢書集成本頁一五）則帥司、憲司之稱，當亦始于北宋。宋會要職官四八嘗明云：「哲宗元祐六年，五月，十二日，太原府路鈐轄兼第一將皇城使、康州刺史訾虎罷兼將，依舊專充本路鈐轄，以帥司藉虎緩急統制諸將，故有是命。」（頁一一一）而「（眞宗）大中祥符元年，……令陝西沿邊大將帥，亦皆帶安撫使名。」（宋會要職官四一之七九）是安撫使稱帥，由來漸矣。至於倉司，據同書職官四三云：（神宗）元豐四年，七月，九日，奉議郎權發遣羣牧判官公事郭茂恒奏：「……蓄部將斛㪷入漢界，……轉運提舉常平倉司，多用見錢……博糴。」（頁五六）蓋自是遂有「常平司」，或「倉司」之稱。職官表謂：「……蓋監司之設，至是漸廣，宋裁藩鎭之權，而帥、漕、憲、倉之職始重。」（卷五二，頁一四四六）則近人著史多謂此諸稱始于南宋，均誤。

註二一：見職官表卷五十二表。並云：「宋之轉運使，掌經度一路財富；吏蠹民瘼，悉條以上達，爲今布政使之所由始。提點刑獄，掌察所部獄訟，平其曲直，及專舉刺官吏之事，爲今按察使之所由始。（頁一四四五）

註二二：見同卷表。並云：「謹案宋職官之近於布政使者，轉運而外，有提舉諸官。……」（頁一四六二）

註二三：見職官表卷五十表。並云：「謹案宋……經略安撫使，正如今總督兼巡撫之比。而止爲安撫使者，則如今巡撫之比也。」（頁一四〇八）

八、舉羣牧判官、監牧勾當公事及諸監官吏——差遣（釐務）

宋太宗太平興國五年（西九八〇），改後唐飛龍院爲天廄院。雍熙元年（西九八四），復改爲左右騏驥院。（註一）舊制，羣牧之政，即爲該兩院監官專管。（註二）至咸平三年（西一〇〇〇），始因唐諸牧監之制，而置羣牧司。（註三）司設制置使一人，以樞密使、副爲之；使一人，以兩省以上充；副使一人，以內侍都知充；都監二人，以諸司使充；判官二人，以京朝官充。掌內外廄牧之事，周知國馬之政，而察其登耗；

（註四）惟判官每歲更出諸州巡坊、監點印鞍馬。（註五）亦惟判官所處之地位及其責任如此，故舉差靡定。宋會要職官二三云：

仁宗天聖七年，二月，七日，詔羣牧制置使，今後不得自舉判官，只候朝廷差人。（註六）

按羣牧司置判官，自眞宗咸平、景德間（西一〇〇一——四）王曙始；（註七）則自王氏至此，蓋均係制置使自舉判官。厥後是否悉由朝廷差人，當視其發展情形而定，此於下節另述之。

其次，舉監牧勾當公事。先是樞密院以專任責成監牧事爲言，乃於熙寧元年（西一〇六八）九月詔河北、河南分置監牧使。（註八）次月，準該兩使之請，遂有此舉。長編本末卷七五云：

神宗熙寧元年，十月，丁未，上批：河北河南監牧使所管地遼遠，若非許令舉一二屬官，與之協力，恐難辦事，令於京官以下各舉一人，供奉官以下各舉二人，充勾當公事。……（頁二——三）

會要作八日，同。惟此謂「令」，原作「今」；「考」、原作「老」；茲本會要更正。又會要所載詔文作「於京官以上各舉二人，供奉官以上各舉二名；」旨（即批）文作「於文臣京官已上、武臣供奉官已上舉二、三人，（註九）與此說不符。此關被舉人資格問題，當於下篇考詳。然視上述羣牧判官以京朝官充，當從後說。

又次，舉諸監官吏。右兩書同卷云：

熙寧元年，九月，十六日乙酉，詔「……在外諸監分屬兩使，……諸監官吏委監牧使奏舉。」（註一〇）

此未詳其建制如何。宋孫逢吉誌同州沙苑二監，特先引六典：「沙苑監監一人，從六品下；副監一人，正七品下；丞一人，正九品上；主簿二人，從九品下。」（註一一）似宋仍唐制也。且沙苑二監，早行舉制。會要同卷云：

治平四年，六月，十七日，神宗即位未改元。詔：同川（州）沙苑監，令隷陝西提舉監牧司，本監使臣亦合選舉，更不屬左廂提點。（頁八）

觀其使臣亦合選舉之說，其本官必經選舉無疑。沙苑二監如此，他監何獨不然？竊意茲舉，由來漸矣。惟「官制行，廢羣牧置使，以職事歸太僕寺。」（註一二）

註一：詳見職官分紀卷一九，頁二八。

註二：詳見宋會要職官二三之五。

註三：詳見分紀卷一九，頁二三——二四；通考卷五六，考五〇五。惟分紀謂咸平二年置羣牧司，考會要作三年，（見職官二三之五）編年備要繫于是年九月，（見卷六，頁一五）長編繫於是月庚寅日，（見卷四七，頁一四）知其誤。

註四：詞取通考卷五六，考五〇五——六；其詳分見會要職官二三之五——六及分紀卷一九之二五——二七。

註五：此本會要職官二三之六及分紀卷一九之二七。通考（卷五六，考五〇六）、宋史（卷一六四，頁二六）均作判官、都監每歲更出諸州巡坊監點印國馬之蕃息者。

註六：頁七。職官分紀所言同。（見卷一九，頁二七）長編作丙寅日，（即七日）並云：「自今不得舉判官，須朝廷差人。」（卷一〇七，頁四）

註七：長編卷四八：「眞宗咸平四年春二月丙寅，詔……舉賢良方正能直言極諫各一人。」九朝編年備要卷六：「得查道、陳越、王曙三人」，（頁一〇）長編卷五八又云：「景德元年，冬，十月，癸未，羣牧判官王曙言」云云。（頁一）卷六〇又謂：「景德二年，秋，七月，丙辰，羣牧判官王曙上羣牧故事六卷。」（頁一五）徵諸宋史卷二八六王曙本傳，頗相脗合。是羣牧判官，當自咸平四年春二月丙寅至景德元年冬十月癸未間王曙始。則會要職官二三：作景德二年，以著作郎王曉爲之，（頁六）職官分紀本其說；（見卷一九之二七）十朝綱要亦作王曉（見卷三，頁八），長編注引其說，均誤。

註八：詳見宋會要二三之八——九；及長編本末卷七五，頁二是月十六日乙酉條。拾補引十朝綱要：「乙酉，置南北監牧使。」（卷三下，頁六）

註九：職官二三之一四——一五。

註一〇：即會要二三之八——九；長編本末卷七五，頁二。

註一一：職官分紀卷一九，頁三一。

註一二：會要職官二三之一二。

九、舉臺、諫——職事官

臺謂御史臺，諫謂諫院。宋御史臺仍唐制，然不置大夫，以中丞爲臺長，御史知雜爲之貳。其屬有三院：一曰臺院，侍御史隸焉；二曰殿院，殿中侍御史隸焉；三曰察院，監察御史隸焉。掌糾正官邪，肅正綱紀，大事則廷辯，小事則奏彈。（註一）始諫院附於門下省，仁宗明道初，陳執中爲諫官，屢請置院，於是以門下省爲諫院，徙舊省於左掖之西。（註二）其員初亦沿唐制，然亦不除左右散騎常侍，以兩省官一員判院事，置左右諫議大夫、補闕、拾遺。(註三)太宗欲令諫官修職，乃改左、右補闕爲左、右司諫，左、右拾遺爲左、右正言。(註四)元豐官制行，始正名左右諫議大夫爲諫垣之長。左隷門下，右隷中書，同掌規諫，凡朝政闕失，大臣至百官任非其人，皆得諫正。(註五)至其舉官，據宋會要職官一七云：

宋初，御史多出外任，風憲之職，以他官領之。太平興國三年，詔本司自薦屬官，俾正名舉職。用太常博士張巽爲監察御史。(頁三一)

長編卷四八云：

眞宗咸平四年，春，三月，先是三院御史多有出外任，風憲之職，用他官兼領，乃詔本司長吏自薦其屬，俾正名而舉職。壬午，以太常博士張巽爲監察御史，從新制也。張巽未見。(頁九)

紀原、玉海、通考依傍會要，治迹、職官分紀、畢鑑則本長編，顧治迹、分紀各誤張巽爲張近、張異。(註六)其大不同者，即前說謂舉御史始於太平興國三年(西九七八)，後說則謂始於咸平四年(西一〇〇一)。而其間相距二十三載，徵諸會要職官一七、選舉二八以及長編諸書，並不嘗見載一舉御史。第自咸平四年以後，諸書著錄其舉事寖多。循是以觀，後說是矣。至長編諸書謂爲從新制，實則前此(前七日)已有其例。長編同卷云：

眞宗咸平四年，春，三月，乙亥，詔史館修撰韓援等各舉御史臺推勘官。(頁九)

宋史於此有刪省，又以韓援作韓瑗。(註七)會要同此，但作四日，晚乙亥一日。(註八)以三書互校，仍以長編之說爲是。職官分紀卷一四亦云：「淳化初，嘗置推勘官二十員，分讞天下大獄。」(頁五四)則推勘官爲御史臺之屬官，審矣。故舉臺官，應自此始。厥後舉御史，或殿中侍御史，或侍御史，或御史中丞，或臺官，皆循此例。又以宋初置治獄推直官；（註九）天禧元年（西一〇一七），置言事御史；（註一〇）景祐初（西一〇三四），以官卑而入殿中監察御史者舉爲裡行；（註一一）元豐三年（西一〇八〇），以御史專領六察。（註一二）其後（西一〇八四）大正官名，以知雜御史爲侍御史，言事官爲殿中侍御史，六察官爲監察御史。（註一三）復（西一〇八五）詔監察御史兼言事，殿中侍御史兼察事。（註一四）及行官制，定員分職，實領其事，而中丞以下舊兼諸使及裡行、推直悉罷。（註一五）然自初舉任言事官，或察官，或治察御史，或御史裡行，或推直官，要皆爲此臺官之屬也。

其舉諫官，則始自仁宗初（西一〇二三）。長編卷一百云。

> 仁宗天聖元年，夏，四月，丁巳，詔翰林學士至三司副使，知雜御史，各舉太常博士以上一員，堪充諫官、御史者以名聞。（頁一一）

宋史本紀作「詔近臣舉諫官、御史各一人」。（卷九）舉諫官，又舉御史，遂開日後臺諫合舉之例。此觀附表八，尤見其梗概焉。

註一：詳見宋會要職官一七之一——三；通考卷五三，考四八三；宋史卷一六四，頁一——四。

註二：詳見宋會要職官三之五二；長編卷一一一，頁九；通考卷五〇，考四六〇。

註三：詳見通考卷五〇，考四五九——四六一；會要職官三之五〇；宋史卷一六一，頁一一——二〇；石林燕語卷三，頁二八。

註四：此說太宗實錄作端拱元年春二月乙未。（見卷四三，頁四——五）長編同。（見卷二九，頁一）治迹、（見卷二九適園叢書本，頁四六）畢鑑、（見卷一四，頁三三二）通考（見卷五〇，考四六一）均本長編。而會要則作雍熙五年二月。（見職官三之五〇）職官分紀同會要。（見卷六，頁六二及六四）按宋史卷五本紀：「端拱元年春正月乙亥改元，」二月在改元之後，當從實錄。則隆平集謂爲「太平興國六年改」（卷一，官名）誤甚。

註五：詳見通考卷五〇，考四六〇。

註六：事物紀元見卷五，頁一七八；玉海見卷一二一，頁四三；通考分見卷五三，考四八三及考四八八；太平治迹統類見卷二九，頁五五；職官分紀見卷一四，頁四七；畢鑑見卷二二，頁五一〇。

註七：詳見卷六本紀，頁一一。

註八：見選舉二七之八。

註九：會要職官一七之一：「又別置推直官二人，專治獄事，凡推直有四………曰臺一推，臺二推，殿一推，殿二推。」通考同。（見卷五三，考四八八）宋史作宋初置推直官一人，（見卷一六四，頁四）其「一人」誤。

註一〇：會要職官一七之三一：「眞宗天禧元年，（二月八日，見同卷之五）詔別置御史六員，不兼他職，月須一員奏事，專任彈舉，有急務聽飛時入對；以殿中丞劉平爲監察御史，用新詔也。」通考於卷五三監察御史條本此說，而於同卷御史臺條則謂「唐制，御史不專言職，至天禧中，始置言事御史。」實則二說爲一事，長編以其與諫官併敘，言之尤詳。（見卷八九，頁四，丁丑條）

註一一：會要職官一七之三六：（仁宗）景祐元年，四月，二十四日，御史中丞韓億等言：竊見唐朝魯（曾）置御史裏行，欲乞於三丞內曾經知縣差使者舉充，候二年滿，即與正御史。兩朝國史志：「官卑而入殿中侍御史、監察御史者，謂之裏行，景祐元年置，以三丞以上嘗歷知縣人充。（會要同卷之一引）長編所言畧同。（見卷一一四，頁一三）通考删省於此，而作景祐中，誤。（見卷五三，考四八三）

註一二：詳見長編卷三〇一，頁八，元豐二年十二月丙午（十二日）御史中丞李定言；卷三〇三，頁一四，元豐三年四月辛丑（七日）詔；及頁一五，戊申（十五日）御史臺言。會要職官一七之八至九各條所言同，惟以李定言繫之元豐元年，誤。通考謂元豐三年李定請復六察，亦不當。（卷五三，考四八三）

註一三：通考卷五三，考四八三。考長編卷三四三，頁一一，係元豐七年二月丙戌詔。治迹同。（見卷三〇，頁八）會要職官一七之三六御史知雜條亦作元豐七年。其同卷之三一監察御史條及通考同卷監察御史條「七年」上不加年號，而分繫於景祐五年及熙甯三年後，均誤。

註一四：會要職官一七之三二元豐八年十月十七日詔。長編作丁丑，是月壬戌朔（陳表），丁丑十六日，較會要晚一日。

註一五：會要職官一七之三；通考卷五三，考四八三、四八八；宋史卷一六四，頁四。所謂舊兼諸使，即「舊以中丞兼檢理使，殿中侍御史兼左右巡使，（左右巡使，分糾不如法者。文官違失，右巡主之。武官違失，左巡主之。見會要同卷頁一）監察御史兼監察使，」是也。

一〇、舉自代

舉自代者，即舉官以自代也。長編卷四八云：

眞宗咸平四年，春，二月，壬戌，秘書丞、知金州陳彭年上疏：「……請依唐故事，新授常參官朝謝日，並進狀舉官自代。……」疏奏，詔馮拯、陳堯叟參詳之。拯等上言：「往制，常參官及節度、觀察、防禦、刺史、少尹、畿赤令，並七品以上清望官，授訖，三日內……上表讓一人以自代。……今緣官品制度，沿革不同，欲乞應係兩省臺官，尚書省六品以上，諸司四品以上，授訖，具表讓一人自代，……在外者授訖，三日內具表附驛以聞。」……從之。（頁三——七）

此說有兩點應當闡明：（一）馮拯等所謂往制，當指唐以來舊制。宋初，太祖懲五代藩鎮專恣，每留節度使於京師，而任朝官為知州，為通判，由是內外所授官多非本職，寖假形成所謂以本官為階官之新趨勢。（詳見緒言）今復舉官自代之制，遂亦棄舊從新，而有此項新規定。故凡合新規定者，不論內外官，均應舉一人以自代。（二）此謂舉自代始於眞宗咸平四年（西一〇〇一）二月，會要同此，（註一）玉海、宋史、畢鑑亦均本此說。（註二）則治迹作四年，第繫於三月壬午條下，（註三）誤。通考作二年，（註四）尤誤。

當景德元年（西一〇〇四）二月二十五日癸未，以薛顏為夔路運使代丁謂，從其所請自代也。（註五）三年（西一〇〇六）九月二十七日，雄州何承矩求解邊任，上令自擇代，表薦李允則而命之，（同註五）亦舉自代也。往後凡舉自代之官，當循此例。

註一：見職官六〇之一六——七。

註二：玉海見卷一一六，頁一八；宋史見卷一六〇選舉志，頁三；畢鑑見宋紀二二，頁五〇九。

註三：見卷二九，頁五五——六。

註四：見卷三八，考三五八。

註五：同注二玉海，其詳見宋會要。（卷頁同註一）

一一、舉刑部詳覆官，審刑院詳議官，大理寺詳斷官、檢法官、法直官—職事官

大理寺掌斷天下奏獄，初承唐制，卿以下置正、丞。其後擇常參官兼正，京官兼丞，謂之詳斷官。別取幕職州縣官爲法直官；改京官，即爲檢法官。（註一）太宗以刑部覆大辟案，置詳覆官。（註二）尋慮法吏舞文，又置審刑院，設詳議官。（註三）自茲具獄，必先經審刑院印訖，付大理寺、刑部斷覆，復由審刑院議決，然後上中書奏裁，蓋重謹之至也。（註四）其舉官之肇始時期，雖不可知，然觀咸平二年（西九九九）詔：「審刑院舉詳議官，自今宜令大理寺試斷案；」（註五）及祥符元年（西一〇〇八）詔：「初，審刑院、刑部、大理寺皆闕屬官，累詔朝臣保任」（註六）云云，知其必在眞宗（西九九八）以前。此後所舉如何，則有待於詳考。

註一：此說損益於通考卷五六、職官分紀卷一九及會要職官二四之一大理寺篇。

註二：此說刪省於通考卷五二之四八一、職官分紀卷一一之二，長編卷三一之四、會要職官一五之一淳化元年五月辛卯條。

註三：此說本長編卷三二之八及會要職官一五之二八——九太宗淳化二年八月己卯條，並參考通考卷五六宋刑部篇。其置審刑院之起因與所在地，會要、長編二說不一，長編並爲其起因考證甚詳。此乃職官問題，非本文所應詳及。

註四：此說以長編爲本，會要爲輔，（同上卷頁）並參考宋史卷一六三刑部篇。

註五：會要職官一五之三二是年三月詔。
註六：會要職官一五之三四是年正月詔。

一二、舉館、閣——職

如上所云，職以待文學之選，則事館閣之職者其屬也。所謂館閣之職，據宋葉夢得石林燕語云：「國朝以史館、昭文館、集賢院爲三館，皆寓崇文院，其實別無舍，但各以庫藏書，列於廊廡間爾，直館、直院謂之館職，以他官兼者謂之貼職。」（註一）然趙昇朝野類要析貼職於此則云：「帶修撰、直閣及京官直秘閣……之類。」（註二）考哲宗元祐詔：「集賢殿修撰、直龍圖閣、直集賢院、直秘閣、集賢校理已上職，今後內外官並許帶。」（註三）趙說是矣。洪邁容齋四筆不云乎？「國朝儒館仍唐制，有四：曰昭文館，曰史館，曰集賢院，曰秘閣，……四局各置直官，均謂之館職，皆稱學士。其下則爲校理、檢討、校勘。地望清切，非名流不得處。」（註四）其隨筆又云：「國朝館閣之選，皆天下英俊，……一經此職，遂爲名流。其高者，曰集賢殿修撰，史館修撰，直龍圖閣，直昭文館、史館、集賢院、秘閣；次曰集賢、秘閣校理。官卑者，曰館閣校勘，史館檢討。均謂之館職。」（註五）程俱麟臺故事卷二言其職掌亦云：「崇文院於三館直院、直館、直閣校理、校勘之外，三館秘閣又各置檢討、編校書籍等官，其位遇職業，亦館職也。」（頁一一）故通考、宋史於言館閣，雖均以葉說爲本，抑猶各引洪說爲輔，或刪舊史爲註。註云：「三館、秘閣、崇文院，各置貼職官；又有集賢殿修撰，直龍圖閣，校勘，通謂之館閣。」（註六）然均不能盡其意。姑總其說曰：自集賢殿修撰、直龍圖閣及三館秘閣至編校，皆館閣之職也。兼其事者，則謂之貼職。館閣之職既明，進請言其舉事。宋會要職官一八云：

（太宗）淳化元年，十一月，以右司諫梁周翰為史館修撰，從翰林學士宋白等薦其有良史之材也。（註七）

館閣舉官，蓋濫觴於此（西九九〇）。其正式舉官，至遲在眞宗祥符末(西一〇一五)。麟臺故事拾遺卷上云：

大中祥符八年，夏，榮王宮火，延燔崇文院、秘閣，所存無幾。五月，又於皇城外建外院，重寫書籍。翰林學士陳彭年請內降書充本，先遣官詳正定本，然後鈔寫，館閣羣官及擇吏部常選人校勘，校畢定判館閣官詳校，兩制內選官覆點檢，又令兩制舉服勤文學官五人覆校。其校勘計課，用秘書省式。……詔：「可，惟覆點檢官之職，令覆校勘官兼之。」（聚珍本頁一六）

既經校勘，又經詳校，則覆校為三校。且覆校勘兼覆點檢，又俱為內外兩制翰林學士、中書舍人所選舉，具有文學專長，其資序當在校勘之上，為館閣之職無疑。此後舉館閣，當循此例，並以為常。所謂「仁宗以為館職，當用文學之士、名實相稱者居之，時大臣所舉多浮薄之人，蓋欲以立私恩爾，朕甚不取」云云，（註八）乃其證。英宗以降，略見附表九。

註一：卷六，叢書集成本頁六〇、麟臺故事卷一言其沿革亦云：「國朝循前代之制，以昭文館、史館、集賢院為三館，通名之曰崇文院。直館至校勘，通謂之館職。」（聚珍本頁一）

註二：卷二，叢書集成本頁一七，貼職。

註三：會要職官一八之七八元祐元年三月二十八日詔。

註四：卷一，國學基本叢書本頁三，三館祕閣。

註五：卷一六，頁一五三，館職名存。

註六：通考分見卷五四，卷五六，祕書監；卷五一，集賢殿、史館。宋史分見卷一六二，直秘閣；卷一六四，秘書省、秘閣。

註七：頁五一；並見職官分紀卷一五，史館修撰，頁七九。

註八：麟臺故事卷三，選任，頁三。

一三、舉學官

欲知宋之舉學官，必自考見學官始。宋之學官，據通考卷一六五云：

宋國子監判監事二人，以兩制或帶職朝官充，凡監事皆總之；直講八人，以京官、選人充，掌以經術，教授諸生；丞一人，以京朝官或選人充，掌錢穀出納之事；主簿一人，以京官或選人充，掌文簿以勾考其出納。……元豐正官名，置祭酒、司業、丞、簿各一人，太學博士十人，（舊係直講）正錄五人，武學博士二人，律學博士、正各一人。祭酒掌國子、太學、武學、律學、小學之政令，司業爲之貳，丞參預監事。……崇寧立辟廱，置大司成一人，爲師儒之首，總辟廱、太學之政令，位諸曹侍郎上，宣和罷。（考五一六）

又云：

宋國子監無博士，有直講八人，熙寧改爲太學博士。元豐定制，亦無國子博士，大觀元年，乃置國子博士四員，國子正錄二員，與太學官分掌教導。

又云：

太學正錄：仁宗朝，胡瑗掌太學，其正、錄第補諸生；熙寧末，興三舍，始選官爲正、錄，如學官之制。正、錄各五人，掌行學規，不如規者糾罰之。元祐三年，罷命官，正、錄以上舍、內舍充。後復置命官學正二員。紹聖悉如元豐舊制。（考五一七）

又云：

慶歷三年，詔置武學於武成王廟，以阮逸爲教授，八月罷。……熙寧五年，……復……於武成王廟置學。……元豐官制行，以博士代教授。（仝上）

又云：

「……至道元年，太宗爲皇姪等置教授。咸平初，遂命諸王府官分兼南北宅教授。」「元豐六年，宗室令鑠乞建宗學，詔從之，既而中輟；建中靖國元年，復改；崇寧初，立月書季考法。……宗學博士，舊諸王宮大小學教授也。……五年，又改稱某王宮宗子博士，位國子博士之上。靖康之亂，宗學遂廢。（仝上）

右列各條，當本諸宋舊史，今會要多考見之。（註一）惟謂自國子監長貳，至太學正錄，俱爲學官，是不盡然。仁宗嘉祐四年，管勾國子監范師道言：「本監元額學官八人，見止六人，伏見應制科錢藻……因應舉講書中等，……朝旨候一任迴與直講，近……中制科，……乞令藻帶新官赴監說書。」（註二）則說書同直講，幷爲學官，而長貳不預焉。官制行，諸直講、教授均代以博士，是博士亦爲學官。正錄爲學官，宋高承已先言之矣。（註三）他如職事學錄、學諭、直學，及諸小學之職事教諭、學掌、集正，或以學生充，或微而不著，皆無錄焉。（註四）故宋置學官，實指諸直講、教授、博士與正、錄而言也。史志不云乎？「隆興以後，……國之博士一員，太學博士三員，正、錄共四員，學官之制始定。」（註五）然則諸府、州、軍、監之博士與教授，（註六）當亦爲學官。考其舉官，亦自直講始。長編卷六一云：

眞宗景德二年（西一〇〇五），冬，十一月，戊申，命翰林侍讀學士邢昺、戶部侍郎張雍、龍圖閣待制杜鎬、諸王府侍講孫奭，於京朝幕府縣官中，薦……堪充學官者十人以聞。（頁一五）

會要職官二八於此即作「舉堪充國子監直講者十人」，並謂「太子洗馬張頴等試經義于學士院而命之，用所薦也。」（頁一）是「舉學官」即爲「舉直講」，甚明。則會要選舉二七作十二月，（頁九）職官二八作至道二年，（頁二九）並以杜鎬作林鎬，均誤。職官分紀卷二一同會要職官之說，（頁二三）亦誤。又以京、宮內外及諸宮院大小學之分，故此後舉內外學官，或大小學教授，亦如舉諸直講、博士、正錄，胥循此例。其詳見附表十。

註一：詳見職官二八，及職官七。宋史卷一六五國子監所言畧同，當亦本諸舊史。

註二：會要職官八之五仁宗嘉祐四年九月十九日條。

註三：見所著事物紀原卷五，頁一九六。
註四：詳見會職二八之六引哲宗正史職官志，及同卷之一五崇寧元年十月二十七日條。
註五．宋史卷一六五，頁一七。
註六：見宋史卷一六六，頁一七；卷一六七，頁二五；職官分紀卷四一，頁四四——五；長編本末卷一二六州縣學。

一四、舉兵武之職

兵武之職，自來有之，不待詳也。惟此云舉兵武之職，除舉若干諸司使、副及使臣外，則專指邊任或內地州軍差遣，將帥、將領或統衆出入之人，武臣或行陣任使，主兵官或主兵任使，及巡檢捉賊差使而言。然此多泛指之詞，殊不落實，茲次比有關此類之正式官名及其職掌如下。司馬君實云：「國朝置總管、鈐轄、都監、監押爲將率之官。」（註一）「總管、鈐轄司，掌總治軍旅屯戍、營房守禦之政令，凡將兵隸屬官訓練、教閱、賞罰之事皆掌之。……路分都監，掌本路禁旅屯戍、邊防訓練之政令，以肅淸所部。州府以下都監，皆掌其本城屯駐、兵甲、訓練差使之事；資淺者爲監押。」（註二）主兵官次于總管鈐轄，（註三）或路分都監，（註四）掌召募、訓練、戰守之事。（註五）「巡檢司有沿邊溪峒都巡檢，或蕃漢都巡檢，或數州數縣管界，或一州一縣巡檢，掌訓治甲兵，巡邏州邑，擒捕盜賊事。又有刀魚船戰棹巡檢，江河淮海置捉賊巡檢，及巡馬、遞鋪、巡河、巡捉私茶鹽等，各視其名以修舉職業，皆掌巡邏幾察之事。」（註六）此乃循常之格。他如歐陽永叔所謂「軍中選將」，（註七）則非常之法也。欲知其詳，宜自舉被雙方之資望視之，此當另述。今先就其舉官之肇始言之。長編卷四六云：

眞宗咸平三年（西一〇〇〇），三月，吏部郎中、直集賢院、知泰州田錫上疏曰：「……去年十一月十四日赦文，欲興行武舉，令所司條奏以聞。今年二月一日，又見轉運司行下御史臺牒，限五日內，舉員外郎以下見任京朝官，有武勇才器，堪任武職安排，充沿邊親民差遣者。以臣所見，……往年朝臣中求武勇者，得劉墀、鄭宣等數人，……卒無勞效。今朝臣中武勇者少，……多不願在武職，況限之以五日奏舉，若非相諳識，豈易得人？臣恐舉非其人，有誤陛下任使。……伏望陛下以選求將帥爲急務，以博訪謀猷爲上策。……（頁一六——二〇）

去年赦文不詳見，今年二月一日牒文亦不見載，但晚此十三日，有一類似之詔文。會要選舉二七云：

眞宗咸平三年，二月，辛酉，詔翰林學士、給、諫、知制誥、尚書丞、郎、郎中、御史中丞、知雜、三館、秘閣、三司官，舉員外郎以下京朝官，有武勇才器堪邊任者，知雜而上各二人，郎中而下各一人，限五日奏，異時不如舉狀者，譴之。（註八）

按長編原注，田錫上疏，自云係咸平三年三月一日，則其所見轉運司所轉臺牒，當即本此。唯田氏謂「有武勇才器，堪任武職，」此謂「有武勇才器堪邊任」，是邊任即武職也。顧田氏又云：往年嘗於朝臣中舉武勇，知此舉前此已推行矣。而此後舉才堪將帥、將領、武臣、主兵官等，則循前此之例也。其詳見附表十一。

註一：溫公本集，四部叢刊本卷五二，請罷將官劄子。宋會要刑法七之一三亦云：「慶歷元年，十二月，二十一日，中書、樞密院並言：『欲令諸路將帥各置親兵，……』詔：『陝西、河東諸路總管許置親兵百五十人，招討鈐轄百人，招討都監等七十人。』……」是將帥指總管、鈐轄、都監之又一明證。

註二：宋史卷一六七，頁二八——二九。

註三：英宗治平四年八月十八日殿前侍衛馬步軍司言：「……准嘉祐編敕內外諸軍逐指揮置年甲簿二道，……委總管、鈐轄、主兵當職官員點檢印押。」（會要刑法七之一五）及「紹熙初，詔雜流出身不得注路分州鈐都監，專注才武及曾任主兵官之人」云云（通考職官一三，都副鈐轄），是其證。

註四：臨川集四，卷四〇舉古謂寨都監段充充主兵官狀，（國學基本叢書本頁一〇六）是其例。

註五：宋史卷一九三及一九五兵志，會要刑法七之一四，溫公文集卷四四奏乞兵官與趙瑜同訓練駐泊兵士狀。

註六：詞取通考卷五九「巡檢」。宋史卷一六七「巡檢」本其說，同。其詳則見會要職官四八之一二二——一三七「巡檢」。

註七：本集奏議集卷二，論軍中選將劄子。溫公集卷三一備邊、階級、舉官、義勇及卷三二義勇諸劄子亦言及擇將帥事。

註八：會要選舉二七之八；長編卷四六同此，畧有脫落。

一五、舉侍從官

何謂侍從官？據宋會要云：「自觀文殿大學士、至徽猷閣待制、爲侍從官。」（註一）容齋續筆、三筆均本其說。（註二）此就所謂「職以待文學之選」之「職」爲言。宋史本通考，則云：「太中大夫以上爲侍從官」。（註三）此自階官（即寄祿官）言之。且通考又以「職」與「階官」分別比擬「職事官」（即本官）云：「自太中大夫以上，惟宰執侍從得遷；」「觀文殿大學士，非曾爲宰相不除；」「待制、雜學士，給諫以上補外則除之。」（註四）返觀上述舉京朝官所引史表，知其地位實相同。即就宋趙昇朝野類要云：「侍從，翰林學士、給事中、六尚書、侍郎是也。又中書舍人、左右史以次，謂之小侍從。又在外帶諸閣學士、待制者，謂之在外侍從。」（卷二，頁一六）此除小侍從諸官爲別出，要皆不出上述之範疇；抑論其性質，均屬侍從，故其說也亦宜。考其舉官，亦多相合。長編卷四一九云：

哲宗元祐三年（西一〇八八），閏十二月，甲子，詔諸路監司勿薦侍從官以上及帥臣，從左司諫韓川請也。（註五）

同書卷五二〇云：

元符三年（西一一〇〇），正月，（十九日）丙戌，上批：付三省以尚書及從官闕，令與樞密院參議，具前執政十人，餘可充從官者二十人姓名進入。（註六）

由前條而言，當屬在外帶諸閣學士待制以上。由後條而言，當屬太中大夫以上。至茲舉始於何時，其詳不得而知。第就前條觀察，既詔諸路監司勿薦侍從官，則侍從官必嘗舉之矣。惟其舉次無多，蓋以其位高望重，故必如第二條出自御批。水心葉氏謂薦舉云：「使天下之大吏，得薦舉天下之卑官，」（別集卷一三）豈其然乎？

註一：職官五六之四二政和三年十二月十八日條。

註二：續筆見卷一侍從官，三筆見卷一二侍從兩制。

註三：通考見卷六四職官，考五七五——六。宋史見卷一六九職官志。

註四：分見卷六四，考五七六；及卷五四，考四九三。

註五：頁一四；並見會要選舉二八之二二同條。

註六：會要職官一：「元符三年，正月，十九日，詔三省以闕執政官及六曹長貳，令具前宰臣執政侍從官姓名及取寺監長貳可補從官者十人以聞。」（頁三〇）按長編原注引實錄此文，畧同。原註又云：「按曾布記此事甚詳，初不聞執政闕官，但欲取前執政補尚書耳。不知實錄何所據，恐誤，今從布日錄。實錄蓋用御集所載正月十九日手札，疑御集亦誤也。」（頁二〇）故不取。

一六、十科舉士

關於此舉，如前所述，余嘗撰「從司馬光十科舉士看北宋的舉官制度」一文，經考獲其實況，固不出前十五舉之範疇。該文發表於新亞書院學術年刊第九期，茲將其所列比較表引述如次：

元祐以前舉官

一、舉選人——幕職州縣官
二、舉改官
三、舉知州、通判
四、舉京朝官
五、舉文武階職有學、行、事功可資奬進者
六、舉三司判官、勾當公事官、推勘官
七、舉監司——轉運使、副使、判官、提刑、提舉、管勾、勾當公事諸官
八、舉羣牧判官、監牧、勾當公事及諸監官吏
九、舉臺諫
一〇、舉自代
一一、舉刑部詳覆官，審刑院詳議官，大理寺詳斷官、檢法官、法直官
一二、舉館閣
一三、舉學官
一四、舉兵武之職
一五、舉待從官

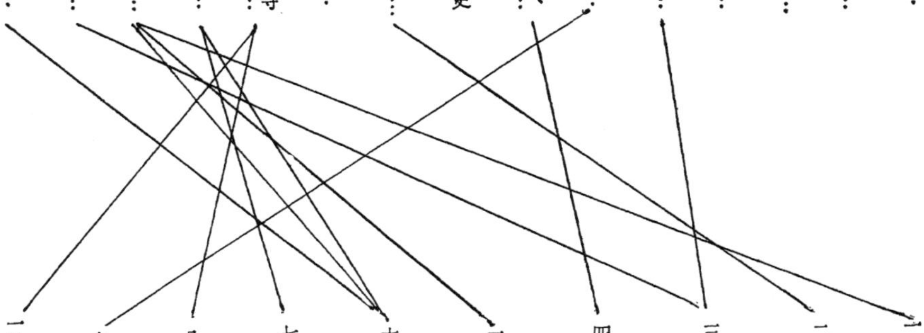

元祐十科舉士

一、行義純固可爲師表科
二、節操方正可備獻納科
三、知勇過人可備將帥科
四、公正聰明可備監司科
五、經術精通可備講讀科
六、學問該博可備顧問科
七、文章典麗可備著術科
八、善聽獄訟盡公得實科
九、善治財富公私俱便科
一〇、練習法令能斷請讞科

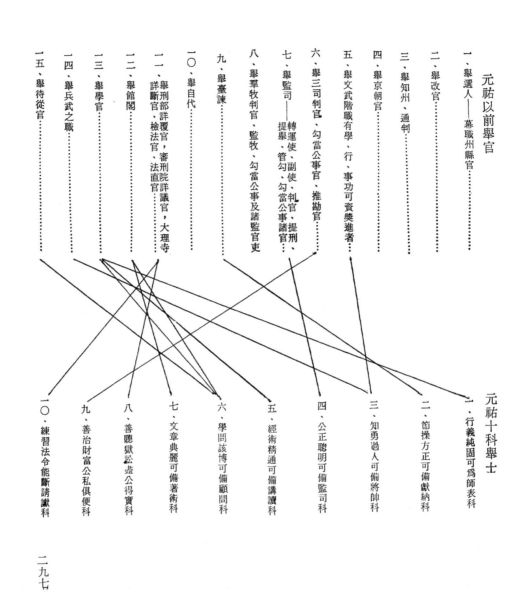

THE LEARNING OF WANG YANG-MING AND AN EVALUATION OF THE SIMILARITIES AND DIFFERENCES BETWEEN CHU TZU AND LU SHIANG-SHAN'S THOUGHTS (II)

陽明學與朱陸異同重辨(下)

By T'ang Chun-i (唐君毅)

This essay is a continuation of "The Learning of wang Yang-ming and an Evaluation of the Similarities and Differences between Chu Tzu and Lu Shiang-shan's Thoughts" published in Vol. 8, No. 2 of this journal. It is mainly a discussion of the relation between Wang Yang-ming's thought and Chu Tzu's. My thesis is that the philosophical problems of Wang Yang-ming primarily originated from Chu Tzu and not from Lu Shiang-shan. Wang Yang-ming in his philosophical thinking just went a further step than Chu Tzu did, and this led him to conclusions similar to those of Lu Shiang-shan. Thus, there are cross-relations between the thoughts of these three thinkers, and the general assumption that Wang Yang-ming was merely a follower of Lu Shiang-shan, was criticized. My thesis was elaborated from a many-sided comparative study of the philosophical problems and philosophical ideas of the three thinkers. This essay is divided into eight sections:

1. A synoptic view of the differences and similarities between the thoughts of Chu Tzu, Lu Shiang-shan and Wang Yang-ming.
2. Wang Yang-ming's concepts about "investigation of things" and "authentitcity of will", and his theory about the "realization of conscientious-awareness (Liang-Chih)"; derivation from Chu Tzu's thought.
3. The theory of identity of substance and function of "Liang-Chih and Heavenly Principle" in Wang Yang-ming's thought.

景印香港新亞研究所《新亞學報》(第一至三十卷)

4. The significance of "Care" in the inner life of the moral mind in Chu Tzu and Wang Yang-ming's thoughts.
5. Wang Yang-ming's "Liang-Chih" as the substance or reality of mind, and as the principle of the heavenly illumination.
6. The nature of "Liang-Chih" as transcendental "being" and "nothing", and the common elements in Confucianism, Taoism and Buddhism as compared with Chu Tzu and Lu Shiang-shan's criticisms about Taoism and Buddhism.
7. The "direct-response" and "Direct-expression" of "Liang-Chih" and its creativity as compared with Chu Tzu's concept about "Preparation" in learning.
8. The comparative significance of the above three thinkers' teachings about the ways of moral cultivation.

In addition to these eight sections, there is an Appendix for the whole essay. In the appendix, I have discussed the three thinkers' concepts about the human mind and human nature. This is a discussion from a wider horizontal point of view, which is more involved in and closely related with my essay "An Evaluation of Similarities and Differences between Chu Tzu and Lu Shiang-shan's Thoughts as seen form their Origin" published in Vol. 8, No. 1 of this journal, and my book "The Developments of Ideas about Human Nature in Chinese Philosophy" published by the Institute of Advanced Chinese Studies and Research of New Asia College. For a better understanding of the Appendix, readers are advised to consult the above essay and book.

A NEW EXAMINATION OF WANG CHUNG-MIN'S IDENTIFICATION OF THF TUN-HUANG MANUSCRIPT OF HSU MIAO'S "MAO SHIH YIN"

王重民題燉煌卷子徐邈毛詩音新考

By Pan Chung Kwei (潘重規)

The Tun-huang manuscript (fragment) Pelliot 3383 in the Bibliothèque Nationale in Paris has been identified by Professor Wang Chung-min as the "Mao Shih Yin" of Hsu Miao. This identification has been accepted almost universally.

The author of this article, relying on the evidence providen by the contents of the manuscript, shows that there are several mistakes in Professor Wang's theory. Furthermore, by comparing the "Ching Tien Shih Wen" and the "Mao Shih Yin" (Pelliot 2669) with the manuscript in question, it can be demonstrated that it is posterior to Hsu Miao and auterior to the "Shih Wen", and must be the work of a specialist in the Six Dynasties.

景印香港新亞研究所《新亞學報》(第一至三十卷)

AN ANNOTATION ON THE *TI-SHIH PA-PA HSING-CHUANG*

帝師八思巴行狀校證

(A CONDUCT OF BLA-MA 'PHAGS-PA) BY WANG P'AN (王 磐)

By Miyoko Nakano

A biography of Bla-ma 'Phags-pa, who is known as an inventor of the so-called 'Phags-pa script and as Imperial Preceptor of the Emperor Qubilai, has been decribed in several historical sources of China, Tibet and Mongolia. Among these, the ***Ti shih Pa-ssu-pa Hsing-chuang***, compiled by Wang P'an and others in accordance with an imperial decree, is now considered to be the earliest document which has served as a basis for later historical or Buddhistic works of China. However, some entries in the document, derived from Chinese sources, are to be cross-checked with materials from Tibetan and Mongolian sources, e. g. the Tibetan chronicles ***The Red Annals/Hu-lan ded-ther***, ***The Blue Annals/Deb-ther sňon-po*** and the Mongolian chronicle ***Erdeni-yin Tobči.***

This article offers a general survey of biographical date of Bla-ma 'Phags-pa which have been scattered in Chinese, Tibetan and Mongolian sources. It also includes a Chinese translation of ***A Brief Biography of Bla-ma 'Phags-pa***, which is Chapter one of the writer's previous work ***A Phonological Study of the 'Phags-pa Script and the Meng-ku Tzu-yün.***

A STUDY OF THE HISTORIOGRAPHICAL FUNCTIONS OF THE CHINESE HISTORY IN ANNAL–BIOGRAPHY STYLE REFLECTED FROM *FO–TSU–T'UNG–CHI*—A BUDDHIST HISTORY.

論佛祖統紀對紀傳體裁的運用

By Tso Sze–Bong. (曹仕邦)

Fo-tsu-t'ung-chi (佛祖統紀) or " The Record of the Orthodox Line of Successions of the Patriarchs Descending from the Buddha " is a Buddhist sectarian history composed in the Sung Dynasty by Chih-p'an (志磐). Though it is a religious history, its author imitated the whole system of the traditional style of the Chinese Standard History (正史), i. e. Annal-Biography Style (紀傳體) or Composite Style. By doing so, Chih p'an wanted to show that his own sect, the T'ien-t'ai Sect (天台宗) or Lotus Sect, had descended in a straight line from the Buddha. In the ***T'ung-li*** (通例) or "General Principles" of his book he stated: "I record the lives of the Buddha and the twenty-nine patriarchs of the T'ien-t'ai Sect in the Basic-Annals (本紀) form, patterning it after the secular history the rightful successions to the throne, in order to show their oxthedox line of successions."

Notwithstanding Chih-p'an's presumptuousness in this respect, his work is a contribution to the Annal-Biography Style from the Chinese historiographical point of view. As a matter of fact, the pattern of secular history has been developed for meterial quite different from that of religious history. Therefore, the adoption of the secular pattern for writing religious history could not be done without some inconsistencies. But Chih-p'an had a thorough grasp of the principles of the Annal-Biography Style and utilized them skillfuly so as to compromise the inconsistencies

which unavoidably happened to his book. For instance, the chronological ***Fa-yün-t'ung-se-chih*** (法運通塞志) or "A Treatise on the Vicissitudes of the Dharma's Fate", which would never appear in the secular history of the same style, was used as a substitute for the Basic-Annals which were unable to exert their proper function after being converted into the record of monks' career instead of the emperors' reign. As ***Chih***(志) or "Treatise", like Basic-Annals, is one of the fundamental structures in the framework of the Composite Style, Chip-p'an did not distort the style from its original form.

Thus, Chih-p'an's work has the merit of making two important contributions: first, leading the Annal-Biography Style into a new territory, and second, reflecting most of the historiographical functions of this style which even the secular history itself sometimes finds it hard to reflect. This article is mainly a study of the second contribution of Chih-p'an's work mentioned above, aimed at finding out, and making known to the modern world, the functions of this sort of traditional Chinese history.

THE TRAVEL OF WANG WEI

王 維 行 旅 考

By Chuang Shen （莊 申）

(1) His Trip to Shin-tung

In 722 or 723 Wang Wei was banished to the present Shan-tung province and to take up a degraded appointment; the Administrator of Granaries, in the State of Chi 濟州 where it is known as Jen-ping district today. This journey that he traveled between the capital of the Court of T'ang; Ch'ang-an, and the destination of his banishment, was in fact the first one among his many dramatic travels.

The following places which appeared in Wang Wei's poems indicated his route traveled. Went eastwards from Ch'ang-an and by going through the Tung-kuan 潼關 pass Wang Wei entered the present Ho-nan. In this province, first of all, he passed through the Chin-ku-yüan 金谷園, a histroical site known for romantic story of Shih Ch'ung 石崇 (d. 300) and his beloved beauty, Lu Chu. Consequently, he reached Lo-yang 洛陽. Continuing his trip to the east by via Jung-yang 滎陽 he moved to the State of Cheng 鄭州 and then the State of Hua 滑州. Before to continue his trip it seemed that Wang Wei had paid a short visit to a friend of him in Li-yang 黎陽, the closest sity adjacent to the State of Hua. Direction of Wang Wei's travel since then remained constantly to the northeast till he had reached Shan-tung. The first two places in this province that Wang Wei had been passing through were Yün-ch'eng 鄆城 and Yü-shan 魚山, the latter is called Tung-ah 東阿 today. In the last mentioned place Wang Wei had attentained a ceremony to have held to worship the Holy Lady, a local diety. In addition, Wang Wei had composed two poems; Songs of Welcome and Farewell, both being

dedicated to the Holy Lady. In the State of Chi he had got acquainted with some new friends. Approximately in 724, Tsu Yung 祖詠, one of Wang Wei's old friends, have also visited him in Shan-tung.

(2) His Trip to Yüeh

In 726, most probably, Wang Wei had resigned from the pose of Adiministrator of Granaries. In the autumn of the same year, he made a trip to Yüeh 越, a generalized term to have referred to the nowadays Che-chiang 浙江 province, aiming to visit his younger family members. Departing the State of Chi, Wang Wei had firstly reached Wen-yang 汶陽 (the present Chi-ning 濟寧 at the east of Wen-shing 汶上 in Shin-tung). Then by crossing over the boundary area of today's Shan-tung and Chiang-su provinces, he went down to Huai-yin 淮陰, a district at the northeast of the Hung-tse Lake in Chiang-su. His tour since then was carried on by travel in the Canal and followed by his cross over of the Yang-tze River. Consequently Wang Wei had been moving southwards as far as to Tan-yang 丹陽 now at the southern side of the River. His destination in Yüeh, however, remained ambiguious due to the lack of reference.

(3) His Life of Seclusion in Mount Sung

The coastal area of Shan-tung during the 4th to 5th centuries had been the base of the T'ien-shih Sect of Taoism 天師道. Though not directly neighbouring the sea, the State of Chi was however not far away from the Taoist base in Shan-tung. The major Taoist conceptions of the T'ien-shih Sect, such as the principles of nursing self and the individual's search of personal longivity as well as the mysterious formula of Taoist alchemy, etc, might have all deeply influenced Wang Wei when he was doing service in Shan-tung. His enthusiasm to Taoism became more remarkable since he had

made himself a retired scholar and to live in seclusion in the Mount Sung 嵩山 one of the most important centers of Taoism during the T'ang Dynasty. Socially, during this seclusive period in the Mount Sung, Wang Wei had got acquainted with some Taoist priests and a younger scholar, Chang Yen 張諲.

(4) His First Return to Ch'ang-an

Lo-yang was not only the Eastern capital of the Court of T'ang but also adjacent to the Mount Sung. Very possibly, Lo-yang had been chosen by Wang Wei as his first goal when he had left the Taoist center in the later half of 727. Port Meng 孟津 near Lo-yang located at the northern side of the Yellow River, seemed to have been Wang Wei's port for departing Lo-yang and in the same time as his first station for returning the capital. This point seems can be confirmed by two poems by Wang Wei himself. Of the poems we are informed that he had been anxiously longing for news from Ch'ang-an when he was in Port Meng. As to his route traveled, it seemed that the first part of the journey between Port Meng and the capital, Ch'ang-an, was made by taking junk in the Yellow River. The rest of the journey westward to Ch'ang-an was then, most probably, made by land travel.

(5) His Trip to the State ef Liang

From 727 to the first half of 736, Wang Wei had no travel. Yet, in the autumn of 736, he had officially been appointed as a personal secretary to Tsui Hsi-i 崔希逸, the Regional Commandor in charge of the Ho-hsi area 河西節度使 (his responsible area was of the present Kan-su province and part of the Chinese Turkestan). Therefore Wang Wei must had traveled from Ch'ang-an to the State of Liang 涼州, or the present Wu-wei 武威, where set the Office of the Ho-hsi

Regional Commandor. Regards his route traveled, it seenmed that starting from the capital he had been touring westwards alongside the Wei River 渭水. After having gone through the Ta-san-kuan 大散關 pass followed by tripping to the northwest, Wang Wei reached the T'ien-shui 天水 area after crossing over the Mount Lung 隴山.

(6) His Further Grand Tour in the Northwest

In the early spring of 737, Tsui Hsi-i had been fighting with the T'u-fan 吐蕃 tribe in the present Tibit. Instead of following Tsui's troop, Wang Wei had moved from the State of Liang to the State of Kan 甘州 in the mowadays Chang-yeh 張掖 at the Kan-su province. Further north to the place last mentioned, Wang Wei had even traveled up to Chü-yen 居延, the farest city in the Chinese Turkestan under contral of Tsui Hsi-i's office. After only a short stay in Chü-yen, Wang Wei returned to the State of Liang; the base of Tsui's Office. He was, however, sent to the Inner Mongolia near the present Ho-t'ao 河套 near the present Ordos area. In order to reach the Ho-t'ao area he had to go through the State of Yin 靈州 (where set the Office of the Shuo-fang Regional Commander 朔方節度使) and consequently to enter territory of the Office of the An-pei Governor 安北都護府. Wang Wei would have nothing to do at the Inner Mongolia area except he had been signed for a special strategical mission. The State of Liang had geographically been framed by the T'u-fan or Tabit to its west and the Hui-ho 回紇 or the Ugiur and the Easteru Tu-ch'ueh 東突厥 or the Turks to its east. It seemed possible to assume that Wang Wei had been sent by Tsui Hsi-i to ask the Office of the Shuo-fang Regional Commandor to watch up the Ugiur and the Office of the An-pei Goovernor to watch up the Eastern Turks, or, necessarily to stop them if they wanted to attack Tsui Hsi-i's base when Tsui was fight with the Tibitan.

Having completed this mission, he began to return to Ch'ang-an. The fihst station of his returning journey seemed to have been the Yü-lin Prefecture 楡林郡, a thrritory of tee State of Sheng 勝州, where it is idendified as a city with the same name now belong to the Left Wing of Ordos in the present Shui-yüan 綏遠 province. Up to Yü-lin, Wang Wei's grand tour in the northwest to have reached its end.

(7) His Second Return to Ch'ang-an

In the summer of 737, after having made his departure from Yü-lin and by traveling southward, Wang Wei had moved to the Hsin-chin Prefecture 新秦郡, a district used to locate at 40 li west to place now called as Shen-mu district 神木 at the Shan-si province. By traveling continuiously to the south, it enabled Wang Wei to find his way to joint the major road alongside the River Wei, By repeating the direction of the route that he traveled from Port Ho-pei to the capital as he did in 737, Wang Wei returned to Ch'ang-an again.

(8) His Trip to Hsiang-yang in Hu-pei

In 740 Wang Wei was appointed as Censor in Attentance 侍御史 and his responsible area was the greater district of Hsiang-yang in Hu-pei today. Geographically, he had been taking the Lan-t'ien-Wu-kuan Route 藍田武關道, namely, the major route which to have been connecting the metropolitan area and the southeast T'ang China. Wang Wei had firstly moved from the capital to Hsi-chuan 淅川, a city located at the southwest Ho-nan province and where it is not far away from the Tzu-ching-kuan 紫荆關 pass. By taking junk in the Han River, Wang Wei moved down to Hsiang-yang. Sadly, a local scholar, Meng Hao-jan 孟浩然 (689–730), whom Wang Wei had got acquainted in Ch'ang-an in 728, was just died shortly before Wang Wei's arrival. The study disagrees Lü Fu-ting's 呂佛庭 newey

issued viewpoint of stating that Wang and Meng to have gathered again at Hsiang-yang in 740.

(9) His Tour to Shu in the western China

Traveled by junk, again it had enabled Wang Wei to move from Hsiang-yang to Han-kou. Where he toured to the west to Shu 蜀 or Ssu-chuan today. By passed through the famous gorges area distributing between the provinces of Hu-pei and Ssu-chuan, Wang Wei moved to the State of Pa 巴州 where it is better known as Chung-ching 重慶 today.

(10) His Third Return to Ch'ang-an

From the State of Pa, by tourang along the Chia-ling River, Wang Wei traveled to Chien-man 劍門 of the northern Shu. Where again further north he went to the Pao-ch'eng district and consequently he entered the present Shan-hsi province. Presumably by taking the new road of the Pao-hsia Route 褒斜新道, for the third time Wang Wei returned to Ch'ang-an by entering the Ta-san-kuan pass in the west of the T'ang capital.

(11) His Last Tour and Return to Ch'ang-an

Wang Wei's chance of re-cooperate with the central governmant of the Court of T'ang after he had returned to the capital from the Mount Sung was entirely opened up by Chang Chiu-ling 張九齡 (678-740), the Chief Minister at that time. However in 737 when Wang Wei returned to Ch'ang-an after his grand tour along the northwest frontier and Inner Mongolia, Chang Chiu-ling had already been banished to the State of Ching in Hu-pei. Caused by losing supportor of his political life on the one hand and forced, although indirectly, by Li Lin-fu 李林甫, the new successor of Chand Chiu-

ling on the other hand, Wang Wei resigned his pose from the Court. In 744 he made himself once more as a retired scholar In the River Ch'i 淇水 at the present Ho-nan. He did not seturn capital in 747 until Chen Hsi-i 陳希逸 was appointed as the new Chief Minister to replace Li Liu-fu Wang wei had no travel since then except he had frequently spanded some time in his country villa at Lan-t'ien near Ch'ang-an. Lan-t'ien seemed to have been the last place Wang Wei had traveled before his death happened in 761.

CHU HSI'S INTELLECTUAL FORMATION AND HIS FAMILY BACKGROUND

朱子家學與師承

By Chao Hsiao Suan（趙效宣）

Chu Hsi's family, both on the paternal and maternal sides, was highly intellectual. Specially his father, Chu Sung, was a good poet and writer with a deep knowledge of the classics; he paid great attention to the education of Chu Hsi. Chu Sung died at forty-seven; but before his death, he entrusted the education of his son to some of his closest friends. Basically there is no difference of narure between the scholarship of Chu Hsi and that of his father, and we may venture to say that Chu Hsi did only enlarge and deepen the studies undertaken by his father.

When studying the sources of Chu Hsi's thought, much attention has been duly paid to his teachers, but we should not forget the importance of the education he first received in his own family. The purpose of this article is to underline this aspect of his intellectual formation.

A STUDY ON THE SYSTEM OF SELECTION OF THE CIVIL SERVANTS IN THE NORTHERN SUNG PERIOD (Part I)

北宋舉官制度研究（上）

By Chin Chung-shu (金中樞)

Before dealing with the main subject, three remarks should be made:

1. At the beginning of the Sung period, it was a common practice to confer officials titles upon scholars who did not have assumed official duties. The actual functions were performed by "temporary" officials. This practice led to extreme confusion among the various titles and categories of officials. In the Yuan-feng era (1078-1085) began a gradual reform of the system--reform which restored the original status of "ranked officials" for officials not invested with active duties. As a consequence, the central government included only active officials, while at the level of the local administration, officials who had formerly been on a temporary assignment were given formal appointments on a permanent basis. In this article, for the of clarity, each official appointment and assignment is explained with a note.
2. This article provides a short definition on the nature of each type of office.
3. The basic principle of the selection of civil servants is rooted in the Confucian traditional axioms concerning the universal character of the "res publica" and the duty to promote the worthy and the talented, but as those questions do not fall into the scope of the present paper, they have been omitted.

The system of selection of civil servants may be analyzed under two different aspects:

1. The selection of various categories of officials.

2. The methods of selection.

This article deals only with the first aspect.

According to historical records sixteen different categories of officials were selected:

1. clerical staff for commandants' headquarters, prefectures and county governments,
2. officials and officers for promotion and transfer,
3. officials for appointment as prefects and commandants,
4. officials for appointment as officials of the ministerial or a lower rank, serving in the capital,
5. civil officials and military officers of good learning and character and meritorious service, for further advancement,
6. clerks for the Revenue Department,
7. officials for appointment as provincial inspectors,
8. officials for appointment in the department in charge of animal husbandry, and their clerical staff.
9. officials for appointment in the Censor Department,
10. officials for replacing the nominators themselves,
11. officials to serve as judges and to serve in other judiciary officials,
12. officials for academical posts,
13. officials to serve as education inspectors,
14. officials and officers for military posts,
15. officials for appointment as the Sovereign's counsellors.
16. candidates possessing "ten qualifications".

右表以直線相屬者，特就其性質相近而言；此除著者基於史實判斷以外，並據溫公自云：「若經筵或學官有闕，即用行義純固、經術精通等科人；臺諫有闕，即用節操方正科人之類，」是其鐵例……至右表未能以直線相屬者，自表面視之，顯示二者毫無關係，實則皆另有其因素，與夫補救之方。」欲知其詳，請參閱原文。

至其始舉，按司馬光君實原奏上於元祐元年（西一〇八六）七月六日，朝廷從其議，當即實行也。（註一）

總上所云，計十六種，則緒言所引選舉志及水心葉氏之說，不盡然矣。

註一：拙著「從司馬光十科舉士看北宋的舉官制度」謂：「按元祐元年七月一日始行十科」，（新亞書院學術年刊第九期，頁三）其「一」字爲「六」字之誤。

Acknowledgement

The Research Institute of New Asia College, Hong Kong, wishes to acknowledge with gratitude the generous contribution of the Harvard-Yenching Institute towards the cost of publication of this Journal.

一九六九年六月一日初版

新亞學報第九卷・第一期

定價 港幣二十元
美金三元

編輯者 新亞研究所
九龍新亞書院

發行者 新亞書院圖書館
九龍農圃道六號

承印者 人文印務公司
九龍浙江街二十六號地下

景印本・第九卷・第一期

THE NEW ASIA JOURNAL

Volume 9 *June 1969* *Number 1*

THE NEW ASIA RESEARCH INSTITUTE